財政負担の経済分析

― 税制改革と年金政策の評価 ―

上 村 敏 之 [著]

はしがき

　1980年代から1990年代にわたる、バブル経済の膨張と崩壊が与えたわが国財政への影響は計り知れない。景気の後退がもたらした税収の激減は、大幅な公債発行の要因となり、戦後最悪といわれる赤字体質の財政をもたらした。しかし、このことが原因でより効率的な財政運営を目指すきっかけになったことは明らかで、「財政構造改革」と呼ばれる財政改革の必要性を国民に認識させた。「財政構造改革」が本格的に叫ばれたのは1995年11月の「財政危機宣言」からである。

　しかし、一時期は回復軌道にあるとされていたわが国の経済は、1997年4月の消費税増税を境にして景気後退へ転じてしまう。バブル景気の崩壊によるショックから立ち直る間もなく、国際化や規制緩和に代表されるわが国の経済システムの自己崩壊が始まっていた。市場の力に圧倒される家計や企業と同様に、1990年代の政府の財政政策は財政再建と景気対策に翻弄された10年であった。

　さらに、わが国にはどの先進諸国も体験したことのない急速な人口高齢化が忍び寄っている。人口構成の高年齢化は社会保障部門の財政悪化を引き起こすのは間違いない。特に、公的年金における財政運営は深刻であり、年金保険料の財政負担を巡っての将来展望については、様々な見解が飛び交っている。どのような租税や年金の財政負担構造が、わが国の現在ならびに将来において望ましいのかについて、議論が絶えることはない。

　残念ながら、「財政構造改革」や景気対策の名のもとで、多くの制度改革が行われてきたにもかかわらず、わが国経済はいまだ景気の閉塞感から抜け出しきれていない。この原因は、政府に対する不信や将来に対する不安といっ

た心理的要因で説明されることが多い。つまり、国民は多くの財政改革が、将来を含めた自らの身にどのような影響をもたらすのかを不安に感じているという。このような心理的要因を取り除くためにも、財政改革がもたらす財政負担を明らかにし、その経済効果を分析することは重要である。

　このとき、わが国の経済が成熟期に入り、経済全体のパイの拡大が見込めない状況になっていることが、今後の経済政策の舵取りを考える際には重要なポイントである。低成長時代の到来とは、経済政策のもたらす利害対立が経済成長によって解消される時代の終焉を意味している。税制改革や年金政策においても、所得階級間、世代間のレベルにおいて、改革の実行によって財政負担の格差である利害の得失が生じることを避けることができない。

　巨額の財政赤字が累積しているわが国の財政を念頭におくならば、非効率な制度改革の実行が許されないことは自明である。そのためにも、改革によってどのような資源配分と所得分配状況がもたらされるのかを明らかにする必要がある。しかも、このことが21世紀における望ましい財政政策について探求するひとつの手がかりとなりえるだろう。

　本書は以上の問題意識から、バブル崩壊後のわが国財政を分析対象とし、1990年代後半の「財政構造改革」においてなされた税制改革、そして将来にわたる年金政策がもたらす財政負担について分析することを目的としている。分析手法としては数量分析を一貫して採用している。これは、数量分析による分析結果から得られる政策的含意が、現実の政策運営に対してより大きなインパクトを与えると考えるからに他ならない。また、多くの章が厚生分析に大きなウェイトをおいていることも本書の特徴である。厚生分析は公共経済学における最大の武器のひとつである。税制改革によってどの所得階級の厚生が改善されるのか、どのような年金政策が現在または将来の世代の厚生を改善するのか、という具体的な分析結果を得るためには、数量的な厚生分

析を欠くことはできないであろう。

　本書は８つの章と２つの補章を合わせた全１０章から構成される。第１章から第５章は、平成不況による財政悪化と高齢化社会への対応のためになされた租税政策について評価を行い、税制改革の方向について検討している。第６章から第８章では、人口構成の高齢化や公債発行がもたらす将来の財政負担についての分析が行われる。以下では、各章を簡単に紹介しよう。

　まず、第１章「税制改革の厚生分析」では、数量的一般均衡モデルを構築し、消費税の増税で話題となった1997年税制改革がもたらした経済厚生への影響を所得階級ごとに計測する。次に、第２章「最適課税のシミュレーション分析」では、第１章で構築された数量的一般均衡モデルを用いて最適課税のシミュレーション分析を行う。取り上げられた問題は、所得税のフラット化と消費税の複数税率化である。

　第１章が経済効率性の観点から分析を行うのに対し、第３章「税制改革の再分配効果」では所得再分配の観点から1997年税制改革を評価する。第２章で食料に対する消費税の軽減税率について考察したが、第４章「間接税負担と所得階級別の消費行動」では家計の消費行動に分析の焦点を限定して、より一般的に消費税と個別間接税を含めた間接税全体の税負担と超過負担について言及する。

　これまでの章が家計に対して直接的な財政負担をもたらす労働所得税と消費課税の分析であったのに対し、第５章「産業別の投資行動と法人所得税」では法人所得税と設備投資の関係について考察する。具体的には、産業別の投資関数を推定し、法人所得税率の引き下げが設備投資に与える影響についてシミュレーションを行う。

　国民負担を考える際には、これまでの各章において扱われてきたような租

税負担だけでなく、社会保障負担も分析対象としては重要である。第6章「高齢社会における租税・年金政策」では新たに年金政策を加えて考察する。ここでは、人口構成の高齢化がマクロ的な影響を経済にもたらすことを考慮して、一般会計と年金会計の財源調達方法について経済厚生を比較する立場から分析する。

第6章では、世代内の所得分配に分析の目的をおいたため、世代間の公平性については全く言及されない。将来の年金政策においては、世代間の公平性についての議論もより重要な論点である。そのため、第7章「人口高齢化の移行過程と年金政策」では、現実の人口動態を考慮して移行過程における年金政策が世代間の厚生に与える影響について分析する。特に、公的年金の縮小と国庫負担率の引き上げを取り上げる。

また、近年の財政運営における財政赤字の増大を無視することはできない。そこで、第8章「公債負担と中立命題」では、国債と地方債が現在世代と将来世代のどちらの負担になっているかについて実証的に検証する。いわゆる中立命題が成立するならば、将来世代は公債の負担を逃れるが、成立しなければ公債の負担を被ることになる。

さて、最後に登場する2つの補章はこれまでに展開された各章を補完するために記述されている。まず、補章Ⅰ「Tax-adjusted Q の計測」では、第5章における産業別の投資関数の推定に用いられたデータの作成方法について述べられる。具体的には、上場企業の財務諸表データを主に利用した投資関数の説明変数である Tax-adjusted Q と、被説明変数である投資率の測定方法を解説し、産業別の設備投資の動向について言及される。そして、補章Ⅱ「国民負担は経済成長を阻害するのか？」は、OECD諸国の経済データを用いて国民負担率と経済成長率の関係を実証的に明らかにする。この章によって、他の章で国民負担率について言及することの意味を持たせることになる。

本書の作成にあたっては、多くの方々のご指導とご協力をいただいた。とりわけ、山本栄一関西学院大学教授の学恩に負うところが大きい。筆者が学界の片隅にいることができるのは、1994 年に関西学院大学大学院経済学研究科の山本ゼミナールに参加させていただいたことがきっかけとなっている。大学院進学当初は研究者志望ではなかった筆者に、研究者として生きてゆく道を切り開いていただいたことや、研究者を目指してからは自由に研究する環境を与えていただいたこと、財政学の奥の深さを教示していただいたことなど、山本先生から頂戴した御恩は他にかえることができないほど計り知れなく、言葉で表現することはできない。山本先生には現在も公私にわたるご指導をいただいている。

　また、林宜嗣関西学院大学教授、中井英雄近畿大学教授を中心とした関西学院大学財政研究室の先生方にも深くお礼を申し上げたい。関西学院大学には財政学研究の古き良き伝統があり、未熟な筆者がその末席に加えていただいていることは誠に喜ばしいことである。諸先輩が多方面でご活躍されていることは、筆者にとっての励みと刺激になっている。

　そして、本間正明大阪大学教授、跡田直澄大阪大学教授をはじめとする大阪大学財政研究室の先生方にも、厳しくかつ暖かなご教示をいただいていることに深く感謝したい。筆者の大学院時代には、他大学の学生であるにも関わらず、先生方は分け隔てなく筆者に接し、研究会などで報告の場を与えていただいた。

　本書は 1999 年に関西学院大学大学院経済学研究科へ提出した学位論文『財政構造改革と財政負担の経済分析』(2000 年 10 月 27 日、関西学院大学大学院経済学研究科学位取得、甲経第 22 号)を大幅に加筆修正したものである。学位論文を審査していただいた、山本栄一教授、林宜嗣教授、根岸紳教授に感謝を申し上げたい。

また、本書の各章は、筆者が単独もしくは共同執筆者として『日本経済研究』『経済学論究（関西学院大学）』『経済学研究（関西学院大学）』『大阪大学経済学』『経済論集（関西大学）』に掲載された論文と、新たに執筆した論文で構成されている。橋本恭之関西大学教授と前川聡子大阪経済大学講師には、共著論文を本書の一部として出版することを快諾していただいた。

　本書の原論文のほとんどは、日本経済学会、日本財政学会、その他の各種研究会にて報告させていただいたものである。学会の席上や学会報告後において、コメンターを引き受けていただいた先生方、座長とフロアーの先生方から、とても有益なコメントをいただいた。また、査読付論文雑誌の掲載にあたっては、レフェリーの先生方から適切なコメントを頂戴し、論文の質を改善することができた。これらの先生方に深くお礼を申し上げたい。

　筆者が本書を執筆するのに数年間の時間を要したため、現時点で読み返してみれば、データや内容面で陳腐化している章があることは否めない。残念ながら筆者はこれらを更新する時間・能力・体力を持ち合わせていない。この点についてのご批判は甘受せざるを得ない。言い訳を許していただけるなら、数年の時間とはいえ、わが国の経済は大きく変動し、財政をめぐる議論は尽きることがなく、様々な視点から研究が蓄積されてきたということであろう。

　さて、現在の筆者の研究スタイルは、大学院時代に橋本恭之関西大学教授から数値解析のノウハウを手取り足取りで指導していただいたことが礎となっている。数年間にかけて、橋本先生の貴重な研究時間を多量に割いてしまい、共同研究でも多くのご迷惑をかけてしまったことに深くお詫びしたい。

　また、宮川敏治神戸大学大学院助教授、横山直子姫路獨協大学助教授とは、大学院時代に同じ山本ゼミ生として共に学び深く議論することで、様々な方向・方面の知的好奇心を育むことができた。同時期に同じゼミで研究者志望

の同僚が偶然にもいたことは、筆者にはとても幸運で有意義な研究環境であった。

　その他にも、とても多くの方々に支えられ、感謝の言葉は到底言い尽くすことができない。紙面の都合ですべての先生のお名前を挙げることができないのが残念である。学部時代、大学院時代を通して、筆者を研究者として育てていただいた、大勢の先生方にこの場を借りて厚く御礼を申し上げたい。

　本書は2001年度の東洋大学井上円了記念研究助成金から刊行助成の対象となった。助成の実現にご尽力していただいた関係者の方々に感謝したい。もちろん、本書の出版は筆者の本務校である東洋大学の良き研究環境に負うところが大きい。特に、日頃からご迷惑をおかけしている東洋大学経済学部の先生方やスタッフの方々にお礼を申し上げたい。

　最後に私事にわたって恐縮であるが、大学院時代から私の研究生活を支え、研究に没頭する環境を整える努力を惜しまない妻、恵子に記して謝意を表すことを許していただきたい。

2001年4月

上　村　敏　之

初出一覧

　本書の各章は、以下の専門誌に発表された論文を基礎にして執筆されたものである。

第1章　第2章　「村山税制改革と消費税複数税率化の評価：一般均衡モデルによるシミュレーション」『日本経済研究』第34号、pp.35－60、1997年（共著）。
「一般均衡モデルによる最適線型所得税のシミュレーション分析」『経済学論究（関西学院大学）』第51巻第3号、pp.89－118、1997年。

第3章　「税制改革の再分配効果：個票データによる村山税制改革の分析」『経済論集（関西大学）』第47巻第2号、pp.47－61、1997年（共著）。

第4章　「間接税負担と所得階級別消費行動」『経済学研究（関西学院大学）』第27号、pp.127－145、1996年。

第5章　「産業別の投資行動と法人所得税：企業財務データを利用したTax-adjusted Qによる実証分析」『日本経済研究』第41号、pp.45－70、2000年（共著）。

第6章　「高齢化社会における租税・年金政策：財源調達方法による経済厚生の比較分析」『経済学研究（関西学院大学）』第30号、pp.65－88、1999年。

第7章　「公的年金の縮小と国庫負担の経済厚生分析」『日本経済研究』第42号、pp.205－227、2001年。

第8章　「国および地方の財政赤字に関する中立命題の検証」『経済学研究（関西学院大学）』第28号、pp.253－278、1997年。

補章Ⅰ　「企業財務データを利用したTax-adjusted Qの計測」『大阪大学経済学』第49巻第2号、pp.22－38、1999年（共著）。

補章Ⅱ　新規執筆

目次

第1章　税制改革の厚生分析　　　　　　　　　　　　　　　　　　1
　　　　－　1997年所得税・消費税改革の分析　－
　　　　1．はじめに
　　　　2．村山税制改革の概要
　　　　3．モデル
　　　　4．データ・セットの作成とパラメータの設定
　　　　5．税制改革のシミュレーション分析
　　　　6．むすび

第2章　最適課税のシミュレーション分析　　　　　　　　　　　　29
　　　　1．はじめに
　　　　2．最適課税シミュレーション分析の展開
　　　　3．最適線形所得税のシミュレーション分析
　　　　4．最適消費税のシミュレーション分析
　　　　5．むすび
　　　　補論．本章で用いた経済変数の定式化と分析道具

第3章　税制改革の再分配効果　　　　　　　　　　　　　　　　　47
　　　　－　1997年所得税・消費税改革の分析　－
　　　　1．はじめに
　　　　2．税制改革の概要と税負担の計測方法
　　　　3．タイル尺度と所得階級別の寄与度分解
　　　　4．税負担と不平等度の変化
　　　　5．むすび

第4章　間接税負担と所得階級別の消費行動　　　　　　　　　　65
　　　1．はじめに
　　　2．需要関数の特定化と推定方法
　　　3．データの解説と所得階級別の消費行動
　　　4．間接税実効税率と所得階級別間接税負担の計測
　　　5．所得階級別の等価変分と超過負担の計測
　　　6．むすび
　　　補論．超過負担の計測方法

第5章　産業別の投資行動と法人所得税　　　　　　　　　　　85
　　　― 1999年法人所得税改革の分析 ―
　　　1．はじめに
　　　2．モデル
　　　3．産業別の投資関数の推定
　　　4．税制改革のシミュレーション
　　　5．むすび

第6章　高齢社会における租税・年金政策　　　　　　　　　119
　　　― 公的年金と租税の世代内負担について ―
　　　1．はじめに
　　　2．モデル
　　　3．パラメータの設定とシミュレーションの方法
　　　4．シミュレーションの実行
　　　5．むすび

第7章　人口高齢化の移行過程と年金政策　　　　　　　　　147
　　　― 公的年金と租税の世代間負担について ―
　　　1．はじめに
　　　2．モデル
　　　3．シミュレーションの想定とその方法
　　　4．シミュレーションの実行
　　　5．むすび
　　　補論．ライフサイクルにおける家計の最適化行動

第8章　公債負担と中立命題
－ 公債の世代間負担について －　　179
1. はじめに
2. 中立命題に関する実証分析の既存研究とその結果
3. 中立命題が成立する完全予見モデル
4. 効用関数と政府支出の期待形成の特定化
5. 推定式と検証方法およびデータ
6. 推定と検証結果
7. むすび

補章Ⅰ　Tax-adjusted Q の計測　　205
1. はじめに
2. 税制・価格等パラメータ
3. 企業変数
4. 計測結果
5. むすび

補章Ⅱ　国民負担は経済成長を阻害するのか？　　221
1. はじめに
2. データと推定
3. むすび
補論．Barro モデルによる推定式の導出

参考文献　　235

索引　　251

第1章　税制改革の厚生分析
― 1997年所得税・消費税改革の分析 ―

1．はじめに

　わが国の租税体系は今後も抜本的な改革が行われてゆくことは必至である。わが国が近い将来に迎える超高齢社会において、社会保障関係費の大幅な増加が予想されるが、その財源として消費税の依存度はさらに高まることになろう。加えて、所得税体系に関しても様々な角度から検討して再構築する必要がある。

　上記のような認識において行われた村山税制改革は、まさに所得税住民税と消費税に焦点を当てるものであった。今後の税制改革の基本路線は村山税制改革とそれほど変わらないであろう。このような税制改革は、家計の労働供給と消費の選択に関する合理的経済行動に変化を与えることになる。村山内閣によって行われた所得税住民税の減税と消費税の増税は、家計の税負担率や経済厚生にいかなる影響をもたらしたのであろうか。この問いに答えることが、今後の税制改革の戦略を決める際のひとつの基準になる。

　しかしながら、直観的にはこの問題に明確な回答を与えることができない。なぜなら、増減税一体型の税制改革であるがゆえに、税負担の増減を確定することは難しいからである。また、税制改革は課税後所得の増減だけでなく価格体系のひずみも引き起こす。これらが総合的に経済厚生に対して影響を与えるため、税制改革の効果を測定することは著しく困難になる。このため、経済分析による税制改革の評価が必要となる。

　以上の観点から、本章では経済行動に対してひずみをもつ租税が存在する

表1-1 村山税制改革の概要

	1993年（改革前）	1997年（改革後）
所得税		
給与所得控除	控除率 165万円まで　40% 330万円まで　30% 600万円まで　20% 1000万円まで　10% 1000万円超　　5% 最低控除額　65万円	控除率 180万円まで　40% 360万円まで　30% 660万円まで　20% 1000万円まで　10% 1000万円超　　5% 最低控除額　65万円
基礎控除	35万円	38万円
配偶者控除	35万円	38万円
配偶者特別控除	35万円	38万円
扶養控除	35万円	38万円
税率表	課税所得　　限界税率 300万円以下　10% 300万円超　　20% 600万円超　　30% 1000万円超　40% 2000万円超　50%	課税所得　　限界税率 330万円以下　10% 330万円超　　20% 900万円超　　30% 1800万円超　40% 3000万円超　50%
住民税		
基礎控除	31万円	33万円
配偶者控除	31万円	33万円
配偶者特別控除	31万円	33万円
扶養控除	31万円	33万円
税率表	課税所得　　限界税率	課税所得　　限界税率
道府県	550万円以下　2% 550万円超　　4%	700万円以下　2% 700万円超　　4%
市町村	160万円以下　3% 160万円超　　8% 550万円超　　11%	200万円以下　3% 200万円超　　8% 700万円超　　11%
消費税	3%	5%

経済を前提にし、可能な限り現実の租税制度を忠実に考慮することで、政策提言に耐えられるモデルを構築した。定量的なシミュレーション分析を行う

ことで、村山税制改革による所得税住民税減税と消費税増税がどのような効果をもつのかについて一定の評価を与えることが可能になる。また、解析的に具体的な数値を算出することは、実際の租税政策に対する指針として非常に有用であると考えられる。

　本章のモデルの主な特徴は、一般均衡体系で複数家計、複数産業と政府を考慮していることである。租税は所得税住民税、消費税、個別間接税を取り扱っている。特に、所得税住民税は税法にしたがい、各種所得控除と超過累進型の税率を組み込んだものになっている。

　本章の構成は以下の通りである。2節においては分析対象である村山税制改革の概要について言及する。3節では税制改革の評価のために用いられる数量的一般均衡モデルを構築する。4節においては、3節のモデルに適用するデータ・セットを作成し、モデルに対して与えられるパラメータの設定について解説する。5節では税制改革のシミュレーションとして、村山税制改革による税負担率の変化の計測と厚生分析を行う。最後の6節では本章で得られた結果を簡単にまとめ、今後の課題について述べる。

2．村山税制改革の概要

　本節では分析対象となる村山税制改革前後の税制を概観する。**表1－1**は1993年と1997年税制を示したものである。村山内閣の税制改革では、景気対策のために所得税住民税の定率減税が先行減税として1994年から1996年にわたって行われた[1]。その後、1997年4月において消費税率が3%から5%に引き上げられ、一連の税制改革は終了した。

---

[1] 1994年は一律20%の特別減税、1995年と1996年は15%の特別減税が行われ、恒久的な税率表の改正は1995年から実施されている。第3章の**表3－1**を参照。

図 1 − 1　1993 年と 1997 年の非線形所得税関数

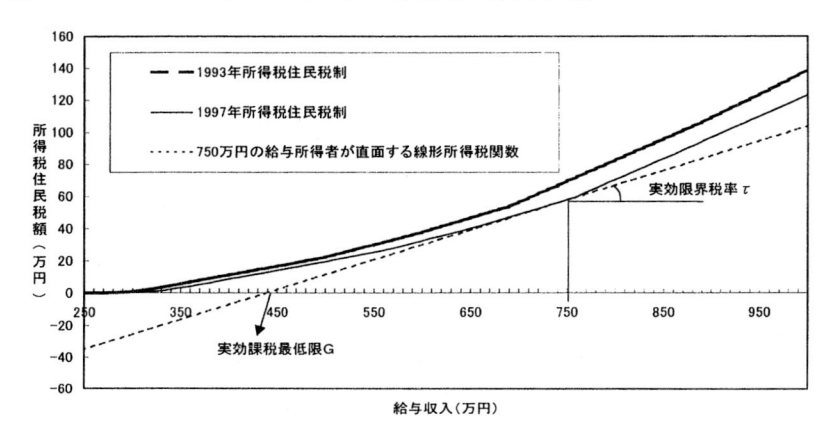

図 1 − 1 は改革前後の所得税住民税制における給与収入と所得税住民税額の関係を図示したものである[2]。表 1 − 1 によれば、村山内閣の所得税住民税減税は、課税最低限と課税所得区分の引き上げを行うもので、限界税率の引き下げを伴うものではないことがわかる。したがって、図 1 − 1 に示された所得税住民税額と給与収入の関係である所得税関数は、改革後において、傾きの変化よりも課税最低限の上昇による全体的な右側への平行移動が見られる。

給与収入別にみると、700 万円から 750 万円の給与所得者に対しては、適用される限界税率が改革前に比べて低くなり、改革後においては所得税関数の傾きが緩やかになっている。したがって、改革後の所得税住民税は、当該家計の労働供給行動に対するひずみを減少させることが期待できる。一方、給与収入が 750 万円超の給与所得者に関しては、改革前後の所得税関数の傾

---

[2] 図 1 − 1 は、所得税住民税の税率構造を説明するために世帯人員を 4 人に固定して、所得税住民税額の計算を行ったものである。世帯人員データは、配偶者控除、配偶者特別控除、扶養控除を計算するために利用した。

きはほぼ同じであり、適用される限界税率もほとんど変わらない。したがって、当該家計に対しては主として所得効果をもたらす。

注意すべきなのは、図1－1の所得税関数のグラフは、所得控除や限界税率だけでなく、給与所得控除にも影響を受けていることである。表1－1に示されているように、給与所得控除は給与収入の上昇にしたがって控除率を抑制することで、結果的に給与所得者に対する「陰の税率表」としての機能を果たすことになる。

つまり、表1－1に示されている所得税住民税の限界税率や控除額だけが、家計の経済的選択に対して影響を与えるわけではない。給与所得控除をも考慮した図1－1において、ある給与収入が与えられたときの非線形所得税関数の傾きと、その傾きをもつ接線が横軸と交わる切片が、家計の限界的な合理的経済活動に影響を与えるのである。たとえば、図1－1において750万円の給与所得者による労働供給の選択は点線で示される線形の所得税関数に直面することになる。本章では、線形所得税関数の傾きと切片をそれぞれ所得税住民税の「実効限界税率」「実効課税最低限」と呼ぶことにし、通常の概念と区別する。

村山税制改革は以上のような所得税改革と消費税の3％から5％への増税を組み合わせることで実施された。以下ではこれらの税制を次節で示されるモデルに組み込むことにする。

3．モデル

1980年代に多く行われた税制改革のシミュレーション分析には、部分均衡モデルが主として用いられてきた。部分均衡モデルでの分析は、租税政策の経済主体への直接的な効果を把握することができ、税制改革がもたらす問題

点が明確になるため、非常に有効な手段であると考えられる。

　一方、1980年代後半からわが国においても一般均衡モデルを用いて税制改革のシミュレーション分析を行う研究が盛んになってきた。その手法のひとつとして応用一般均衡分析がある[3]。一般均衡モデルを用いることにより、家計行動については労働供給、消費、貯蓄行動を定式化し、生産面を明示的に導入することで生産者価格の変化を内生化することができる[4]。さらに、家計行動に影響を与えると考えられるすべての現実的な税制をモデルに組み込むことで、ひとつの税制のみが存在する経済を対象にするよりも一般的な分析が可能となる。

　本章は基本的には応用一般均衡分析の手法を踏襲した。しかし、通常の応用一般均衡モデルがマクロ集計量をデータとして使用する大型モデルであるのに対し、本章のモデルはミクロ・データにもとづいた、家計が直面する税制に関して専門的な比較的小型のモデルであることに特徴がある。マクロ・データを基礎としたデータ・セットの作成は、非常に時間と労力を費やす作業であることはよく知られている[5]。分析目的を租税政策に限定するならば、現実の租税制度をよく反映した小型モデルによって分析を行う方が、モデル

---

[3] 応用一般均衡分析の手法の解説についてはScarf and Shoven(1984)、サーベイについてはShoven and Whalley(1992)が詳しい。応用一般均衡分析による代表的モデルとして、アメリカ・モデルのBallard, Fullerton, Shoven and Whalley(1985)、このモデルを日本に適用した橘木・市岡・中島(1990)と市岡(1991)、イギリス・モデルのPiggott and Whalley(1985)などが財政モデルとして挙げられる。また、一般均衡モデルによる法人所得税の帰着分析はHarbarger(1962)により開拓された。なお、応用一般均衡モデルと計量モデルの違いについては根岸(1994)を参照。
[4] 現実のデータを用いた定量分析で、所得税、利子所得税、間接税を包括的にモデル化した研究には、本間・跡田・岩本・大竹(1985)、本間・跡田・橋本(1989)がある。ただし、生産者価格一定の仮定を用いた部分均衡分析の枠組みで行われている。
[5] 具体的には、家計、企業および政府のミクロ・データを積み上げて、マクロ・データに合致するように集計してゆく作業である。日本経済マクロ・データによるデータ・セットの作成方法については市岡(1991)を参照。

作成コストを大幅に削減し、明確な結果が望めるだろう[6]。以下からはシミュレーション・モデルを示してゆく。

3．1．家計

第1に家計行動から説明する。経済には2期間生存する家計 m ($m = 1, \cdots, 10$)が存在する。効用関数は本間・跡田・橋本(1989)にしたがい、分離可能性を仮定した以下のような段階的な CES 型関数に特定化する。

$$U = \left[(1-\beta)H^{-\mu} + \beta\left(\overline{L} - L_S\right)^{-\mu}\right]^{-1/\mu} \quad (1-1)$$

$$H = \left[\alpha C_P^{-\eta} + (1-\alpha)C_F^{-\eta}\right]^{-1/\eta} \quad (1-2)$$

$$C_P = \prod_{i=1}^{10} X_{Pi}^{\lambda_i} \quad (1-3)$$

$$C_F = \prod_{i=1}^{10} X_{Fi}^{\lambda_i} \quad (1-4)$$

ここで U は合成消費 H と労働供給 L_S を選択する効用関数、H は現在消費と将来消費を選択する合成消費に関する効用関数、C_P は現在の 10 個 ($i = 1, \cdots, 10$)の個別消費財需要 X_{Pi} から構成される現在消費であり、C_F

---

[6] さらに、本章のモデルは以下の諸点で Ballard, Fullerton, Shoven and Whalley(1985)型モデルとは異なる。これらのモデルでは各家計の直面する所得税住民税の限界税率を改革前後において外生的に与えている。しかし、労働供給内生モデルにおいて、非線形所得税関数の実効限界税率は、所得の上昇に応じて上昇するので、限界税率は労働供給に依存し、内生的に決定されなければならない。本章では特にこれらの点を考慮して、所得税住民税に関しては本間・跡田・橋本(1989)や Hashimoto and Uemura(2000)にある非線形所得税関数をモデルに導入した。また、Ballard, Fullerton, Shoven and Whalley(1985)などのモデルでは、均衡予算帰着の立場から総税収を改革前後において一致させるために、総税収を価格単体に追加することで均衡価格を計算しているが、本章のモデルにおいては総税収は公共財産業へ全額支出されると想定した。

は将来の10個の個別消費財需要 X_{Fi} から構成される将来消費である[7]。$\overline{L}$ は家計の労働保有量、(1-1)式の β はウェイト・パラメータ、$\varepsilon = 1/(1+\mu)$ は H と余暇 $(\overline{L} - L_S)$ の代替の弾力性、(1-2)式の α はウェイト・パラメータ、$\sigma = 1/(1+\eta)$ は C_P と C_F の代替の弾力性、(1-3)と(1-4)式の λ_i は消費に占める第 i 消費財のウェイト・パラメータである。また、各家計の添字 m は煩雑化を防ぐため省略している。

効用関数 U に関する家計の予算制約式は次のように与えられる。

$$p_H H = (1-\tau)wL_S + \tau G + (1-\tau_r)rF \quad (1-5)$$

ここで p_H は消費に関する効用関数 H の合成価格であり、w は労働価格、L_S は労働供給量である。すなわち wL_S は給与収入を示し、τ は所得税住民税の実効限界税率、G は所得税住民税の実効課税最低限、τ_r は利子所得税率である。また、$\overline{K}$ は家計が保有する実物資本、r は資本価格、θ は家計のもつ実物資本をストックである金融資産 F へ変換するパラメータを示していると想定すれば、以下のような関係が成立する。

$$F = \theta \overline{K} \quad (1-6)$$

したがって、本モデルでは、家計のもつ実物資産がパラメータ θ を通して金融資産に変換されると仮定され、rF は税引前金融資産利子収入を示している。

(1-1)と(1-5)式に関する効用最大化問題を解けば、

---

[7] 本章のモデルでは純粋公共財を政府が供給していると仮定される。したがって、家計の公共財需要は等量消費のために各家計において限界条件は等しく、モデル上は変数として現れないことになる。公共財需要を明示的に考慮した分析を行うならば、効用関数に公共財需要を加法的に組み込み、各家計の公共財消費を推定し、私的財消費との比較においてウェイト・パラメータを導入すべきである。しかしながら、パラメータ推定の困難性により、そのような分析は断念した。

$$L_S = \frac{k\overline{L}\{(1-\tau)w\}^\varepsilon p_H^{(1-\varepsilon)} - \tau G - (1-\tau_r)rF}{(1-\tau)w + k\{(1-\tau)w\}^\varepsilon p_H^{(1-\varepsilon)}}$$

$$\text{ただし}\quad k = \left(\frac{1-\beta}{\beta}\right)^\varepsilon \quad (1-7)$$

で示される労働供給関数を得る。次に、効用関数 H に関する予算制約式は

$$p_P C_P + p_F C_F = (1-\tau)wL_S + \tau G + (1-\tau_r)rF \quad (1-8)$$

で与えられる。ここで p_P は現在消費に関する効用関数 C_P の合成価格、p_F は将来消費に関する効用関数 C_F の合成価格を示している。(1−2)と(1−8)式に関する効用最大化問題により

$$C_P = \frac{\alpha^\sigma \{(1-\tau)wL_S + \tau G + (1-\tau_r)rF\}}{p_P^\sigma \{\alpha^\sigma p_P^{(1-\sigma)} + (1-\alpha)^\sigma p_F^{(1-\sigma)}\}} \quad (1-9)$$

$$C_F = \frac{(1-\alpha)^\sigma \{(1-\tau)wL_S + \tau G + (1-\tau_r)rF\}}{p_F^\sigma \{\alpha^\sigma p_P^{(1-\sigma)} + (1-\alpha)^\sigma p_F^{(1-\sigma)}\}} \quad (1-10)$$

のように現在消費 C_P と将来消費 C_F の需要関数をそれぞれ得る。最後に現在消費 C_P と将来消費 C_F の効用関数についての予算制約式をそれぞれ次のように与える。

$$\sum_{i=1}^{10} q_i X_{Pi} = (1-\tau)wL_S + \tau G + (1-\tau_r)rF - S \quad (1-11)$$

$$\sum_{i=1}^{10} q_i X_{Fi} = S\{1 + (1-\tau_r)r\} \quad (1-12)$$

ただし τ_c を間接税率とすれば、税込財価格 q を

$$q_i = (1+\tau_{ci})p_i \quad (1-13)$$

としている。また、S は家計の貯蓄を示し、$p_F C_F$ は将来消費の価値であるので現在貯蓄 S に等しい。すなわち

$$p_F C_F = S \quad (1-14)$$

の関係がある。$(1-3)$と$(1-11)$式、$(1-4)$と$(1-12)$式に関する効用最大化問題をそれぞれ解けば、

$$X_{Pi} = \frac{\lambda_i \{(1-\tau)wL_S + \tau G + (1-\tau_r)rF - S\}}{q_i} \quad (1-15)$$

$$X_{Fi} = \frac{\lambda_i S\{1+(1-\tau_r)r\}}{q_i} \quad (1-16)$$

のような現在と将来の財需要関数 X_P と X_F が得られる。

家計のもつ CES 型効用関数は、間接効用関数と支出関数を求めることが容易であるという特徴をもち、総支出が総所得に等しいという条件を用いれば各合成価格を算出することができる。以下にそれらの関係を示す。

$$p_P = \prod_{i=1}^{10} \left\{\frac{q_i}{\lambda_i}\right\}^{\lambda_i} \quad (1-17)$$

$$p_F = \prod_{i=1}^{10} \left\{\frac{q_i}{\{1+(1-\tau_r)r\}} \Big/ \lambda_i \right\}^{\lambda_i} \quad (1-18)$$

$$p_H = \left[\alpha^\sigma p_{P1}^{(1-\sigma)} + (1-\alpha)^\sigma p_F^{(1-\sigma)}\right]^{1/(1-\sigma)} \quad (1-19)$$

ここで、p_P は現在における個別消費財の合成価格、p_F は将来における個別消費財の合成価格、p_H は p_P と p_F の合成価格を示している。

また、本モデルでの家計貯蓄 S と家計のもつ実物資本 $\overline{K}$ が生み出す資本所得のうち金融資産利子収入 rF を除いた部分は、直ちに投資財の購入に向かい、投資財産業への投資需要を形成すると想定される。したがって投資財価格を q_{11} とすれば、投資財需要量 Q_{11} は

$$Q_{11} = \frac{S + r\overline{K} - rF}{q_{11}} \quad (1-20)$$

である。

3.2. 企業

第2に企業行動について説明する。生産 Q を産出する第 j ($j=1,\cdots,12$) 産業に関しては、

$$Q = \Phi L^\delta K^{1-\delta} \quad (1-21)$$

のような資本 K と労働 L の2種類の生産要素を投入するコブ・ダグラス型の生産関数が想定されている。ここで、Φ は効率パラメータ、δ は分配パラメータを示している。モデル上、消費財を生産する消費財産業なるものが存在するとし、『家計調査年報』にある10大消費項目の消費財を生産すると想定する。さらに、第11産業は投資財産業、第12産業は公共財産業を示している。また、家計と同様に煩雑化を防ぐため、産業の添字 j は省略している。第 j 財の産出1単位当たりの費用最小化要素需要を求めると次のようになる。

$$\frac{L}{Q} = \frac{1}{\Phi}\left[\frac{\delta r}{(1-\delta)w}\right]^{(1-\delta)} \quad (1-22)$$

$$\frac{K}{Q} = \frac{1}{\Phi}\left[\frac{(1-\delta)w}{\delta r}\right]^{\delta} \quad (1-23)$$

これらを用いれば、利潤ゼロ条件により生産者財価格 p を要素価格の関数として表すことができる。

$$p = w\frac{L}{Q} + r\frac{K}{Q} \quad (1-24)$$

3．3．政府

第3に政府の行動について説明する。モデルの政府は、家計から租税を徴収して得た総税収を全額公共財の供給に充てると想定される。以下から、政府の総税収を構成する各租税について見てゆく。

まず、消費財にはそれぞれ異なる税率で課税する間接税が考慮されている。消費財 i の生産者価格を p_i、消費者価格を q_i、間接税率を τ_{ci} とすれば、消費者価格 $q_i = (1+\tau_{ci})p_i$ となる[8]。ただし、投資財と公共財については間接税が課税されていないと考えるため、それぞれ $q_{11} = p_{11}$、$q_{12} = p_{12}$ となる。また、利子・所得税率は τ_r であり、家計の金融資産利子所得 rF より利子所得税額は $\tau_r rF$ である。

各家計の所得のうち給与収入 wL_S に関しては、**表1-1**にある所得税住民税制にしたがって非線形の所得税関数が想定され、課税される。給与収入から給与所得控除、基礎・配偶・配偶者特別・扶養の人的控除そして社会保険料控除を差し引いた課税所得に、現実の超過累進型の税率表にもとづく限界税率を適用し、所得税住民税額 $\tau(wL_S - G)$ を算出する[9]。また、図1－

---

[8] 本モデルにおける間接税には、消費税と個別間接税が考慮されている（間接税率＝消費税率＋個別間接税率）。
[9] 社会保険料控除は財務省『財政金融統計月報：租税特集』にある財務省方式によ

1にあるように、給与収入が与えられれば各家計の直面する所得税住民税の実効限界税率τと実効課税最低限Gが、非線形所得税関数の傾きと、その傾きをもつ接線が横軸に交わる切片として内生的に求まる。このτとGが家計の最適化行動に影響を与えることになる。

以上の各租税から得られる政府の総税収TRは次の式で示される。

$$TR = \sum_{m=1}^{10}\sum_{i=1}^{10} \tau_{ci} p_i X_{Pi} + \sum_{m=1}^{10} \tau w L_S - \sum_{m=1}^{10} \tau G + \sum_{m=1}^{10} \tau_r r F \quad (1-25)$$

ここで、右辺第1項は間接税の税収、第2項と第3項は所得税住民税の税収、第4項は利子所得税の税収をそれぞれ示している。

さらに、モデルでは総税収がすべて公共財の購入に向かうので、公共財価格q_{12}とすれば公共財供給量Q_{12}は以下のように算出できる。

$$Q_{12} = \frac{TR}{q_{12}} \quad (1-26)$$

3.4 市場均衡

最後に市場均衡の条件について述べる。モデルでは、財市場と生産要素市場において需要と供給が一致することで一般均衡が成立する。まず、財市場の均衡条件として、総需要を満たすように消費財は産出される。

$$Q_j = \sum_{m=1}^{10} X_{Pi} \quad (1-27)$$

(1-20)と(1-26)式より、投資財供給量Q_{11}、公共財供給量Q_{12}についても判明している。これらを(1-22)と(1-23)式に代入することで各要素派生需要がわかるので、労働と資本の集計的超過要素需要関数ρ_l、ρ_kは

って考慮されている。2001年1月の省庁再編により、いくつかの省庁の名称が変更された。本書では、分析に用いた再編以前の資料やデータを紹介する際には旧名称を使用し、それ以外の場合については新名称を極力用いることにする。

$$\rho_l = \sum_{j=1}^{12} L - \sum_{m=1}^{10} L_S \quad (1-28)$$

$$\rho_k = \sum_{j=1}^{12} K - \sum_{m=1}^{10} \overline{K} \quad (1-29)$$

により与えられる。

　ワルラス一般均衡モデルの均衡は全ての財と生産要素の超過需要がゼロか負となるところで成立する財価格と要素価格の組みあわせとして定義される。しかしながら、(1-24)式によって財価格は要素価格に集約され、解空間の次元を生産要素の数である2次元にまで縮小することができる。すなわち、ワルラス法則は以下の如く簡略化できる。

$$w\rho_l + r\rho_k = 0 \quad (1-30)$$

　需要関数と供給関数は要素価格に関してゼロ次同次であるので、一般均衡価格は

$$w + r = 1 \quad (1-31)$$

となるように価格を正規化したうえで、超過需要関数をすべてゼロにするような w と r の組み合わせとして求められることになる[10]。

4．データ・セットの作成とパラメータの設定

　本節では、基準となるデータ・セットを作成し、家計の効用関数と企業の生産関数におけるパラメータの設定を行う。ここでは、村山税制改革前の1993年を基準時点とするため、1993年のデータにおいて、一般均衡が成立

---

[10] 本章の分析における一般均衡価格の計算には不動点アルゴリズムを用いた。不動点アルゴリズムとは、Scarf(1967,1973)が考案した一般均衡解を近似的に算出する反復計算のことであり、本章の計算ではスカーフ法を改良したメリル法を採用した。これら2つの手法に関しては、橋本・上村(1995)と橋本(1998)にコンピュータ・プログラムとともにまとめられている。

しているものと仮定し、様々な一般均衡条件を満たすように基準均衡のデータ・セットを作成した。そのため、各経済主体は最適化行動をとるものとし、要素価格比率を1に固定した上で、基準均衡のデータ・セットが完全に再現するように各パラメータを設定した。

4．1．家計

第1に、家計のデータについて説明する。まず、家計の労働所得である給与収入 wL_s には、総務庁(1993)『家計調査年報』における勤労者世帯の十分位階級別の「世帯主収入」を利用した。だが、『家計調査年報』では各世帯の労働時間がわからない。そこで、労働省(1994)『賃金構造基本統計調査（賃金センサス）』における1993年「男子労働者学歴計」の年齢階級別データを所得階級別に並べ替えることで、十分位階級別の労働時間を推定した。さらに、労働保有量 $\bar{L}$ は各家計の利用可能時間を全て労働に費やしたときの労働所得として推定した[11]。

次に、家計の利子収入について述べる。家計のもつ金融資産 F は、総務庁(1993)『貯蓄動向調査報告』における十分位階級別の「貯蓄現在高－負債現在高」を金融資産データとして用い、収益率を4％として家計の利子収入 rF を算出した[12]。家計の総収入は、以上のようにして推定された給与収入と利子収入から構成される。家計は、総収入から後述する所得税住民税額と利子

---

[11] ただし、1日の利用可能時間は16時間と仮定した。
[12] 本来ならば、各家計の実際の利子収入データを直接用いることが適切であるが、適当なデータが見つからないため、金融資産に収益率を乗じることで利子収入を計算する方法を採用した。ところが、収益率データとしては数多くの種類のデータがある。そこで、ここでは平均的な金利として4％を想定した。金融資産の収益率を4％に設定したことは、基準年を1993年とする場合にはやや高めであると思われるかもしれない。しかしながら、ここでの金融資産は実物資本に連動しているため、やや高めの収益率を用いることにはある程度の説得力があると考えられる。また、収益率を低めに設定してデータ・セットを作成したとしても、シミュレーションの結果に重大な影響はないと思われる。

所得税額を差し引いた可処分所得を現在消費と貯蓄に振り分けることになる。

以下から、家計の効用関数のパラメータ設定について述べる。まず、効用関数(1−3)と(1−4)式のウェイト・パラメータ λ_i であるが、これは各家計の消費支出のうち、個別消費財 i に対しての支出割合を示し、$\sum \lambda_i = 1$ が成立する。したがって、『家計調査年報』にある 10 大消費項目に対する個々の消費財支出を「消費支出」でそれぞれ除算することにより算出できる。

さらに、効用関数(1−2)式における現在消費 C_P と将来消費 C_F の代替の弾力性 σ とウェイト・パラメータ α は(1−9)と(1−10)式より算出できる。ここで現在消費は『家計調査年報』の「消費支出」、給与収入 wL_S は「世帯主収入」、そして所得税住民税の実効限界税率 τ と実効課税最低限 G は、給与収入に対して 1993 年の所得税住民税制を適用すれば算出可能であり、一方、金融資産利子収入 rF は先に求めている。要素価格比が 1 であるため、財価格 p は全ての産業で 1 となり、間接税率も既知なので、価格に関する変数は全て計算できる。さらに、後述するように利子所得税率 τ_r も与えられている。以上より未知数は σ と α のみになるが、本章で用いられるような一般均衡モデルのパラメータの同時推定は不可能に近い。したがって、ここでは標準ケースとして $\sigma = 0.2$ に固定して α を求めることにした[13]。

効用関数(1−1)式における労働供給 L_S と合成消費 H の代替の弾力性 ε とウェイト・パラメータ β の設定に関しては、(1−7)式を用いて設定される。ここで必要なデータは α の設定のときと同じであり、それらを与えてやれば ε と β のみが未知数となる。ここでも標準ケースとして $\varepsilon = 0.4$ に固定し

---

[13] 異時点間の代替の弾力性 σ については上村(1997a)の推定結果を参考にした。

表1－2　効用関数のパラメータ（標準ケース：$\sigma = 0.2$　$\varepsilon = 0.4$）

所得分位	α	β
I	0.9996	0.9891
II	0.9901	0.9901
III	0.9723	0.9922
IV	0.9664	0.9911
V	0.9783	0.9909
VI	0.9593	0.9917
VII	0.9590	0.9918
VIII	0.9536	0.9922
IX	0.9879	0.9911
X	0.9780	0.9932

た[14]。以上の結果は表1－2にまとめられている。

4．2．企業

　第2に、企業のデータについて述べる。本モデルの企業は、『家計調査年報』における10大消費項目、公共財、投資財を生産する12産業を想定している。ここで、経済企画庁(1993)『国民経済計算年報』の付表2「経済活動別の国内総生産および要素所得」における産業を適当であると思われる本モデルの産業に適用した。

　産業の要素所得については、SNAデータの雇用者所得、営業余剰をそれぞれ本モデルにおける労働所得、資本所得と想定した。ところが、政府サービス生産者については、営業余剰がデータとして存在しないため、政府サービス生産者以外の産業全体の平均的な資本労働比率を算出し、政府サービス生産者の労働所得を掛け合わせることで、当該産業の資本所得とした。

　さらに、全産業の資本労働比率を既知である家計の総労働所得に掛け合わ

---

[14] 余暇と消費の代替の弾力性 ε については島田・酒井(1980)の推定結果を参考にし

せることで、家計のもつ総資本所得を算出した。これを家計の保有する実物資本 $\overline{K}$ とし、『貯蓄動向調査報告』にある勤労者世帯の十分位階級別のデータにおける有価証券残高の比率で、各家計に振り分けた。また、各家計の金融資産 F は実物資本から変換されると想定し、1993年時点の金融資産利子収入を再現するように変換パラメータ θ を設定した。

次に、生産関数のパラメータの設定について述べる。パラメータの設定を行う際に、家計が供給する労働と資本の総量が、産業が需要する生産要素である労働と資本の総量にそれぞれ合致し、さらに家計の消費需要および総税収と貯蓄が各産業の生産量に合致する一般均衡条件を満たさなければならない。家計のデータは全て既知なので、家計の生産要素と消費支出などの合計に合致するように、産業面で得られた要素所得 SNA データに対し RAS 法により産業面の 12×2（産業×資本所得と労働所得）の行列要素を算出した[15]。各企業の生産関数における規模パラメータ Φ と分配パラメータ δ に関しては、以上のようにして求められた各産業における労働所得、資本所得、生産量をもとにして算出した。この結果は表1－3にまとめられている。

4．3．政府

第3に、政府の税収を構成する税制データについて述べる。まず、所得税住民税は表1－1に示された1993年における非線形所得税関数を家計の給与収入に適用し、所得税住民税額を算出した。

次に、本モデルにおける間接税は、消費税と個別間接税から構成される。消費税は1993年の税率として一律3%、個別間接税については林・橋本

た。
[15] RAS 法とは、行列形式のデータにおいて、所与の各行和そして各列和の値に合致するように、当該行列要素に対し行方向、列方向に同時的な収束計算を行うことで、制約を満たす行列要素を算出するものである。

表1-3　生産関数のパラメータ

	消費財産業	ＳＮＡの産業	δ	ϕ
1	食料	食料品	0.4966	2.0000
2	住居	不動産業	0.0351	1.1640
3	光熱・水道	電気・ガス・水道業	0.3305	1.8861
4	家具・家事製品	その他の製造業	0.6593	1.8993
5	被服及び履物	その他の製造業	0.6593	1.8993
6	保健医療	サービス業	0.5549	1.9880
7	交通・通信	運輸・通信業	0.9132	1.3433
8	教育	サービス業	0.5549	1.9880
9	教養娯楽	サービス業	0.5549	1.9880
10	その他の消費支出	サービス業	0.5549	1.9880
11	公共財	政府サービス生産者	0.5079	1.9998
12	投資財	一般機械	0.8135	1.6178

(1993)から個別間接税の表面税率τ_nを算出し、間接税率τ_c（$=0.03+\tau_n$）はこれらを足し合わせたものであるとする[16]。また、利子所得税率τ_rは現行の分離課税方式にしたがって、一律20％とした。

4．4．基準均衡

以上までのデータ加工とパラメータの設定が終われば、要素価格比率が1で1993年の所得税住民税、利子所得税、個別間接税と3％の消費税のもと

---

[16] 林・橋本(1993)における10大消費項目の間接税実効税率τ_e（ただし消費税の負担分を除く）の定義は以下の通りである。

$$\tau_e = 間接税の負担額\,A \diagup 税込消費支出額\,B$$

したがって、間接税表面税率τ_nは次のように表示できる。

$$\tau_n = A\diagup 税引消費支出額 = A/(B-A) = \tau_e/(1-\tau_e)$$

この数値は1990年のものであるが、分析対象年までに間接税についての大幅な改正が行われていなかったため、本章ではこの数値を採用することにした。また、ここでの間接税率は従量税を含む合成された税率であることに注意を要する。したがって、本モデルの間接税は簡単化のためすべて従価税として扱っている。

表1－4　1993年における家計データ（単位：万円／年）

所得分位	給与収入	消費支出	金融資産	利子収入
I	283.3	259.4	399.7	16.0
II	373.5	303.8	529.9	21.2
III	436.5	334.4	549.9	22.0
IV	475.4	359.4	624.9	25.0
V	526.3	400.9	617.8	24.7
VI	583.0	429.7	821.0	32.8
VII	629.4	461.9	963.8	38.6
VIII	680.1	489.1	912.4	36.5
IX	734.0	563.2	1310.3	52.4
X	898.4	661.4	2042.4	81.7
合計	5619.9	4263.3	8772.1	350.9

所得分位	所得税額	間接税額	利子税額	θ
I	3.5	20.0	3.2	0.2452
II	11.1	22.7	4.2	0.2722
III	17.2	25.8	4.4	0.1832
IV	21.3	27.8	5.0	0.1682
V	28.1	31.2	4.9	0.1400
VI	36.8	32.7	6.6	0.1337
VII	44.7	35.5	7.7	0.1194
VIII	53.2	38.5	7.3	0.1021
IX	66.9	44.1	10.5	0.1073
X	108.8	51.3	16.3	0.0907
合計	391.5	329.6	70.2	

で超過需要がゼロとなる基準均衡が成立する。換言すれば、1993年税制と各パラメータを与えれば、1993年における家計と企業データを完全に再現する一般均衡モデルが構築されたことになる。基準均衡における家計のデータは表1－4にまとめられている[17]。

---

[17] ただし、以下の計算結果はすべて労働価格 $w=1$ に基準化して得られたもので

5．税制改革のシミュレーション分析

　一般的に、増税政策は減税政策に比べて国民のコンセンサスを得るのが難しいといわれる。村山税制改革による消費税の引き上げは、1994年から始まった所得税住民税の先行減税がもたらした財源不足を補填する意味で不可欠なものであった。それにも関わらず、1997年4月以降の消費税の引き上げは、1996年の衆議院選挙の税制に関する争点になっていた。消費税の引き上げを是とするか非とするか、また、基本的には引き上げを容認し修正を加えるか、政党によって掲げる政策は異なっていた。

　選挙の結果、自民党単独政権が成立したので、消費税の引き上げは国民によって基本的には受け入れられたと考えられる。したがって、橋本政権は1997年4月に消費税の税率アップを行うことで、村山税制改革を完成させた。

　さて、上記のような経緯で実施された村山税制改革は、経済学的にはわれわれの生活にいかなる変化をもたらしたのだろうか。この問題は直観的には非常にわかりにくい。なぜなら、村山税制改革は課税最低限を引き上げることで所得税住民税を減税して消費税を増税する増減税一体型の租税政策であるため、減税効果と増税効果を一括してとらえなければならないからである。

　そこで、本節では前節までに構築された基準均衡のデータを再現する一般均衡モデルを用いて村山税制改革を評価することを試みる。一般均衡モデルを採用することで、租税政策が及ぼす価格と所得の変化が家計行動に与える影響を総合的に把握することが可能である。

　まず、改革前後の1993年と1997年の税制を組み込んだ一般均衡モデルを用いて、税負担率についてのシミュレーションを行った。計算結果は図1－

ある。

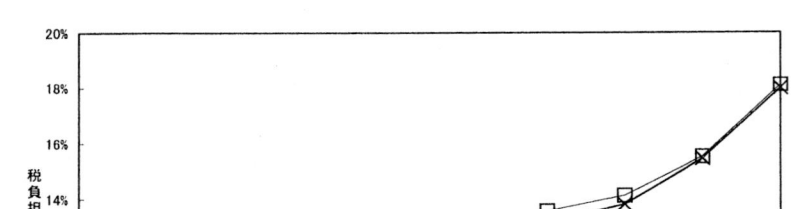

図1-2 村山税制改革による税負担率の変化

2に示されている。ここで税負担率とは、給与収入と利子収入からなる総収入に対する所得税住民税、間接税、利子所得税からなる総税負担額の比率を表示したものである。

図1-2によると、第Ⅰ分位から第Ⅷ分位までの所得階級では、消費税の増税が所得税住民税の減税を上回るために税負担率が高くなっている。また、第Ⅸ分位と第Ⅹ分位の高所得階級は税負担率が改革前後でほぼ同じとなっている。したがって、村山税制改革は、ほとんどの所得階級で税負担率の増加をもたらしたことがわかった。この結果は、1997年税制が1993年税制に比べて実質的に増税であることを考えれば当然の帰結ともいえる。

図1-2からはこの税制改革が税負担率を増加させることはわかるが、税制改革がもたらす家計の経済厚生の変化を知ることはできない。1997年税制改革のねらいのひとつは、所得税住民税を減税して消費税を増税することで、中所得階級の重税感の緩和を行うことにあった[18]。そこで、ここでは経済効

---

[18] 第3章を参照。

率性の観点から、税制改革の評価を与えるために厚生分析を行うことにする。

ここでの厚生比較の指標としては、効用水準 U の変化率である相対的厚生変化 RWC の概念を用いた。上付添字 B と R はそれぞれ改革前後を示している。

$$RWC = \frac{100 \times (U^R - U^B)}{U^B} \quad (1-32)$$

この厚生指標を用いて村山税制改革を評価するのであるが、すでに見たように村山税制改革はほとんどの所得階級で増税となり、計算するまでもなくその所得階級の厚生は悪化する。つまり、改革前後の総税収は異なっており、総税収の違う租税政策を比較することには問題がある。本来ならば、最適課税論や租税帰着論の議論にしたがい、税収中立において改革前後の税制の比較を考えなければならない。そこで、ここでも改革前と税収が同じである等税収制約を満たすような、税収中立型の仮の税制を考えよう。

ただし、等税収制約に関しては、以下のようなラスパイレス価格指数を用いた実質税収を等しくするように設定する。ラスパイレス価格指数 LAS は次のように定式化できる。

$$LAS = \frac{\sum_{j=1}^{12} q_j Q_j^R}{\sum_{j=1}^{12} q_j^R Q_j^R} \quad (1-33)$$

ここで、上付添字 R は 1997 年税制をモデルに組み込んで得られる経済変数を表す。したがって、1997 年税制の税収を TR^R とすれば、等税収制約となるべき実質税収は $LAS \times TR^R$ となる。

具体的には、1997 年の所得税住民税、利子所得税、個別間接税を固定し、1993 年の実質税収を満たすような消費税率を算出した。1997 年税制を維持

表1－5　村山税制改革による厚生変化 RWC

所得分位	ケース1	ケース2
I	－0.590	－0.280
II	－0.596	－0.281
III	－0.595	－0.295
IV	－0.623	－0.317
V	－0.519	－0.210
VI	－0.465	－0.158
VII	－0.445	－0.142
VIII	－0.423	－0.123
IX	－0.172	0.137
X	－0.237	0.058
合計	－4.663	－1.612

し、1993年税制と税収中立にするための消費税率は4.29％となる。ここでは、1993年税制と1997年税制の厚生比較をケース1とし、1993年税制と税収中立型税制（消費税率4.29％）の厚生比較をケース2として厚生分析を行うことにした。

相対的厚生変化 RWC の計算結果は表1－5に示されている。ケース1においては全ての所得分位の厚生水準は低下する。税収中立であるケース2においては、第IX分位と第X分位の厚生は改善されているが、第I分位から第VIII分位は悪化し、各所得分位の厚生に等しくウェイトをつけて集計した表1－5の合計の値も悪化している。

ケース2においても集計した厚生が負であるのは、第I分位から第VIII分位の悪化に加えて、第IX分位と第X分位の改善の度合いが小さいためである。結果として高所得階級については厚生の改善がみられるが、村山税制改革が目的のひとつとしていた中堅所得階層の経済厚生の改善はみられないことがわかる。効率性を改善するためには、所得税住民税の税率表をよりフラット化し、限界税率を下げなければならない。そこで、所得分位別に所得税住民

表1−6 所得税住民税における実効限界税率と実効課税最低限

所得分位	1993年所得税住民税	
	τ（％）	G（万円）
I	9.45	245.81
II	10.95	272.57
III	10.95	279.43
IV	10.95	281.27
V	15.61	346.15
VI	15.61	347.49
VII	17.61	375.88
VIII	17.61	378.17
IX	26.40	480.45
X	29.08	524.20

所得分位	1997年所得税住民税	
	τ（％）	G（万円）
I	9.45	265.60
II	10.95	294.94
III	10.95	302.42
IV	10.95	304.41
V	11.71	320.79
VI	15.61	381.21
VII	15.61	380.83
VIII	17.61	414.93
IX	17.61	415.49
X	26.40	532.49

税が真にフラット化されたかどうかを検証してみたのが表1−6である。

表1−6は改革前後における所得税住民税の実効限界税率 τ と実効課税最低限 G を示している[19]。表1−1で示したように、村山税制改革の所得税住民税改革は、限界税率を変化させず、課税所得の区分の引き上げと、各種

---

[19] 表1−6は図1−1の非線形所得税関数に対応している。ただし、表1−6の数

所得控除額の引き上げにより減税を行っている。**表1－6**によると第Ⅰ分位から第Ⅳ分位までと第Ⅷ分位は実効限界税率が改革前後で変わらない。すなわち、第Ⅸ分位を除いて各所得分位の実効限界税率がほとんど変化していないのは、限界税率の引き下げが据えおかれたためと考えて良い。

　通常、所得税住民税のフラット化の目的は、実効限界税率を引き下げることによる効率性の改善にある。しかしながら、**表1－6**からもわかるように、村山税制改革の税率表の改正は結果的に実効限界税率を引き下げることはなかった。村山税制改革は厚生水準の低下をもたらし、経済厚生の観点からはあまり評価できないことになる。効率性を改善するためには、各所得分位に対する実効限界税率を引き下げるために、税率表の限界税率を下げることで、所得税住民税のフラット化を図るべきである。

6．むすび

　本章では、複数家計と複数産業そして政府の存在する一般均衡モデルを構築し、村山税制改革がもたらした所得分位別の税負担率の変化と厚生分析を行った。ここで得られた結果の要旨は以下の通りである。

　第1に、村山税制改革前後における税負担率の比較からは、改革後は特に低中所得階級の税負担率が引き上げられることがわかった。次に行った厚生分析では、全所得分位において厚生水準が悪化する結果となった。また、仮に税収中立のもとで行った厚生分析においても、全体的には厚生水準を引き下げる結果となった。これは、村山税制改革における所得税住民税のフラット化が不十分であることに原因がある。

　本章で残された課題は次のような点である。

値は『家計調査年報』の世帯人員データを用いて算出されている。

第1に、中間投入を考慮していないのでモデル上では消費税が実質的には小売売上税となっている。現行の消費税は、多段階で取り引きされる消費財に対して課税される税額を排除してゆく帳簿方式が採用されているので、中間投入を考慮すればさらに細かい分析が可能である。

　第2に、生産面において消費財産業が存在するものと想定されているが、現実的にはある産業によって生産された財と他の産業によって生産された財が組み合わさってひとつの消費財を構成すると考えられる。また、モデルの単純化のためとはいえ、投資財産業を設定したことにも問題がある。これらの問題は『産業連関表』を用い、生産財を消費財に変換するコンバータを用いることで解決される。さらに、『産業連関表』を用いれば、家計貯蓄を産業への投資需要として配分することで、本章のモデルにおける投資財産業の想定をはずすことが可能である。

　第3に、本分析は静学的なモデルを用いたものである。モデルに時間概念を取り入れるためには、家計行動にライフサイクル行動仮説を取り入れるなどの拡張を図り、モデルを動学化することも必要である。

　これらのうちのいくつかの点については以後の各章において解決されるが、依然として残された問題については今後の課題としたい。

第2章　最適課税のシミュレーション分析

1．はじめに

　社会にとって望ましい税体系とはいかなるものかという疑問は、多くの経済学者の興味を引きつける問題である。このような問題は様々な角度からの議論が必要であり、一義的な答えを導くことは難しい。しかしながら、最適課税論は望ましい税体系について考える際に多くの示唆を与えてくれると考えられる。

　一般的な最適課税論の目的は、一定の税収を確保しなければならない政府が、経済主体の合理的行動に対してひずみをもたらす税制しか操作できない場合において、経済厚生を最大にするような税体系を構築することにある[20]。特に、能力の異なる家計が存在するときには、各家計の効用水準を集計した社会的厚生関数が登場し、効率性と所得分配の公正性がトレード・オフする中から社会的に望ましい税体系を探ることが問題意識となる。

　ところが、Feldstein の「租税改革の理論」が指摘するように、白紙の上に望ましい租税体系を描くことを可能とする最適課税論は、現実性の乏しい理論であることを否定できない。特に、最適課税の理論分析は、定性的な命題を導出することに主な関心が向けられていたため、机上の空論であるという批判もなされてきた[21]。政府にとって利用可能な税体系が限定されている政策志向の強いセカンド・ベストの最適課税論においても、既存の税体系の存在を無視して、白紙の上に所得税や消費税といった税体系をどのように構

---

[20] 政府が経済行動にひずみをもたらさない定額税を実施できるファースト・ベストの状況と、実施できないセカンド・ベストの状況を区別しなければならない。
[21] 現実的な観点からの最適課税論のサーベイについては本間・赤井(1996)を参照。

築すべきかについてのみ議論されてきた。しかし、現実の税制改革においては、全ての税体系を白紙に戻して再構築することは不可能である。

そこで、定性的な分析から脱却し、また、定性分析を補う形で、最適課税の定量分析がいくつかなされてきた。現実の租税政策に最適課税論のエッセンスを取り入れるならば、定量分析がより具体性をもつことは明白である。ところが、ほとんどの最適課税の定量分析は、仮想的な経済を対象にした数値例であるため、現実的な政策提言に対して何らかの示唆を与えるほどには論点が弱いことが指摘される。

したがって、現実のデータや税制を組み込むことが、最適課税の定量分析を実現可能な政策提言へつなげる際には必要である。さらに、いま一歩踏み込んだ分析を行うならば、所得税、間接税といった税制を個々にとらえるよりも、それらを包括的にモデル化することが望まれる。

つまり、最適課税論を現実的な租税政策に反映させるならば、租税体系を包括的にモデル化した定量分析による具体的な政策提言が重要となる。また、現実の租税制度は非常に複雑である。間接税は主として個別間接税と消費税に分類され、所得税についても多くの控除が存在する超過累進型の構造になっている。このような複雑な制度のモデル化は定性分析よりも定量分析が得意とするところである。

そこで本章では第1章で展開されたモデルを利用して、最適課税シミュレーション分析を試みる。ここで取り上げられる最適課税問題は2つある。第1は最適所得税、第2は最適消費税についてである。これらは今後のわが国の税制改革において議論の焦点となる論点を内包している。すなわち、第1は世界的な潮流としての所得税のフラット化の問題、第2は逆進性緩和のために行われる消費税の複数税率化である。

2．最適課税シミュレーション分析の展開

　最適所得税のシミュレーション分析は、所得税関数の形状に制約をおかないものと、関数型に何らかの制約をおくものに分類される。特に、所得税関数を線形に限定する場合を最適線形所得税、それ以外が一般的には最適非線形所得税と呼ばれる。

　最適非線形所得税の研究としては、Mirrlees(1971)、Tuomala(1984,1986)、入谷(1984)、Slemrod, Yitzhaki, Mayshar and Lundholm(1994)が挙げられる。これらの研究は仮定される経済のモデルが違うため、計算結果のインプリケーションも異なっている。初期の最適非線形所得税はあまりにも一般的なモデルを提示したため、その解釈に関してもさまざまな議論がある[22]。

　一方、Sheshinski(1972)に始まる最適線形所得税は、所得税関数を線形に特定化した上で最適な限界税率と人頭補助金の組み合わせを求めるものである。最適線形所得税の研究は、所得税関数を線形に限定しているために一般性を失うが、最適所得税を考える際の論点を明確にする。これに数値計算を応用したものが Stern(1976)以降の最適線形所得税のシミュレーション分析である。しかし、この段階では家計の効用関数に仮想的な数値を想定したものであり、現実のデータを用いることはなかった。

　そこで、実際の経済データを利用して Stern(1976)と同様のフレーム・ワークで分析されたものに山田(1991)がある。Stern(1976)のモデルは Mirrlees(1971)と同様に選好が等しい家計が能力の違いで連続分布すると仮定するものであった。一方、離散分布する家計を想定する Dixit and Sandomo(1977)タイプで、現実のデータを用いて最適線形所得税のシミュレ

---

[22] ただし入谷(1984)は課税区分と限界税率が存在する近似的な非線形所得税関数を想定している。また、Slemrod, Yitzhaki, Mayshar and Lundholm(1994)は2つの課税区分を持つ線形所得税を組み合わせた非線形所得税関数を採用している。

ーションを行ったものに本間・跡田・井堀・中(1987)および橋本(1998)が挙げられる。離散分布を仮定することは、選好の異なる複数家計をモデルに導入することができる点で有利であると考えられる[23]。

また、最適消費税のシミュレーション分析には、Atokinson and Stigliz(1972)、Deaton(1977)、Harris and Mackinnon(1979)、Heady and Mita(1980)、Fukushima and Hatta(1989)、山田(1991)、福島(1991)などの研究蓄積がある。いずれも家計の効用関数にアディログ型やストーン・ギアリ型などを用いて、価格弾力性の計算や最適間接税率を算出するものである。

本章では以上の研究を受けて、家計の離散分布を仮定した一般均衡モデルにおいて最適課税のシミュレーション分析を行う。従来の最適課税シミュレーション分析は、考察対象となる税制のみを取り出すことで他の税制を捨象するものが多い。また、生産者価格一定の仮定が用いられることも不十分であるといえる。本章のモデルでは複数家計はもちろん、複数企業を導入し、生産者価格を内生化した点、そして現実の日本経済データを用いている点で既存研究とは異なる。

ここで、分析に入る前に若干の注意事項がある。通常の最適課税論は、社会的厚生関数を想定し、等税収制約を課した状態で、ひずみをもつ租税体系の中から社会的厚生が最大となる意味で最適な租税体系を探ることに目的がある。したがって、最適所得税論は最適な所得税体系を、最適間接税論は最適な間接税体系を構築することに主眼がおかれている。

---

[23] 最適線形所得税のシミュレーション分析は分析対象の相違によっても特徴づけられる。Feldstein(1973)および Stern(1982)は熟練労働者と未熟練労働者が存在する経済における最適線形所得税を計算している。Garfinkel, Moreland and Sadka(1986)は最適線形所得税の政策変更が及ぼす政府予算への影響について分析し、Yang(1993)は政府収入に不確実性が存在する場合の最適線形所得税を計算している。また、以上の研究は家計の効用関数にコブ・ダグラス型もしくは CES 型を想定しているが、小西(1997)は脱税が存在する場合の最適線形所得税を、給与所得者と自営業者のストーン・ギアリ型効用関数を用いて算出している。

しかしながら、本章で考察する最適課税問題は、通常の最適課税論とは異なる問題設定をおく。つまり、政府は税体系そのものを総合的に再構築することはできず、部分的に税制を操作することしかできないという想定である。先述したように、現実の政府が行う租税政策は、租税体系を全く創り変えてしまうほど柔軟なものではない。したがって、政府は分析対象の税制のみを操作し、その他の税制については所与として政策変数を限定する本章の想定は、ある程度は説得力があるものと考えられるだろう。

本章の構成は以下の通りである。3節では最適線形所得税のシミュレーション分析を行う。4節では消費税の複数税率化についてのシミュレーション分析を行う。最後の5節では、本章によって得られたインプリケーションをまとめ、今後の課題について述べる。そして、章末の補論では本章で用いる分析道具を定式化する。

3．最適線形所得税のシミュレーション分析

アメリカでのレーガノミクスやイギリスでのサッチャリズムを例に挙げるまでもなく、世界的な潮流としての所得税のフラット化は、サプライサイド経済学の影響を強く受けた税制改革であると評価できる。さらに、税制の簡素化や法人税との統合といった要因が関係することで、わが国の所得税制もフラット化へ進んでいるようである。本節では所得税制のフラット化による経済効果を考察するために、最適線形所得税のシミュレーション分析を行う。

現行の所得税住民税制は超過累進型の非線形構造である。したがって、本来ならば非線形所得税関数を想定する方がベターである。ところが、最適非線形所得税の計算は、数値計算の困難性からモデルに厳しい仮定を課さなければならない欠点がある。先述したように、わが国における所得税制の税制

改革においても、歴史的に簡素化がなされ、フラット化に近づく傾向がみられる。以上のことを考慮すれば、線形所得税関数の想定は望ましい所得税を描く第一次接近として容認されると考えられる。

以下では、第1章のモデルを前提として分析を行う。具体的な展開としては、最適線形所得税を定式化し、その計算方法と計算結果について述べる。

3．1．最適線形所得税の定式化と計算方法

最適線形所得税の計算には、所得税関数と社会的厚生関数の定式化ならびに等税収制約が必要となる。順にこれらの準備作業について説明する。

第1に線形の所得税関数を定式化する。
$$T = \tau(wL_S - G) = \tau wL_S - \tau G \quad (2-1)$$
ここで、T は線形所得税関数による所得税住民税負担額、τ は所得税限界税率、G は課税最低限を示すので、τG は人頭補助金を表している。線形所得税を考慮しているので、ここでの限界税率、課税最低限および人頭補助金は、所得が異なるすべての家計について同じ値が適用される。したがって、限界税率はすべての家計において一定であるが、人頭補助金を考慮しているので、平均税率が所得に応じて変化する。つまり、線形所得税において「累進的」であるとは、平均税率の累進度を意味するものであり、以下においてはこの概念にしたがって累進度の議論を行うことにする。

第2に、社会的厚生関数 W が存在し、次のように特定化された関数型であると想定する。
$$W = \frac{1}{\gamma}\sum_{m=1}^{10} U_m^\gamma \quad (\gamma \neq 0) \quad (2-2)$$
ここで U は家計の効用水準、γ は不平等に対する社会的な価値判断のパラメータを示している。$\gamma = 1$ のとき、W は各家計の効用水準の総和となり、

各家計の効用水準を同じウェイトで評価するベンサム基準の社会的厚生関数に対応する。γが小さくなるにしたがって、効用水準の低い家計により大きいウェイトが与えられ、社会の平等に対する指向が高まる。特に、$\gamma = -\infty$のときは、社会において最も効用水準の低い家計を最大限に重視するロールズ基準の社会的厚生関数に対応すると考えられる。

第3に、政府の等税収制約を設定する。ここでは、本章のモデルに対して1997年の各種所得控除を考慮した超過累進型の所得税住民税、利子所得税、個別間接税そして5％の消費税を組み込んだときのモデル上の税収を等税収制約とした。ただし、第1章と同様にラスパイレス価格指数で実質化した税収を用いる。

次に、最適線形所得税の計算方法について述べる。モデルにおいて、利子所得税、個別間接税、5％の消費税は固定し、累進型である所得税住民税を(2-1)式で表される線形所得税におきかえて計算を行う。最適線形所得税の計算は以下のような3段階のステップにしたがって行うことにした。

（ステップ1：等税収曲線の導出）　1997年税制をモデルに適用した場合の税収を所与とし、限界税率τを0％から1％刻みで引き上げると同時に、与えられたτのもとで等税収制約を満たすような人頭補助金τGを求める。このときのτとτGの組み合わせが等税収曲線を構成する。

（ステップ2：社会的厚生の計算）　任意の価値判断γを所与とし、ステップ1で得られた等税収曲線上の社会的厚生Wを(2-2)式にしたがってすべて算出する。

（ステップ3：最適線形所得税の導出）　ステップ2で得られたWの中で最も高い厚生水準を示すものが、当該γのもとでの最適なτとτGの組み合わせである。

以上の手続きを踏むことで、社会的厚生が極大となる必要十分条件を満たす等税収曲線上のポイントを最適線形所得税として選ぶことが可能である[24]。

3．2．最適線形所得税の計算結果

図2－1は先の計算で得られた等税収曲線である[25]。図には様々なγに対応する最適線形所得税の限界税率と人頭補助金の組み合わせが示されており、$\gamma=1$はベンサム基準、$\gamma=-\infty$はロールズ基準を表している[26]。社会が恵まれない家計に大きなウェイトをおくことで所得分配の公正性を重視する（$\gamma \to -\infty$）につれて限界税率が高くなり、累進度が強くなることがわかる。反対に、所得分配の公正性を軽視するならば（$\gamma \to \infty$）限界税率が低くなり、累進度が低下するために所得再分配効果が弱まることになる。

さらに、**図2－1**には総収入から租税負担合計額を差し引いた十分位階級別の再分配後の純所得に対するジニ係数を図示している[27]。所得分配の公正性を指向して限界税率を高くすれば、公正な所得分配に近づくためにジニ係数は低下する傾向がみられる[28]。また、1997年税制を本章のモデルに適用した場合のジニ係数は0.1641であった。このときに対応するγは1よりも低いため、1997年の価値判断はベンサム基準よりもやや恵まれない家計にウェ

---

[24] $\tau w L_S - \tau G = T \leq 0$となる場合、その額は家計への負の所得税（補助金）を意味する。計算上は限界税率τと人頭補助金τGを動かすことで、補助金Tを明示的に扱うことにしている。負の所得税を排除した分析については上村(1997b)を参照。
[25] 橋本(1998)にも同様の図が見られる。
[26] 計算限界のために$\gamma=-30$がロールズ基準を意味すると解釈する。
[27] 再分配後の純所得とジニ係数の定式化については補論を参照。
[28] ただし、本章における公正性とは垂直的公平のことであり、水平的公平を意味しない。垂直的公平の達成のためには所得税の累進度の強化が必要であるが、水平的公平の改善にはつながらない。水平的公平の観点からの分析には業種の異なる家計が存在するモデルの設定が必要である。本間・跡田・井堀・中(1987)、小西(1997)を参照。

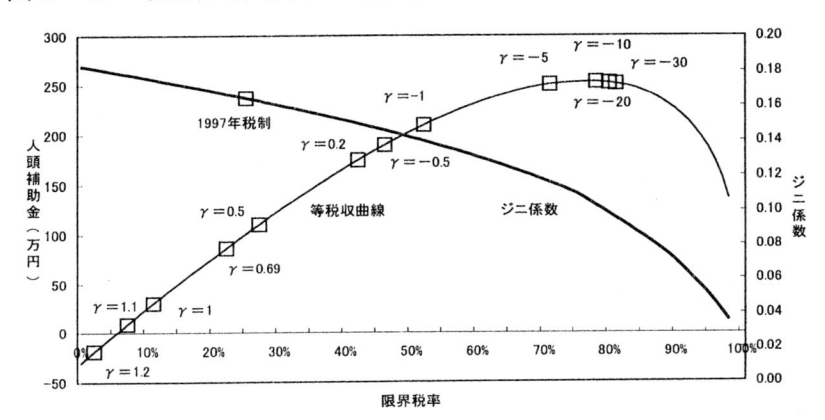

図2-1　最適線形所得税の等税収曲線とジニ係数

イトをもっていると指摘できる。

　さて、ここで提示された等税収曲線は通常の概念とは異なる。通常の等税収曲線は家計に勤労所得税のみを課税する場合に限定して描かれる[29]。しかし、本章のモデルの家計は、所得税住民税の他に消費税、個別間接税、利子所得税を負担している。つまり、図2-1における等税収曲線は最適線形所得税の限界税率と人頭補助金を軸として描かれているものの、総税収は他の税収も合算したものであるため、最適線形所得税のみの等税収曲線ではないことに注意すべきである。

　したがって、最適線形所得税の組み合わせは、モデル上の他の経済変数に影響を与えるはずである。このことを考察するために図2-2を参照する。図2-2はモデル上の直間比率と社会的生産量の関係を、限界税率と人頭補助金の変化の視点から図示したものである[30]。図2-1と図2-2から、所

---

[29] Ihori(1982,1987)、本間・橋本(1985)などを参照。
[30] 直間比率と社会的生産量の定式化については補論を参照。図2-2においては1997年の社会的生産量を1に基準化している。

図2−2　直間比率と社会的生産量

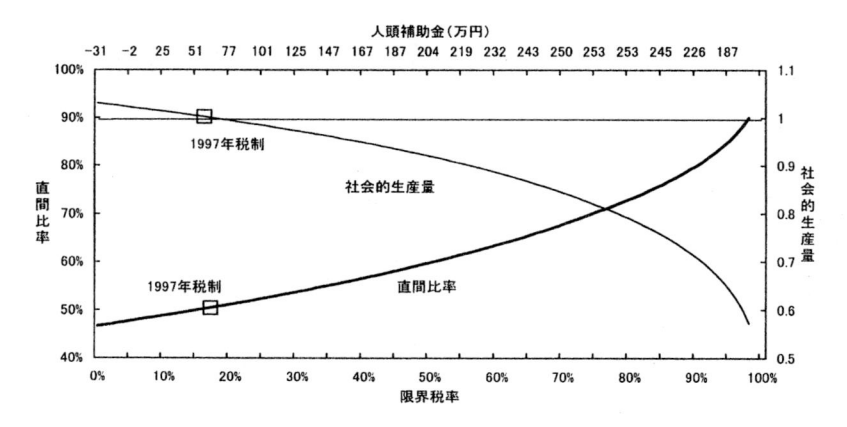

得分配の公正性を重視する立場では高い直間比率が最適であり、逆に効率性を重視する立場からは低い直間比率が最適となることがわかる[31]。したがって、いわゆる「直間比率是正論」とは、効率性の立場から間接税のウェイトを高く評価するものであると考えられる。

　また、図2−2では、社会が効率性を重視するならば社会的生産量が増加し、反対に所得分配の公正性を指向するならば社会的生産量が減少することがわかる。すなわち、所得税の累進度を強化するならば、同じ税収を徴収していたとしても社会的生産量、つまりGDPに対して悪影響を与えてしまう。直接的には、所得税が代替効果によって労働供給を減少させ、社会の生産性を減退させることが原因であるが、このことは租税政策における所得分配の公正性と生産の効率性には深刻なトレード・オフが存在することを示している。

---

[31] 本章と同様に直間比率と経済厚生について分析を試みたものにAtkinson, Stern and Gomulka(1980)、本間・跡田・岩本・大竹(1985)、橘木・市岡・中島(1990)がある。

所得分配の公正性を指向する場合に生じる社会的生産量の減少は、家計の消費需要の減少にも原因がある。図2－2からも明らかなように、消費需要の減少はモデルにおける間接税の税収を減少させる。反対に、所得分配の公正性への指向は所得再分配効果を直接税である線形所得税に期待するわけであるから、直接税の税収は相対的に増加する。

　換言すれば、本章の最適課税問題において、政府が操作可能な税制パラメータは線形所得税の限界税率と人頭補助金のみであるから、消費税と個別間接税の税収の減少は最適線形所得税の税収増によってカバーしなければならない。すなわち、消費税や個別間接税の税率が一定であるにもかかわらず、経済全体のパイが小さくなることでこれらの税収が減少するため、等税収を維持するように所得税の負担を引き上げて対応しなければならないという現象が生じるのである。

　これまでの分析結果から、所得税体系の変化は社会的生産量、不平等度、その他の税制の税収に多大な影響を及ぼすことがわかる。これらの事象は相互関連的であり、すべての政策目標を完全に満たすことは不可能である。したがって、所得分配の公正性と生産の効率性にはトレード・オフが存在し、政府は以上の事情を総合的に判断した上で所得税体系を構築しなければならないことが理解できる。

4．最適消費税のシミュレーション分析

　消費税は低所得階級ほど所得に占める税負担率が高くなるという逆進性の問題を抱えている。消費税の税率を引き上げるならば、逆進性の緩和が重要な政策課題となる。逆進性緩和のために考えられる方途のひとつが、食料にゼロ税率ないし軽減税率を適用する消費税の複数税率化である。

本節では今後の消費税引き上げにおいて議論の焦点となるであろう「消費税の複数税率化」について考察する。すなわち、食料などの生活必需品に対する消費税率を他の財に比べて相対的に低く設定することで、低所得階級が被る逆進性を緩和しようというものである。

最適課税論は、消費税の複数税率をどの程度に設定すべきかという問題にもひとつの答えを与えることができる。複数税率をもつ消費税をいかに評価すべきかという問いも、先の所得税体系と同様に総合的な判断をわれわれに迫ることになる。ここでは、最適課税のフレーム・ワークを一般均衡モデルに組み込むことで、この困難性を克服し、複数税率に関する租税政策にいまひとつの示唆を与えたいと思う[32]。

4．1．最適課税問題の提示と計算方法

ここでの最適課税問題は、消費税を食料と食料以外に対するものに分け、最適な消費税率の組み合わせを計算する。繰り返しになるが、社会的厚生関数 W が存在すると仮定し、さきの(2-2)式と同じ関数型を想定する。

$$W = \frac{1}{\gamma}\sum_{m=1}^{10} U_m^{\gamma} \quad (\gamma \neq 0) \quad (2-3)$$

ただし、γ は不平等に対する社会的な価値判断を示すパラメータである。1997年の総税収をラスパイレス価格指数で実質化したものを等税収制約としたときの食料の消費税率 τ_1 と食料以外の消費税率 τ_2 の最適な組み合わせを計算した。

最適な消費税率の計算手順は以下の通りである。

---

[32] 最適課税論の手法を用いた本章とは異なるアプローチで付加価値税の非課税処置に関する一般均衡分析を行ったものに市岡(1991)がある。そこでは低所得階級への逆進性の緩和を考慮して、免税品を含む付加価税を定式化し、非課税措置の厚生分析が応用一般均衡モデルによってなされている。

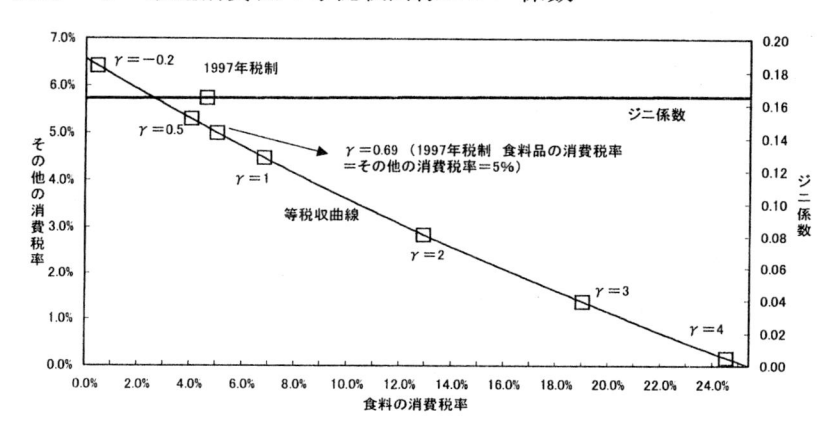

図2−3　最適消費税の等税収曲線とジニ係数

（ステップ1：等税収曲線の導出）　1997年税制をモデルに適用した場合の税収を所与とし、食料の消費税率τ_1を0％から0.1％刻みで引き上げると同時に、等税収制約を満たすようなその他の消費税率τ_2を求める。このときのτ_1とτ_2の組み合わせが等税収曲線を構成する。

（ステップ2：社会的厚生の計算）　任意の価値判断γを所与とし、ステップ1で得られた等税収曲線上の社会的厚生Wを(2−3)式にしたがってすべて算出する。

（ステップ3：最適消費税の導出）　ステップ2で得られた社会的厚生の中で最も高い厚生水準を示すものが、当該価値判断γのもとでの最適なτ_1とτ_2の組み合わせである。

4．2．最適消費税の計算結果

図2−3は以上の手続きにしたがい、最適消費税の組み合わせを求めたものである。γが$-\infty$へ向かうときは価値判断が平等を指向しているので、食料の最適消費税率τ_1はゼロへ近づく。γが∞へ近づくにつれて不平等な価

値判断になっていくのでτ_1は高くなってゆく。一方、等税収制約を課しているので、τ_1が高まるにつれて食料以外に対する消費税率τ_2は低くなる。

図2-3によれば、$\tau_1 = \tau_2 = 5\%$となるγは0.69であり、この値が1997年税制の社会的価値判断に対応している[33]。すなわち、$\gamma < 0.69$ならば食料に対するゼロ税率や軽減税率が最適な複数税率となる。ベンサム流の功利主義の価値判断を表す$\gamma = 1$の場合は食料に対して6.9%の税率であり、消費税を相対的に重課することが最適となる[34]。すなわち、最適な消費税率の組み合わせは価値判断であるγの値に依存するのである。

図2-3では図2-1と同じようにジニ係数の変化を示している。食料の消費税を変化させても、ジニ係数の値はほとんど変わらない[35]。確かに食料の軽減税率は低所得階級の税負担の軽減には貢献するが、当然ながら中高所得階級も食料を同じように需要することで税負担が軽くなるため、全体的な所得分配の是正にはほとんどつながらない。したがって、所得再分配効果を期待して食料の非課税もしくはゼロ税率を採用する政策には問題があると指摘できる。

また、実務的な観点からも複数税率化には困難性がある。消費財ごとに税率の異なる消費税を採用するならば、各取引段階において納税額を把握することが必要になる。わが国は、消費税の累積を排除する方法としてアカウン

---

[33] 税制の社会的価値判断γの値を求める既存研究には、本間・跡田・井堀・中(1987)と橋本(1998)がある。これらは所得税制のみに関する分析であり、前者では$-0.30 \sim -0.10$、後者では$-0.33 \sim -0.30$が分析対象の税制に対応するγの値とされている。また、間接税制についても考慮されている本間・跡田・岩本・大竹(1985)では、分析対象の税制に対応するγの値が見つけられていない。これらの既存研究よりも新しい税制を分析対象とする本章でのγの値は、既存研究と比較してやや高めであり、歴史的には税制がベンサム基準に近づいているとも解釈できる。
[34] この計算結果は、最適間接税論における代表的家計の場合のラムゼー・ルールに対応している。
[35] 比較可能性を保つためにジニ係数に関しては図2-1と同じ目盛りを採用している。

ト方式を採用しているが、納税額の計算を帳簿上で行うために、標準税率の適用品目と軽減税率の適用品目の区別が困難であるという欠点がある。したがって、消費税の軽減税率を導入するならば、各取引段階で納税額を伝票によって把握するインボイス方式を採用する必要がある。

5. むすび

　本章では応用一般均衡モデルを用いて最適課税のシミュレーション分析を行った。最適課税のシミュレーション分析を対象にした既存研究の多くは、勤労所得税と労働供給行動のみ、もしくは間接税と消費行動のみに焦点を合わせるものが多く、家計による労働供給・消費・貯蓄行動を明示的に導入しているものは数少ない。本章ではこれらの家計の経済行動に直接影響する消費税、個別間接税、利子所得税をモデルに導入した。

　また、既存研究では生産者価格一定の仮定が想定される。本章では応用一般均衡モデルを用いることで生産面を組み込み、生産者価格を内生化することで一般化を図った。また、最適課税のシミュレーション分析には数値例による研究が多いが、本章は現実のデータを用いることで分析結果に具体性をもたせた。以上の点で本章の分析は新しい試みであると考えられる。本章で得られた主な結果をまとめると次のようになる。

　第1に、最適線形所得税を定式化し、社会的厚生関数における不平等に対する価値判断のパラメータを変化させることで最適な限界税率と人頭補助金の具体的な値を求めた。社会が所得分配の公正性を指向するにつれて、最適な限界税率は高くなる傾向がみられ、最適線形所得税の累進度は高くなる。

　第2に、社会がジニ係数を改善するように所得分配の公正性を指向すれば社会的生産量は減少し、所得分配の公正性と生産の効率性にはトレード・オ

フの関係があることが指摘された。また、所得分配の公正性を重視するなら直間比率は高くなり、不平等度は改善されることになる。

第3に、消費税の複数税率化についてのシミュレーションを行った。シミュレーション結果からは、所得分配の公正性への指向が高い社会的価値判断のもとでは、食料の軽減税率もしくはゼロ税率による複数税率化が望まれ、功利主義のように所得分位に異なるウェイトをつけない社会的価値判断では食料への重課が望まれる。

第4に、食料の軽減税率には、公正な所得分配を達成するための再分配効果を期待することがほとんどできない。すなわち、所得再分配政策は所得税体系によって舵取りがなされるべきである。

最後に、本章の分析における問題点は山積しているが、主なものを以下に掲げることでむすびに変える。

第1は本章のモデルには時間の概念が無く、静学的な枠組みで分析が行われていることである。わが国は、将来的に他の外国が体験したことのないほどの急速な超高齢社会への移行を迎えることになる。したがって、今後の税制改革を考えるに当たっては、動学的な枠組みによって望ましい税制を考える必要がある。しかしながら、最適課税シミュレーションの分野においての動学分析は未だ発達途上にある。定量分析の分野における動学分析は最適課税論のひとつの新しい方向である。

第2は技術的な問題から線形の所得税関数を最適化のモデルとして採用したことである。現実の所得税住民税が非線形所得税関数であることから、本来ならば最適非線形所得税を導入すべきである。

第3は採用された家計のデータに関することである。本章のモデルには『家計調査年報』の十分位階級データを用いた。しかしながら、十分位階級データでは最高所得階級である第Ⅹ分位でも年間給与収入が1000万円程度なの

で、所得税のフラット化の効率面における効果が十分に得られない可能性がある。『家計調査年報』の18所得階級別データを用いることが、この問題の解決策であると考えられる。この場合は第X分位よりもさらに高い所得階級を考慮することになるため、最適線形所得税により大きな効率性の改善を期待することができると予想される。

第4はパラメータの感度分析に関連することである。周知の通り、最適課税論の命題においては家計がもつ需要関数の形状、すなわち各種弾力性が決定的な役割を演じる。したがって、本章のモデルで採用されたパラメータに対する感度分析を行い、分析結果への影響をみる必要があると考えられる。

以上の諸点については今後の課題としたい。

補論．本章で用いた経済変数の定式化と分析道具

ここでは本章の分析に用いた各経済変数とそれらを評価する際に用いた分析道具について解説する。

第1に、ジニ係数 $GINI(X)$ は $X_1 \leq X_2 \leq \cdots \leq X_{10}$ のように順番に並べられた所得分布 $X = (X_1, \cdots, X_{10})$ に対して

$$GINI(X) = \frac{1}{2n^2 \overline{X}} \sum_{m=1}^{10} \sum_{n=1}^{10} |X_m - X_n|$$

で与えられる最もポピュラーな不平等尺度である。ただし $\overline{X}$ は平均所得である。ジニ係数がゼロの場合は完全平等であり、この値が上昇すれば不平等度が高まると考えられ、完全不平等のときに1の値をとる。また、ここでの X は以下で定義される所得税住民税（最適所得税）と利子所得税そして間接税負担後の家計の純所得である。

$$X = (1-\tau)wL_S + \tau G + (1-\tau_r)rF - \sum_{i=1}^{10} \tau_{ci} p_i X_{Pi}$$

第2に、直接税税収は所得税住民税（最適所得税）と利子所得税の税収を合計したものであり、以下のように定式化できる。

$$直接税税収 = \sum_{m=1}^{10} \tau wL_S - \sum_{m=1}^{10} \tau G + \sum_{m=1}^{10} \tau_r rF$$

第3に、間接税税収は消費税と個別間接税の税収を合計したものである。

$$間接税税収 = \sum_{m=1}^{10} \sum_{i=1}^{10} \tau_{ci} p_i X_{Pi}$$

第4に、本章における直間比率とは次のように定義されるものとする。

$$直間比率 = \frac{直接税の税収}{直接税と間接税の税収の合計}$$

ただし、通常の直間比率の概念では、直接税の項目として大きな比率を占める法人税など、他の税制が考慮される。しかし、本章ではこれらの税制をモデル化していないため、本章の直間比率は通常の概念とは異なることに注意すべきである。

第5に、モデル上の社会的生産量とは、家計の消費と投資および総税収の総和で成り立つと考えられる。なぜなら、本章のモデルにおいては、企業の生産関数に1次同次関数を採用しているため、家計の消費需要はすべて供給されるように想定されているからである。また、家計の貯蓄は投資財産業への投資需要を、総税収は公共財産業への需要を構成する。したがって、以下のように定式化できる。

$$社会的生産量 = \sum_{j=1}^{12} Q$$

第3章 税制改革の再分配効果
― 1997年所得税・消費税改革の分析 ―

1．はじめに

　1997年4月に消費税の税率は3％から5％へ引き上げられた。この税率引き上げは、1994年から1996年にかけて実施された所得税住民税の先行減税の財源調達手段として行われたものである。村山税制改革については、主として消費税の増税による家計の税負担への影響が関心を呼んできた。消費税に比べると、所得税住民税についての議論はやや希薄だった感もあるが、所得税住民税の減税にもそれなりの目的があった。

　1994年に提出された政府税制調査会の『税制改革についての答申』によれば、「個人所得課税の負担の現状をみると、年収600～700万円程度までの所得層の税負担水準は既に相当低くなっているが、他方、年収700～800万円程度以上の中堅所得層、とりわけ1000万円程度を超える所得層については、収入が増加しても限界的な税負担が急上昇するために税引後手取り収入があまり増えず、負担累増感が生じやすい状況をきたしている。」とされている。村山税制改革による所得税住民税の税率表の改正は、果たしてこのような政府税調答申の問題意識をクリアーしたのであろうか。本章では、家計の課税後の所得分配状況に与える税制改革の効果を調べることで、村山税制改革が当初の目的に合致したものとなっているかどうかを検証する。

　税制改革が所得分配状況に及ぼす効果の測定については、これまでも数多くの実証分析が行われている。代表的な研究としては石(1979)や大竹・福重(1987)があげられる。石(1979)は改革前と改革後の所得分布を比較すること

で、税制改革の再分配効果を測定している[36]。だが、この手法では、税制改革が所得分布にもたらす純粋な効果を把握することができない。なぜならば、税制改革以外の要因をとらえることができないために、改革後の労働供給や消費・貯蓄行動、価格体系などが変化することで課税前所得の分布が変化している可能性があるからである。これに対して、大竹・福重(1987)は、『全国消費実態調査』に掲載されている各家計の所得に関する個票データに改革前後の税制を適用することで、税制改革がもつ純粋な再分配効果を計測している。

　本章では、大竹・福重(1987)と同様に、個々の家計の所得と消費のデータに改革前後の税制を適用することで、村山税制改革の再分配効果を測定する[37]。本章で利用した個票データは、『家計調査年報』などの公表されている集計データとは異なり、家族構成員の年令、社会保険料、生命保険料や損害保険料の金額、といったわが国の所得税住民税の正確な計算に不可欠な情報が入手できる。

　なお、本章では、第1章や第2章で考察されたように、税制改革が家計の労働供給に与える影響や家計行動の変化が市場を通じて企業に与える効果などは考慮しない。本来ならば、税制改革は家計の労働供給・貯蓄・消費行動や企業の生産水準などに影響を与えるので、市場を全てモデル化した一般均衡分析の方が望ましい。しかし、税制改革を所得分配の公正性の観点から一定の評価を行うのであるならば、一般均衡分析と部分均衡分析の差はある程度無視できるだろう。

　本章の構成は以下の通りである。2節では村山税制改革による税負担の推

---

[36] 1980年代の所得分布の状況については大竹(1994)を参照。
[37] 大竹・福重(1987)は不平等尺度としてアトキンソン尺度を採用し、不平等に対する回避度のパラメータを変化させることで所得階級別の再分配効果の評価を行っている。一方、本章はタイルのエントロピー尺度の寄与度別分解を用いることで、所得階級を明確に区分して再分配効果を測定する。

定方法を説明する。3節では、改革前後における税負担の変化による再分配効果への影響を測定するメジャーとしてタイル尺度を紹介する。4節では、村山税制改革による所得階級間の税負担の変化を示す。ここでは所得階級を、低所得階級、中（下）所得階級、中（上）所得階級、高所得階級に分割し、村山税制改革による所得税住民税の税率表の改正がどの所得階級の税負担率を低下させたか、そして消費税の増税が所得再分配に与えた影響について検証する。最後の5節では、本章で得られた結果をまとめ、分析において残された課題を述べる。

2．税制改革の概要と税負担の計測方法

村山税制改革の特徴は、税制改革が先行減税となったため、複数年にわたっていることと、先行減税の一部が、所得税住民税の一律減税による特別減税となっていることである。また、同じ一律減税であっても、1994年と1995年、1996年では減税の上限額が異なっている。たとえば、1994年の200万円に対して、1995年と1996年の特別減税は所得税の減税額の上限が5万円とかなり低く抑えられている。これらの具体的スケジュールは**表3−1**に示されている。1995年から実施された税率表の改正を伴う制度減税の中身は、第1章の**表1−1**で示されたとおりである。第1章でも指摘したが、村山税制改革による所得税住民税の減税は、課税最低限の引き上げと課税所得区分の変更によっておこなわれており、限界税率を引き下げるものではなかった。本章での分析対象は、特別減税を除いた税制に限定する。したがって、1993年税制から1997年税制への改正による所得分布の変化を再分配効果として測定する。

さて、個々の家計の税負担は以下のような手続きで計測される。まず、所

表3－1　村山税制改革のスケジュール

	内容
1994年　特別減税	所得税額の一律20％（200万円を限度） 住民税額の一律20％（20万円を限度）
1995年　制度減税＋特別減税	所得税額の一律15％（5万円を限度） 住民税額の一律15％（2万円を限度）
1996年　制度減税＋特別減税	所得税額の一律15％（5万円を限度） 住民税額の一律15％（2万円を限度）
1997年　制度減税	消費税税率引き上げ

（備考）制度減税の内容については第1章の表1－1を参照

　得税住民税の負担額は、給与収入額、家族構成、社会保険料、生命保険料、損害保険料などがわかれば、税法にしたがって計算することができる。そこで、本章では税負担の計算に不可欠なこれらの情報を日本生活協同組合連合会(1996)『全国生計費調査』の965世帯の個票データから入手した[38]。税額計算のために使用したデータ項目は「勤め先収入（夫および妻）」「世帯人員」「世帯主の年齢」「消費支出額」「社会保険料（夫および妻）」「生命保険料」「損害保険料」である。これらのデータを利用し、所得税住民税の負担額は、以下のようなステップで計算できる。

　（ステップ1）　妻の給与収入－妻の給与所得控除＝妻の給与所得

---

[38] ただし、年金受給世帯、自営業世帯を除いた勤労者世帯のみ（共稼ぎ世帯と片稼ぎ世帯を含む）のデータである。原データは982世帯であり、夫と妻の双方が給与収入を得ていない2世帯、妻のみが給与収入を得ている15世帯が含まれていた。税負担の計算では、これらの世帯を取り除いた965世帯を実際の分析に用いることにした。妻のみが給与収入を得ている世帯を除外したのは以下の理由による。税法上、妻のみが給与収入を得る世帯にも配偶者控除や配偶者特別控除が適用される。しかし、本章で使用した個票データでは妻の年齢がわからないため、老人配偶者控除と老人配偶者特別控除を正確に適用することができない。このような世帯は原データに比べて非常に数が少ないため、除外することで分析に大きな影響はないと考えられる。また、本章における税額計算では夫が必ず世帯主であると仮定している。

（ステップ2）　妻の給与所得－妻の所得控除＝妻の課税所得
（ステップ3）　妻の課税所得に税率表を適用して妻の所得税住民税負担額を計算
（ステップ4）　夫の給与収入－夫の給与所得控除＝夫の給与所得
（ステップ5）　夫の給与所得－夫の所得控除＝夫の課税所得
（ステップ6）　夫の課税所得に税率表を適用して夫の所得税住民税負担額を計算

　妻の所得税住民税の計算から開始しているのは、夫に適用される配偶者特別控除の金額を確定するためである[39]。また、妻の所得控除としては、基礎控除と社会保険料控除を考慮し、夫の所得控除としては、基礎・配偶・配偶者特別・扶養の人的控除を考慮している。なお、16歳から22歳の扶養家族に適用される扶養割増控除も高校生と大学生の家族構成員数データにもとづいて計算した。さらに老年者控除、老年配偶者控除も夫の年令データを用いることで考慮に入れた。その他の所得控除としては、社会保険料控除、生命保険料控除、損害保険料控除を考慮した。
　次に、消費税負担額の計算方法について説明する。消費税負担額は「税込み消費支出額」がわかれば、消費税の実効税率（税率3％の時は3/103）を乗じることで簡単に計算できる。本章では『全国生計費調査』が1996年のデータであることを考慮して、1996年を基準年に設定した。基準年のデータを用いれば、『全国生計費調査』における個票データから所得税住民税、消費税の負担額を計算できる[40]。ところが、税制改革により所得税住民税の負担額が

---

[39] 消失控除である配偶者特別控除の金額は妻の給与収入に応じて変化する。
[40] ただし、本章で用いた個票データの消費支出には、内税の商品については各消費項目に含まれており、消費支出額のなかで消費税の外税の金額だけが別に表示されている。そこで、外税の金額については「消費支出額」に合計して税込みの消費支出額とした。

変化すれば、各家計の可処分所得も増減し、税込み消費支出額も変化するものと考えられる[41]。そこで、基準年の税込み消費支出額を基準年の可処分所得（＝夫と妻の給与収入の合計－夫と妻の所得税住民税負担額の合計）で割れば、各世帯の基準年における平均消費性向が得られる。本章では、この平均消費性向が改革前後において一定であると仮定した。

　この仮定により、税制改革前後の税込み支出額が求められる。まず、本章において改革前の税制を意味する1993年については、1996年の『全国生計費調査』のデータに1993年税制を適用し、税制改革前における各世帯の所得税住民税負担額を計算する[42]。次に、1993年の夫と妻の給与収入の合計から夫と妻の所得税住民税負担額の合計を差し引くことで、1993年時点での各世帯の可処分所得が判明する。この可処分所得に、基準年の平均消費性向を乗ずると、各世帯の1993年時点での税込み消費支出が計算できる。この税込み支出額に、消費税の実効税率を乗ずることで1993年時点での各世帯の消費税負担額が計算できる。本章において税制改革後を意味する1997年時点の所得税住民税の負担額、消費税の負担額についても、1997年税制を適用することで計算できる。ただし、消費税の負担額は、消費税の税率が1993年と基準年において3％、1997年時点では5％となることを考慮して計算した。また、改革前の「社会保険料」データには、1994年の年金改革の影響を考えて1996年のデータを加工したものを使用した[43]。

---

[41] 大竹・福重(1987)は改革前後の消費支出額が変化しないという仮定をおいている。
[42] ただし、税制改革前後での「勤め先収入」「世帯人員」「世帯主の年令」「生命保険料」「損害保険料」の変動は無視する。
[43] 日本生活協同組合連合会の調査によれば、年金改革前の社会保険料負担率は7.4％、改革前は7.8％であった。基準年の社会保険料データは年金改革後なので、年金改革前の社会保険料は以下の式で導出できる。

$$年金改革後社会保険料 \times \frac{7.4\%}{7.8\%} = 年金改革前社会保険料$$

3．タイル尺度と所得階級別の寄与度分解

　所得分布を評価する指標としては多くの不平等尺度が存在する。どの尺度を選択すべきかは、分析の目的に委ねられているといえる[44]。所得分布に対する評価には、大きく分けて次の2つの方法がある。第1は、全体の所得分布を構成する個々の所得源泉についての不平等度を調べ、それが全体の不平等度にどれだけ貢献しているかを調査するものである。第2は、全体の所得分布データを何らかの属性によって分割し、それらの不平等度をみることで、全体への影響を調べるものである。

　ここでの目的は村山税制改革が所得分布に及ぼす影響の測定であるから、後者の目的に合致する。したがって、不平等尺度を選択する際にも、この目的にあったものを選び、適切に用いることが必要である。そこで本章では、タイルのエントロピー尺度（以下、タイル尺度と呼ぶ）を採用する。タイル尺度は分析対象の所得分布を分割してグループ化し、グループ別およびグループ間の不平等度が、全体の不平等度にどれだけ影響しているかという寄与度による分解が簡単に可能な点で非常に有用な性格をもつ[45]。寄与度とは、ある変数の変動に対して、それぞれの要因がどれだけ影響しているかを表すものである。以下ではタイル尺度の寄与度別分解の計算方法について簡単に解説する[46]。

　n 個の所得分布 $x = (x_1, x_2, \cdots, x_n)$ に関するタイル尺度は以下のように

---

[44] 橘木・跡田(1984)はアトキンソン尺度とキング尺度を、跡田・橘木(1985)は相対分散、ジニ係数およびタイル尺度を、大竹・福重(1987)はアトキンソン尺度を、橘木・八木(1994)はジニ係数を用いている。
[45] タイル尺度を用いた既存研究は数多くある。地方交付税や地方税などの地域間財政格差について林(1987)、齊藤(1989)、本間(1991)、高林(1999,2000,2001)、公的金融の地域格差について高林(1997)などを参照されたい。
[46] ここでの解説は青木(1979)に負っている。

定義される。ただし、後の議論のために、$x_1 \leq x_2 \leq \cdots \leq x_n$ となるように、x は小さい順に並べられているものとする。

$$T = \log n - \sum_{i=1}^{n} s_i \log \frac{1}{s_i} = \sum_{i=1}^{n} s_i \log n s_i \quad (3-1)$$

ただし s はシェアに直した所得分布であり、$\sum s_i = 1$ である。

$$s_i = \frac{x_i}{\sum_{i=1}^{n} x_i} \quad (3-2)$$

(3−1)式の定義から、タイル尺度 T は0ならば完全平等、1ならば完全不平等を意味すると解釈できる。

また、タイル尺度(3−1)式は $T(s)$ として次のように書き換えられる。

$$T(s) = \sum_{i=1}^{n} \frac{s_i}{n\mu} \log \frac{s_i}{\mu} \quad (3-3)$$

ただし、μ はシェアの所得分布 s 全体に関する平均値である。

$$\mu = \frac{\sum_{i=1}^{n} s_i}{n} \quad (3-4)$$

本章では、所得階級を低所得階級 L、中(下)所得階級 LM、中(上)所得階級 UM、高所得階級 H の4つのグループに分解する。ここでシェアに直した所得分布 s を分解し、それぞれのグループを以下のように定義する。ただし、低所得階級は j 人、中(下)所得階級は $k-j$ 人、中(上)所得階級は $l-k$ 人、高所得階級は $n-k$ 人存在する。

$$s_L = s_L(s_1, s_2, \cdots, s_j) \quad (3-5)$$

$$s_{LM} = s_{LM}(s_{j+1}, s_{j+2}, \ldots, s_k) \quad (3-6)$$

$$s_{UM} = s_{UM}(s_{k+1}, s_{k+2}, \cdots, s_l) \quad (3-7)$$

$$s_H = s_H(s_{l+1}, s_{l+2}, \cdots, s_n) \quad (3-8)$$

それぞれの平均値を μ_L、μ_{LM}、μ_{UM}、μ_H とするならば、次のようにそれぞれ示される。

$$\mu_L = \frac{\sum_{i=1}^{j} s_i}{j} \quad (3-9)$$

$$\mu_{LM} = \frac{\sum_{i=j+1}^{k} s_i}{k-j} \quad (3-10)$$

$$\mu_{UM} = \frac{\sum_{i=k+1}^{l} s_i}{l-k} \quad (3-11)$$

$$\mu_H = \frac{\sum_{i=l+1}^{n} s_i}{n-l} \quad (3-12)$$

以上の準備を終えるならば、(3-3)式と同様に各所得階級のタイル尺度 $T(s_L)$、$T(s_{LM})$、$T(s_{UM})$、$T(s_H)$ はそれぞれ次のように表される。

$$T(s_L) = \sum_{i=1}^{j} \frac{s_i}{j\mu_L} \log \frac{s_i}{\mu_L} \quad (3-13)$$

$$T(s_{LM}) = \sum_{i=j+1}^{k} \frac{s_i}{(k-j)\mu_{LM}} \log \frac{s_i}{\mu_{LM}} \quad (3-14)$$

$$T(s_{UM}) = \sum_{i=k+1}^{l} \frac{s_i}{(l-k)\mu_{UM}} \log \frac{s_i}{\mu_{UM}} \quad (3-15)$$

$$T(s_H) = \sum_{i=l+1}^{n} \frac{s_i}{(n-l)\mu_H} \log \frac{s_i}{\mu_H} \quad (3-16)$$

そして、各所得階級のタイル尺度(3-13)～(3-16)式を用いれば、全体のタイル尺度(3-3)式を以下のように展開することが可能である。

$$T(s) = W_L T(s_L) + W_{LM} T(s_{LM}) + W_{UM} T(s_{UM}) + W_H T(s_H) + T(s_L, s_{LM}, s_{UM}, s_H) \quad (3-17)$$

ただし、

$$W_L = j\mu_L \quad (3-18)$$
$$W_{LM} = (k-j)\mu_{LM} \quad (3-19)$$
$$W_{UM} = (l-k)\mu_{UM} \quad (3-20)$$
$$W_H = (n-l)\mu_H \quad (3-21)$$

であり、

$$W_L + W_{LM} + W_{UM} + W_H = 1 \quad (3-22)$$

となるようなウェイトを表している。したがって、このウェイトは全体のタイル尺度に対して、各所得階級別のタイル尺度がどの程度の比重をもつかを示している。これらに各所得階級のタイル尺度を乗じれば、各所得階級内の不平等度が全体にどれだけ影響しているかの寄与度を示すことになる。

また、(3-17)式の右辺第5項の詳細は

$$T(s_L, s_{LM}, s_{UM}, s_H) = \log n + W_L \log \mu_L + W_{LM} \log \mu_{LM} \\ + W_{UM} \log \mu_{LM} + W_H \log \mu_H \quad (3-23)$$

である。ここで(3-23)式は仮に各所得階級内の所得分布の構成要素 s が全て当該所得階級におけるそれぞれの平均値に等しい所得階級内完全平等の場合、すなわち

$$s_i = \mu_L \quad (i = 1, \cdots, j) \quad (3-24)$$

第 3 章　税制改革の再分配効果　57

$$s_i = \mu_{LM} \quad (i = j+1, \cdots, k) \quad (3-25)$$
$$s_i = \mu_{UM} \quad (i = k+1, \cdots, l) \quad (3-26)$$
$$s_i = \mu_H \quad (i = l+1, \cdots, n) \quad (3-27)$$

のときの所得階級間の不平等度を示している。

したがって、(3-17)式は所得階級内タイル尺度にウェイトを乗じた所得階級内寄与度と、所得階級間のタイル尺度である所得階級間寄与度の和で示されるものとなる。次節の後半部分では以上のように分解されたタイル尺度を用いて、村山税制改革の再分配効果を所得階級別に計測する。

4．税負担と不平等度の変化

4．1．税負担の変化

まず、本節では村山税制改革による各家計の税負担の変化から示そう。2節では個票データにもとづき、965世帯の税負担を計測したが、改革による影響を直観的に理解するために、個票データを9つの所得階級に再集計して税負担率を図示する。前節の税額計算では1993年税制と1997年税制における所得税および消費税負担額がそれぞれ計算されているので、以下のようなケースに区分した。

（ケース1）1993年所得税住民税

（ケース2）1997年所得税住民税

（ケース3）1993年所得税住民税＋消費税3％

（ケース4）1997年所得税住民税＋消費税5％

これらの4ケースの税負担額を分子にして給与収入を分母とすれば、税負担率を計算することが可能である。その計算結果は図3に示した。

第1に、所得税住民税のみの税負担率であるケース1とケース2に注目す

図3 村山税制改革による税負担率の変化

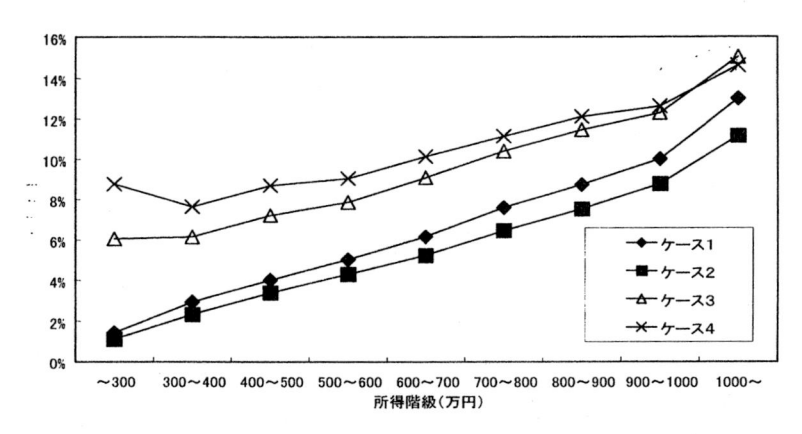

る。所得税住民税は超過累進構造をとるため、所得階級が高くなるにつれて税負担率が大きくなる傾向がある。また、ケース2はケース1に比べて減税政策なので、ケース2の方が税負担率は低い。高所得階級になるにつれてケース1とケース2の税負担率の差が大きくなるので、ケース2は高所得階級にとって有利な改革であることがわかる。

第2に、消費税負担額を加えた税負担率であるケース3とケース4をみてみよう。これらのケースでは、所得税住民税のみの税負担率のケースに比べると最低所得階級である300万円以下の世帯の税負担率が300万円から400万円の世帯の税負担率よりも高くなっている。また、1000万円超の世帯では、税制改革後の方が税負担率は低下していることがわかる。これらは消費税がもつ逆進性を示している。

4．2．所得不平等度の変化

次に、以上のような税制改革による税負担の変化が所得不平等度に与える影響をみるために、前節で紹介したタイル尺度を計測する。

第3章 税制改革の再分配効果 59

表3-2 村山税制改革による所得不平等度の変化

	タイル尺度	内容
ケースA	0.0548	給与収入
ケースB	0.0454	給与収入−改革前所得税負担額
ケースC	0.0466	給与収入−改革後所得税負担額
ケースD	0.0464	給与収入−改革前所得税負担額 −消費税負担額（税率3％）
ケースE	0.0484	給与収入−改革後所得税負担額 −消費税負担額（税率5％）

　表3-2には、税制改革による所得不平等度の変化が示されている。ケースAでは、税引き前の給与収入についてのタイル尺度が0.0548であったことを意味する。ケースBとケースCでは、税制改革前後について給与収入から所得税住民税を差し引いた場合のタイル尺度が示されている。ケースBのタイル尺度が0.0454、ケースCのタイル尺度が0.0466であるので、所得税住民税によっていずれの場合も課税前の0.0548と比較して、所得の不平等が是正されていることがわかる。ケースBとケースCを比べると、所得税住民税の減税を反映して、ケースCの方がタイル尺度は大きくなっている。
　さらに、ケースDとケースEには、それぞれ消費税の税率引き上げを含めた改革前税制と改革後税制のもとでのタイル尺度が掲載されている。これらのケースにおいて、課税前の所得不平等度と比べると、依然としてタイル尺度が小さくなっており、税制のもつ再分配効果が維持されていることがわかる。なお、所得税住民税のみを差し引いたケースBとケースCに比べて、消費税も差し引いたケースDとケースEの方で再分配効果が弱められていることは、消費税のもつ逆進的な性格を反映した当然の結果である。ケースDとケースEの比較では、消費税の税率引き上げを反映して、ケースEの方がタイル尺度は大きくなっている。
　このように、所得税住民税のみを給与収入から差し引いた場合のタイル尺

度を示しているケースBとケースCの比較では、ケースCの方が多少タイル尺度が大きくなっているが、このことで果たして税調答申の意図していた「年収700〜800万円程度以上の中堅所得層、とりわけ1000万円程度を超える所得層」の税負担が軽減されたと言えるだろうか。それを吟味するためには、ケースBからケースCへのタイル尺度の変化の要因を所得階級別に探ることで所得税改革を評価する必要がある。

　そこで、前節で説明した手法にしたがってタイル尺度の寄与度分解を試みたものが**表3-3**である。この表では、**表3-2**のケースBとケースCについて、所得階級を低所得階級、中（下）所得階級、中（上）所得階級、高所得階級に分割したうえで、タイル尺度の寄与度分解をおこなった。ただし、所得階級の分割には夫と妻の「勤め先収入」の合計を指標とし、低所得階級を500万円未満、中（下）所得階級を500万円〜700万円、中（上）所得階級を700〜1000万円、高所得階級を1000万円超とした[47]。このとき、それぞれの世帯数は321、402、192、50となった。

　表3-3は、タイル尺度の各所得階級に関する寄与度分解とその変化率を示したものである。改革前後ともに、階級内の寄与度と階級間寄与度を比較すると階級間の寄与度の方が大きい。階級内の寄与度をみると、低所得階級の寄与度は改革前後で0.0033と最も高く、高所得階級の寄与度が改革前で0.0007、改革後で0.0008と最も低い。改革前後の各所得階級ごとのタイル尺度を比較すると、すべての所得階級についてタイル尺度は上昇している。ただし、その上昇の度合いは、所得階級によって大きく異なっている。

---

[47] 中所得階級を700万円で区切ったのは政府税調答申が700万円で中堅所得層を区別しているからである。

第 3 章 税制改革の再分配効果 61

表 3 − 3 タイル尺度の所得階級への寄与度分解と再分配効果

	世帯数	改革前		改革後（ケース B）			改革後（ケース C）			再分配効果(%)
		タイル尺度		タイル尺度	ウェイト	寄与度	タイル尺度	ウェイト	寄与度	
低所得階級	321	0.0141	0.2339	0.0033	0.0142	0.2329	0.0033			0.6980
中（下）所得階級	402	0.0040	0.4127	0.0016	0.0041	0.4120	0.0017			2.7117
中（上）所得階級	192	0.0040	0.2590	0.0010	0.0040	0.2596	0.0010			0.0582
高所得階級	50	0.0077	0.0944	0.0007	0.0081	0.0954	0.0008			4.5739
所得階級合計	965		1.0000	0.0067		1.0000	0.0068			
所得階級間		0.0387		0.0387	0.0398		0.0398			2.8794
合計		0.0454		0.0454	0.0466		0.0466			2.6657

(備考) 再分配効果 (%) ＝100× (改革後タイル尺度 − 改革前タイル尺度) ／改革前タイル尺度

そこで、各所得階級ごとに改革前後のタイル尺度の変化率を計算することで、税制改革の再分配効果を計測する。最も再分配効果が大きいのは、高所得階級の4.57%である。逆に最も低いのは中（上）所得階級の0.06%である。したがって、「年収700〜800万円程度以上の中堅所得層、とりわけ1000万円程度を超える所得層」という政府税調答申の目標は、1000万円以上の所得階級については達成されている。しかし、年収700〜800万円程度の所得階級については当初の目的が達成されたとは言い難いと判断できる。

5．むすび

本章では村山税制改革が及ぼす勤労者世帯の所得分布への影響をみてきた。本章の分析で得られた主な結果は以下の通りである。

まず、村山税制改革では、当時の政府税調答申の目的であった中堅所得層が被る税負担の累増感の解消は達成されていない。このためには課税最低限の引き上げではなく、大胆な税率表の緩和が必要だったといえる。国税と地方税を合わせた最高限界税率は依然として高水準である。最高税率を下げて高所得階級の税負担を下げたとしても、高所得階級の寄与度が小さいために、全体的な所得分布から見た再分配効果への悪影響は少ない。また、限界税率を下げるような税率表の改正は、効率性の面からも望ましいといえる。

最後に、本章の分析で残された課題について述べることでむすびとする。

第1は所得分布を構成する様々な所得源泉についてである。所得分布は勤労所得のみならず、土地、株式、預金などからの資産収入や贈与、遺産相続などからも影響を受ける。たとえば、利子収入で生活をする富裕層には勤労所得が少ない可能性が大きい。したがって、本来ならば異なる所得源泉を考慮して分析を行わねばならない。

第2に、本章では分析の対象を勤労者世帯に限定したことである。租税体系は垂直的公平だけでなく、水平的公平を満足するものでなければならない。したがって、様々な業種、職種における再分配効果をみるべきである。しかしながら、以上の諸点は、データの制約によって不可能であった。

　家計の資産データ、特に実物資産に関するデータは、残念ながらほとんど入手不可能である。また、単身世帯、農家世帯や自営業世帯に関するデータは公表されているものの、勤労者世帯のデータと同じレベルで分析することには困難性があるなど、データに関する問題は山積している。今後の研究のためにも、より一層詳細な所得分布および資産分布データの公表と整備が望まれる。

第4章　間接税負担と所得階級別の消費行動

1．はじめに

　わが国の租税構造は直接税制中心であり、間接税が占める比率はまだまだ低い。しかしながら、高齢化社会に伴う財源不足、いわゆる「直間比率の是正」など、将来の租税構造は間接税へシフトする様相を呈している。実際、1997年4月には3％の消費税が5％に増税されたのを契機に、人口高齢化による社会保障関係費の増大を受けて、今後もさらに引き上げられると考えられる。1989年4月の消費税導入以来、間接税体系について再考することも重要であろう。

　間接税は生産者価格と消費者価格の間のくさびとして課税され、家計の合理的な消費行動に影響を与える。このとき、間接税が各消費財間の相対価格をゆがめるならば、市場の資源配分機能を阻害し、家計の効用水準を低下させる。この効用水準の変化を測定する指標が超過負担であり、資源配分をゆがめることのない定額税を政府が実行可能な状態からの乖離として、租税体系がどの程度資源配分を阻害しているかの指標となる。

　消費税の導入に伴い、物品税が廃止されることで間接税体系はかなり整理されるに至った。しかしながら、それでも現行間接税制の構造は、授業料、家賃・地代や保健医療といった非課税項目が存在する上に、5％の一般消費税とたばこ税、酒税、燃料関係諸税、自動車関係諸税などの個別間接税が組み合わさった複雑なものとなっている。

　一方、間接税制が中心である西欧諸国では、食料などの生活必需品への間接税は軽減税率が設けられているのが普通である。これは、低所得階級に対

する所得分配の公正性の見地からの租税政策である。わが国でも、将来的に間接税負担が増加するならば、低所得階級の所得に占める間接税負担額が大きくなる逆進性の問題は避けられず、所得分配上の政策的配慮が必要となる可能性がある。

ところが、生活必需品の需要の価格弾力性は低いと考えられるから、軽減税率の設定は経済効率性を損なう結果となる。このように、間接税においても所得分配の公正性と経済効率にはトレード・オフが存在するために政策判断が困難である。このとき、所得階級別に様々な消費財についての需要関数を測定することは、間接税制のあり方についての考察を助けることになる。

以上の観点から本章では、家計の所得階級別の消費行動を時系列的にとらえた上で、特定化した需要関数を推定する。そこで得られた所得階級別と消費財別の需要関数が、各階級の消費行動をどのように描いているかをみる。次に、間接税実効税率を時系列でとらえることで、間接税制がもたらしてきた間接税負担を所得階級別に測定する。さらに、先に推定された需要関数と間接税実効税率を用いて、各階級ごとの厚生変化と超過負担を計測する[48]。

本章の構成は以下の通りである。2節では間接税負担に関する既存研究を紹介し、消費行動の定式化と推定方法を簡単にまとめる。3節では使用したデータとその加工方法、需要関数の推定結果を示す。4節では間接税の実効税率と所得階級別の間接税負担率を測定する。5節では等価変分と超過負担を計測することで厚生分析を行い、最後の6節では測定結果のもつインプリケーションをまとめて今後の課題について述べる。また、章末の補論では超過負担の計測方法についてまとめる。

---

[48] 本章では家計の労働供給と貯蓄行動については捨象し、所得を各消費財へ配分する消費行動に限定して間接税体系を分析する。

2．需要関数の特定化と推定方法

　間接税の負担や厚生分析に関する既存研究は、Dodgson(1983)、金子・田近(1989)、小西(1997)、林・橋本(1993)、林(1995)など、数多くある。後者２つは主に『産業連関表』を用いて家計の税負担を測定したものあり、前者３つは家計の需要関数として線形支出体系を推定し、間接税の負担や超過負担などを測定している[49]。

　税負担に関する分析は、公正性の見地から租税体系に関する判断を行うものであるが、効率性に関して議論することはできない。そこで、家計の効用関数を特定化することで得られる需要関数を推定して厚生分析を行い、租税体系がもたらす効率性のロスを計測する研究がなされている。しかしながら、これらの既存研究ではすべて同じ効用関数をもつ代表的家計の需要関数の推定に留まっている。

　所得が異なれば家計の消費財に対する選好も異なると考えられる。したがって、本章では、財区分は10個、十分位に区分された所得階級別に効用関数の形状が異なっていると想定し、計100本の線形支出体系と呼ばれる需要関数を推定した。

　わが国における線形支出体系の推定には辻村・黒田(1974)やSuruga(1980)がある。辻村・黒田(1974)では、代表的家計の需要関数が推定されている。Suruga(1980)においては五分位所得階級と７品目の消費財分類が採用され、計測期間が消費税導入以前の1963年から1976年となっている。線形支出体系の定式化と性質については、駿河(1985)や黒田(1984)によく整理されているが、ここでは簡単にその性質をまとめておく。

---

[49] Dodgson(1983)は線形支出体系の他にコブ・ダグラス型、金子・田近(1989)は限定的非線形選好体系を推定し、前者は間接税に関して、後者は勤労所得税と間接税の超過負担を計測している。

効用関数 U は以下のストーン・ギアリ型をとるものと仮定する[50]。

$$U = \prod_{i=1}^{10}(x_i - \alpha_i)^{\beta_i} \quad (4-1)$$

ただし、$i\,(i=1,\cdots,10)$ は各消費財の添字を示し、x は消費財の消費量である。α と β は効用関数のパラメータであり、それぞれ生存するのに最低限必要な基礎消費と限界消費性向を示している[51]。また、β に関しては

$$\sum_{i=1}^{10}\beta_i = 1 \quad (4-2)$$

の制約が課せられる[52]。予算制約は消費支出を y、消費財の間接税込価格を q とすれば

$$y = \sum_{i=1}^{10} q_i x_i \quad (4-3)$$

となる。(4−1)と(4−3)式より、個別消費財の需要関数 x が以下のように導出できる。

$$x_i = \alpha_i + \frac{\beta_i}{q_i}\left(y - \sum_{j=1}^{10}\alpha_j q_j\right) \quad (4-4)$$

したがって、需要関数は消費支出と価格に関して線形となる。(4−4)式を(4−1)式に代入すれば、以下のような間接効用関数 V が得られる。

---

[50] ストーン・ギアリ型効用関数は Stone(1954) に始まる。

[51] 消費財消費量を示す(4−7)式を消費支出で微分すれば $\partial C_i/\partial y = \beta_i$ となることから、消費財 i の消費量 C_i は所得に関して β_i の限界消費性向をもつ。

[52] 制約条件(4−2)式は、消費支出をすべての消費財に過不足なく割り当てることを示している。したがって、β_i は消費支出 y を消費財 i へどれだけ振り分けるかのシェアの意味をもつ。

第4章　間接税負担と所得階級別の消費行動　69

$$V = \left(y - \sum_{j=1}^{10} \alpha_j q_j \right) \prod_{i=1}^{10} \left(\frac{\beta_i}{q_i} \right)^{\beta_i} \quad (4-5)$$

さらに、(4-5)式を y についてとけば支出関数 E が導出できる。

$$E = \sum_{j=1}^{10} \alpha_j q_j + V \prod_{i=1}^{10} \left(\frac{q_i}{\beta_i} \right)^{\beta_i} \quad (4-6)$$

ただし消費支出 $y = E$ である。(4-4)式の両辺に価格を乗じて攪乱項 u を付け加えれば

$$C_{it} = \alpha_i q_{it} + \beta_i \left(y_t - \sum_{j=1}^{10} \alpha_j q_{jt} \right) + u_{it} \quad (4-7)$$

の様な推定式が得られる。ただし、添字 t は時系列の数($t = 1, \cdots, T$)、$C_i = q_i x_i$ は実際に観測される消費財消費量の時系列データを示している。

　ある所得階級は各消費財について10本の(4-7)式をもち、推定すべきパラメータ α と β の数はそれぞれ10個ずつの計20個である。しかし、β に関する制約条件(4-2)式が存在するので、10本のうち1本は独立ではない。したがって、残り9本について非線形最小二乗法によって同時推定を行い、結局は 19 個のパラメータを決定することになる。すなわち β_{10} は制約条件(4-2)式にしたがって、1より添字1から9の β の和を差し引いた残りとして定義できる。また、パラメータ α は基礎消費、パラメータ β はシェアを示しているので、理論的には負値をとることができない。

3. データの解説と所得階級別の消費行動

　まず、使用したデータについて解説する。所得階級の区分には総務庁『家計調査年報』の勤労者世帯の十分位、財のグルーピングに関しては10大消費項目を採用した[53]。計測期間は1967年から1995年までの29年間である。ただし、1979年以前は『家計調査年報』の勤労者世帯の十分位階級データが存在しない。そこで、勤労者世帯の18所得階級別データを集計世帯数で10区分に分け、世帯数でウェイト付けして等分化された十分位データに加工した。また、1967年から1979年の消費財の区分は、現行の『家計調査年報』の区分と異なっているので、整合的になるように調整を行った[54]。

　以上のように加工されたデータにおいて、各家計の消費財消費量 C、消費支出 y の時系列データを作成する。税込消費財価格 q については、総務庁『消費者物価指数年報』の10大消費項目の物価指数を用いた。ただし、1990年において1に基準化された物価指数であり、1967年から1995年までの消費財価格は1990年の消費財価格を1としてすべてデフレートされている。

　推定式は(4-7)式であるが、単純な(4-7)式のモデルにおける推定結果はパラメータ β が負値になる場合が生じ、好ましい推定値を計測できなかった。

　『家計調査年報』のデータは世帯単位であるため、各消費財消費量は家計の世帯人員に少なからず影響を受けているはずである。そこで、各消費財消費量を世帯人員数で除算することで、一人当たりの消費財消費量と消費支出の時系列データを作成して、(4-7)式を推定した。そのため、本章の推定結果は世帯単位ではなく一人当たりの消費財需要を反映するものになっている。

---

[53] 1995年における第Ⅰ分位から第Ⅹ分位の消費支出の金額はそれぞれ、213,575、254,133、272,831、307,883、324,886、360,029、371,810、410,802、447,584、553,101円（／月）である。
[54] 具体的には「住居」「水道・光熱」「家具・家事用品」「雑費（1979年以前の項目）」の区分に相違がみられる。

第4章　間接税負担と所得階級別の消費行動

表4－1　線形支出体系の推定結果（単位：一人当たり、円、月）

第Ⅰ分位

10大消費項目	α 推定値	t値	β 推定値	t値	R^2
食料	17143	98.388	0.044	2.794	0.992
住居	4438	16.901	0.150	11.326	0.974
光熱・水道	2953	20.061	0.107	15.167	0.981
家具・家事用品	1722	17.366	0.062	10.352	0.938
被服及び履物	3328	40.423	0.022	3.078	0.964
保健医療	1470	16.075	0.059	22.063	0.989
交通・通信	3950	11.364	0.229	22.483	0.986
教育	1510	20.937	0.031	6.941	0.980
教養娯楽	3541	18.173	0.120	21.546	0.991
その他の消費支出	11060	31.764	0.176		

第Ⅱ分位

10大消費項目	α 推定値	t値	β 推定値	t値	R^2
食料	18385	183.231	0.020	1.812	0.996
住居	4614	19.645	0.139	13.329	0.982
光熱・水道	3097	20.274	0.115	21.855	0.990
家具・家事用品	2129	23.360	0.057	8.755	0.933
被服及び履物	3991	77.129	0.011	2.087	0.983
保健医療	1685	17.768	0.064	23.380	0.989
交通・通信	4831	13.208	0.248	27.072	0.991
教育	1914	35.796	0.018	3.857	0.980
教養娯楽	4574	19.765	0.149	23.658	0.993
その他の消費支出	13642	44.447	0.178		

表4－1は推定結果である。すべての所得階級と消費財において、基礎消費を意味するパラメータ α は正値であり、さらにt値はこれらの推定値が有意であることを示している。さらに、シェアを示すパラメータ β はすべて正値であり、理論モデルと整合的な結果が得られた。第Ⅲ分位の「被服及び履物」のt値がかなり低く信頼性に欠けるが、他の消費財に関してはおおむね

第Ⅲ分位

10大消費項目	α 推定値	t値	β 推定値	t値	R^2
食料	19095	149.222	0.018	1.620	0.997
住居	4034	17.408	0.122	9.409	0.970
光熱・水道	2823	19.589	0.110	19.770	0.989
家具・家事用品	2095	21.529	0.060	9.965	0.949
被服及び履物	4356	56.108	0.003	0.492	0.976
保健医療	1529	17.413	0.059	18.680	0.986
交通・通信	4362	11.038	0.263	23.116	0.988
教育	2144	18.437	0.035	4.759	0.976
教養娯楽	4570	18.045	0.156	24.885	0.994
その他の消費支出	14629	40.939	0.173		

第Ⅳ分位

10大消費項目	α 推定値	t値	β 推定値	t値	R^2
食料	19625	135.668	0.030	2.692	0.997
住居	3799	19.014	0.085	8.281	0.971
光熱・水道	2872	18.242	0.103	19.076	0.989
家具・家事用品	2271	25.695	0.047	9.305	0.955
被服及び履物	4674	76.368	0.006	1.153	0.988
保健医療	1542	17.367	0.049	16.795	0.984
交通・通信	4455	9.757	0.261	19.091	0.982
教育	2401	16.043	0.046	5.846	0.977
教養娯楽	4918	15.269	0.173	25.719	0.993
その他の消費支出	15652	34.050	0.201		

有意な結果となっている。また、R^2 は各消費財の需要関数に関する決定係数を示している[55]。β の制約条件である(4-2)式をすべての所得階級において

---

[55] 第Ⅹ分位の「住居」に関する決定係数が 0.895 と低くなっているのは、オイル・ショックの影響により、1974年と1975年における当該項目のデータ値が異常に高くなっていることを反映したものである。

第4章　間接税負担と所得階級別の消費行動　73

第Ⅴ分位

10大消費項目	α 推定値	t値	β 推定値	t値	R²
食料	19781	95.937	0.045	5.225	0.998
住居	2997	10.801	0.080	7.996	0.965
光熱・水道	2416	12.789	0.093	16.253	0.986
家具・家事用品	2209	19.773	0.042	8.375	0.948
被服及び履物	5006	37.623	0.010	1.560	0.981
保健医療	1343	13.300	0.040	15.108	0.982
交通・通信	3290	5.560	0.246	18.617	0.983
教育	1929	4.635	0.088	7.107	0.975
教養娯楽	4357	10.950	0.154	36.503	0.997
その他の消費支出	15895	24.252	0.203		

第Ⅵ分位

10大消費項目	α 推定値	t値	β 推定値	t値	R²
食料	19781	95.937	0.055	6.996	0.998
住居	2997	10.801	0.068	5.225	0.921
光熱・水道	2416	12.789	0.089	24.377	0.994
家具・家事用品	2209	19.773	0.047	9.299	0.950
被服及び履物	5006	37.623	0.016	2.098	0.972
保健医療	1343	13.300	0.033	13.290	0.979
交通・通信	3290	5.560	0.227	18.235	0.982
教育	1929	4.635	0.088	7.780	0.972
教養娯楽	4357	10.950	0.141	18.977	0.991
その他の消費支出	15895	24.252	0.235		

みたすことから、全体的には好ましい推定結果が測定できたと考えられる。

　基礎消費のパラメータ α が所得が高くなるにつれて大きくなる傾向にあるものに「食料」「被服及び履物」「その他の消費支出」、すべての階級にわたって基礎消費に差がないものに「保健医療」がある。大きく分けて、第Ⅰ分位から第Ⅵ分位と第Ⅶ分位から第Ⅹ分位で基礎消費の構造が異なっている。

第Ⅶ分位

10大消費項目	α 推定値	t値	β 推定値	t値	R^2
食料	22150	149.886	0.058	8.925	0.998
住居	4121	27.991	0.052	5.707	0.937
光熱・水道	4481	22.739	0.096	23.485	0.992
家具・家事用品	3436	29.026	0.052	9.321	0.953
被服及び履物	6246	81.774	0.018	3.069	0.984
保健医療	2156	26.319	0.034	11.965	0.974
交通・通信	9014	16.227	0.254	29.256	0.991
教育	4780	33.591	0.059	9.504	0.986
教養娯楽	8537	29.165	0.132	27.232	0.996
その他の消費支出	25124	43.814	0.246		

第Ⅷ分位

10大消費項目	α 推定値	t値	β 推定値	t値	R^2
食料	21799	103.120	0.052	7.396	0.998
住居	3298	21.179	0.029	4.457	0.957
光熱・水道	3281	15.254	0.082	16.176	0.986
家具・家事用品	2991	23.600	0.045	11.732	0.975
被服及び履物	6502	36.088	0.026	3.162	0.974
保健医療	1645	17.534	0.029	12.126	0.976
交通・通信	5530	7.927	0.234	21.290	0.986
教育	4198	11.255	0.076	6.391	0.973
教養娯楽	7046	16.740	0.126	24.265	0.995
その他の消費支出	23766	22.597	0.301		

　特に「教育」「交通通信」「その他の消費支出」において、第Ⅶ分位以上の所得階級での基礎消費額が大きくなる。
　シェアを示すパラメータ $β$ が所得が高くなるにつれて大きくなるものに「被服及び履物」「その他の消費支出」、逆に小さくなるものに「光熱・水道」「住居」がある。ここから言えることは、所得グループが高所得階級になる

第4章　間接税負担と所得階級別の消費行動　75

第IX分位

10大消費項目	α 推定値	t値	β 推定値	t値	R²
食料	22867	115.279	0.051	6.409	0.997
住居	3613	23.919	0.035	4.722	0.942
光熱・水道	4032	17.795	0.078	14.351	0.982
家具・家事用品	3707	26.982	0.044	8.741	0.961
被服及び履物	7784	54.016	0.022	2.256	0.969
保健医療	2003	17.662	0.035	12.653	0.974
交通・通信	7978	10.650	0.240	18.696	0.981
教育	5489	17.909	0.072	7.157	0.979
教養娯楽	8799	21.969	0.120	19.862	0.994
その他の消費支出	30072	29.002	0.303		

第X分位

10大消費項目	α 推定値	t値	β 推定値	t値	R²
食料	23567	90.346	0.049	7.261	0.998
住居	3316	8.289	0.059	5.113	0.895
光熱・水道	3836	16.418	0.052	7.350	0.962
家具・家事用品	3590	13.251	0.065	8.148	0.918
被服及び履物	9207	24.436	0.054	4.996	0.974
保健医療	1791	12.917	0.033	15.813	0.982
交通・通信	6635	7.762	0.217	19.929	0.985
教育	5016	11.865	0.065	6.244	0.974
教養娯楽	9347	16.304	0.110	9.667	0.979
その他の消費支出	33665	24.159	0.295		

にしたがって、贅沢品に対する支出シェアが大きく、必需品に対するシェアが小さくなる傾向がある。この分類にしたがえば、「被服及び履物」「教育」「その他の消費支出」は贅沢品、「光熱・水道」「住居」は必需品に該当する

と言える[56]。

　本節で推定された需要関数のパラメータの差異は、所得分布の違いがもたらしている家計の選好の相違を示している。しかしながら、第Ⅶ分位のパラメータ α の推定結果に関しては全体の傾向からみて異常な結果が出ていることに注意すべきである。

4．間接税実効税率と所得階級別間接税負担の計測

　所得階級別に間接税負担を測定するためには、間接税の実効税率を求めなければならない。本章では、間接税実効税率のデータとして林・橋本(1993)の計算結果を用いる。ここでは、1953年から1990年までの10大消費項目の間接税実効税率の推定結果が示されている。ただし、消費税導入後の1989年以降は消費税を含まない実効税率となっている。林・橋本(1993)における10大消費項目の間接税実効税率 τ_c の定義は以下の通りである。

　　間接税実効税率 τ_c ＝間接税の負担額 A ／税込消費支出 B　　(4-8)

したがって、税込消費支出を間接税実効税率に乗じることで間接税負担額を計算することができる[57]。

　本章での分析期間は1967年から1995年なので、消費税が導入された1989年以降は消費税を含む間接税の実効税率を測定しなければならない。ここでは、林(1995)の手法にしたがい、次のように計算を行った。個別間接税実効税率に関しては1990年の税率を1991年以降に適用した。消費税については各消費財消費額に対して3/103を乗じて消費税負担額を算出し、個別間接税負担額と合わせて消費支出に占める間接税実効税率を計算した。このとき、

---

[56] 『家計調査年報』の勤労者世帯データは、会社役員、自営業者、農家などに多く存在する富裕層を含んでいないため、「住居」が必需品になると考えられる。
[57] この間接税率は従量税を含む合成税率である。第1章も参照。

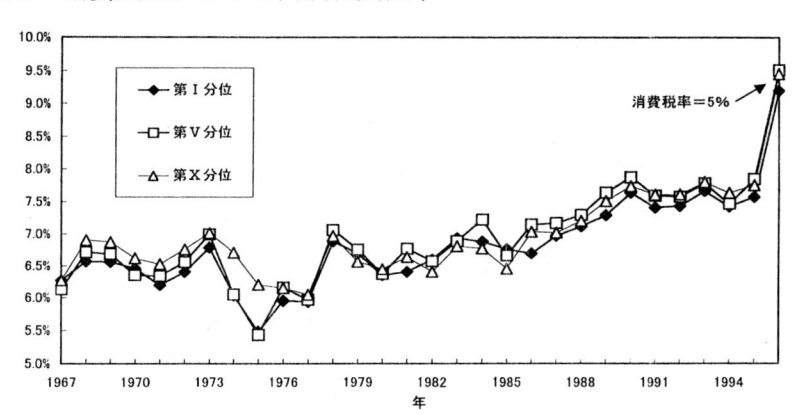

図4　消費支出にしめる間接税負担率

家賃・地代、保健医療サービス、授業料に関しては非課税項目とされているので、消費税負担額に算入していない。

　以上の手続きにより、間接税実効税率の各消費財別の時系列データが作成できる。これを各年の消費財需要額に乗じることで、間接税負担額を算出した。また、消費税を5%に増税したときの間接税実効税率についても計算を行い、1995年の消費財消費額データを用いて間接税負担額を算出した。図4は消費支出に占める間接税負担額の比率を時系列的にプロットしたものである。ただし、第Ⅰ分位、第Ⅴ分位、第Ⅹ分位のみを表示している。図では1989年の消費税導入、そして消費税増税とともに負担率が増加することがわかる。

5．所得階級別の等価変分と超過負担の計測

　前節において、所得階級別の間接税負担について実証的に分析を行った。単純に間接税負担というときは、所得や消費支出に占める間接税の割合という意味であるが、いまひとつの負担概念として超過負担がある。1節でも簡

単に触れたが、超過負担とは、租税を課せられて家計の効用が下がったとき、家計が課税前の効用を再び達成するために与えなければならない補償額が納税額を超える額を意味する。言い換えれば、納税額をすべて家計に還元してもなお課税前の効用に達しない場合、租税による非効率性が生じたと考え、その非効率を金額で表したものを意味する。

　本章のいまひとつの目的は、間接税がもたらす超過負担を所得階級別に計測することにある。超過負担の測定方法については様々な手法が存在するが、本章の分析において最も適当だと思われる Kay(1980)の指標を利用して等価変分 EV と超過負担を測定する[58]。等価変分は同じ効用のもとでの課税後と課税前の支出関数 E の差で定義づけられる。支出関数はある効用を達成するのに必要な最小支出を示しているので、等価変分は課税前の価格で課税後効用を達成するために、家計に支払わなければならない補償所得額を示している。したがって、

$$EV = E(p, V^1) - E(p, V^0) \quad (4-9)$$

ただし V は間接効用関数を示し、上付添字 0 と 1 はそれぞれ課税前後を指している。$V^1 \leq V^0$ であり、支出関数は効用水準に関して単調増加なので、等価変分は非正である。間接税率を τ として課税後価格 q と課税前価格 p には

$$(1+\tau)p = q \quad (4-10)$$

の関係がある。また、超過負担 EB は T を間接税の納税額であるとすると

$$EB = |EV| - T \quad (4-11)$$

---

[58] 超過負担の概念については Auerbach(1985)や田近(1987)を参照。また、超過負担の計測に関する一連の議論については補論を参照。

となる。すなわち超過負担とは補償所得が納税額を超える額を指している。ただし T は実際の納税額であり、以下のように示される。

$$T = (q-p)x(q,V) \quad (4-12)$$

ここで $x(q,V)$ は課税後の需要ベクトルである。

　実際に等価変分と超過負担を測定するためには、財価格と間接税率のデータが必要である。ここで注意を要するのは価格の単位の取り方である。間接税実効税率 τ_e の定義式(4-8)に注意すれば、間接税率 τ は

$$\tau = \tau_e/(1-\tau_e) \quad (4-13)$$

で計算できる[59]。さらに、課税後価格 q はデータとして与えられているので、課税前価格 p は(4-10)式より逆算できる。

　以上より等価変分と超過負担を測定する準備が整った。計算の手順は以下の通りである。まず、課税前価格 p、課税後価格 q そして推定されたパラメータ α と β を用いて、課税前後の間接効用関数 V^0 と V^1 を(4-5)式にしたがって算出する。次に、V^0 と V^1、そして課税前価格 p を(4-6)式に代入することで、課税前価格 p における課税前後の効用水準の支出関数 $E(p,V^0)$ と $E(p,V^1)$ を得る。以上より所得階級ごとの等価変分は(4-9)式により計算できる。さらに、推定された各消費階級の需要関数(4-7)式にもとづき、1995年の消費支出 y と課税後価格 q を代入することで課税後需要量 $x(q,V)$ を求めて(4-12)式によって実際の納税額 T を算出し、最後に(4-11)式により超過負担が計算できる。

　この計測結果は表4-2と表4-3に示されている。所得階級が高くなるにつれて補償所得を示す等価変分は大きくなるが、超過負担に関しては所得

---

[59] 間接税表面税率 τ は次のように計算できる。

$$\tau = 間接税負担額 A / 税引消費支出 = A/(B-A) = \tau_e/(1-\tau_e)$$

ただし、税込消費支出を B としている。

表4－2 等価変分（単位：一人当たり、円、月）

所得分位	1995年	消費税5%
I	－6847	－7986
II	－7904	－9201
III	－8339	－9699
IV	－9039	－10504
V	－9545	－11086
VI	－10145	－11821
VII	－9807	－11505
VIII	－11087	－12958
IX	－11282	－13256
X	－14556	－17021

表4－3 超過負担（単位：一人当たり、円、月）

所得分位	1995年	消費税5%
I	296	310
II	329	344
III	396	414
IV	451	470
V	594	621
VI	489	511
VII	100	104
VIII	488	508
IX	275	286
X	720	751

階級ごとに多少のばらつきがある。第VII分位の超過負担は大変低く、やや異常な値を示していた第VII分位の基礎消費パラメータ α の推定結果に大きく依存しているものと思われる。しかし、他の階級についてはおおむね所得が大きくなるにつれて超過負担も大きくなる傾向にある。この結果は直観的に合致するが、ここで所得の影響を除外し、実質的な超過負担を計測するために、超過負担の額を各所得階級の消費支出で除算した値を**表4－4**に示した。

表4－4　超過負担／消費支出額（単位：％）

所得分位	1995年	消費税5％
I	0.432	0.453
II	0.425	0.444
III	0.491	0.513
IV	0.523	0.545
V	0.658	0.688
VI	0.496	0.518
VII	0.099	0.103
VIII	0.447	0.465
IX	0.237	0.247
X	0.503	0.524

　表によれば、第III分位から第VI分位の中堅所得階級の家計が実質的に間接税の超過負担を最も重く負担しているということになる。

　また、消費税が5％に増税された場合の等価変分と超過負担についても計測を行った。これによれば、各所得階級の等価変分と超過負担は消費税の増税に伴って増加することになる。以上の結果より、消費税の増税は、間接税に関する各所得階級の超過負担を増加させてゆく傾向にある。加えて、消費税のもつ逆進性を緩和するために特定の財に対して軽減税率を適用するならば、さらなる効率性のロスを生じさせることになると推測できる。

6．むすび

　本章では、所得階級別の消費行動を表現する線形支出体系を推定し、間接税制がもたらす所得階級別の税負担、等価変分と超過負担を計測した。以上の結果によれば、1988年以前の物品税の時代から、1989年4月の消費税3％導入、そして1997年4月からの消費税の5％への引き上げといった間接税制の変化に伴って間接税負担率は大きくなる。また、等価変分と超過負担は

おおむね所得が高ければ大きくなる傾向にあるが、実質的には中堅所得階級の家計が間接税の超過負担を最も被っていることが示された。

また、消費税を増税するならば、厚生損失はさらに高まることも示された。消費税率が高率になるにしたがって、所得に占める間接税負担が低所得階級ほど高くなる逆進性の問題が生じてくる。しかしながら、西欧諸国のように生活必需品に対して軽減税率を採用するならば、一層の厚生損失は避けられない。このことは、われわれが所得分配の公正性と効率性のトレード・オフの中で租税政策を選択しなければならないことを示唆している。

最後に、本章に残された課題について述べることでむすびとする。

第1に、本章の分析対象は間接税のみであり、家計の合理的経済活動に直接影響を与える労働所得税や利子所得税を考慮していない。本来の家計の経済行動は、労働供給によって所得を得て、将来消費のために貯蓄を行い、同時に消費財の選択を行うものである。したがって、本章では労働供給、貯蓄を選択した後の予算制約のもとで、消費支出を各消費財に配分する選択を行うという家計行動を分析対象としている。

第2に、間接税以外の税制に関しても分析の枠組みを広げるためには、家計行動の定式化に関して貯蓄や労働供給を組み込んだモデルを構築し、推定を行う必要がある。他の税制の超過負担を測定することは、わが国の税制がもたらしている非効率性を各租税ごとに比較する上でとても有意義であると考えられる。

第3に、本章では消費行動の定式化において線形支出体系を採用したが、線形支出体系は価格指数の線形近似によって需要関数としては一般的ではないことが指摘されている[60]。この点を克服するには、より一般的な需要関数を採用すべきである。また、Kay and Keen(1988)によって示されたように、

---

[60] 橋本(1995)を参照。

各階級の超過負担の額をどのように評価すべきかの点に関連し、社会的厚生と超過負担の接点については、実証的な分析を含めて一層の議論の余地があると思われる。

以上の諸点については今後の課題としたい。

補論．超過負担の計測方法

超過負担の計測に関する研究は Harberger(1974)に始まる。これは、線形の需要関数において、いわゆる「三角形」を近似的な超過負担であるとする方法である。しかしながら、この指標は所得効果を含むために、負担を過大評価してしまう点で好ましくない。

そこで、Diamond and McFadden(1974)は支出関数を用いて補償変分による超過負担の定式化を行った。これは、価格や所得が異なる2時点間における効用の比較について、単純に基数的概念にもとづいて効用の差を測定する方法ではなく、効用の差を所得の差としてとらえ、支出関数の差で効用の差を表現する需要理論の双対性を応用したものである[61]。

超過負担は支出関数の差から納税額を差し引いたものとして定義できる。しかしながら、Paznar and Sadka(1980)と Kay(1980)は、Diamond and McFadden(1974)の定式化は実際の納税額を用いていないとして批判した。彼らは等価変分と実際の納税額の差を超過負担として定式化した。

最後に、Kay and Keen(1988)は超過負担の満たすべき3条件を掲げ、Kay(1980)の指標のみがその条件を満たすことを示した。3条件とは、超過負担は非負であること、超過負担は一意の値しかとらないこと、厚生が高く

---

[61] 支出関数による超過負担の定式化は、補償需要関数の情報が必要であるが、そのような情報がない場合において Harberger 流「三角形」の概念を利用し、テーラー展開により近似的に超過負担を計測する手法が Rosen(1978)により示されている。

（低く）なる経済政策が存在するなら超過負担は低下（上昇）することである。さらに、非効率性の一般的な指標であると考えられる資源利用係数（Debreu's coefficient of resource utilization）を紹介し、Kay(1980)の超過負担が生産者価格一定の条件のもとでの Debreu(1951)による非効率性の指標と同値であることを証明した。すなわち、本章で採用した生産者価格を一定とした需要関数においては、Kay(1980)による超過負担の指標が最も適当であると考えられる。

第5章　産業別の投資行動と法人所得税
― 1999年法人所得税改革の分析 ―

1．はじめに

　産業再生を図る政策が、わが国の経済の立て直しにむけた柱のひとつとして活発に議論されている。数々の政策が議論される中、頻繁に主張されているものに税制による投資促進政策がある。特に、法人税や事業税の負担軽減によって企業の設備投資を促し、産業の活性化を図ろうとする要望は、長引く不況による企業の低迷する収益を背景に様々な形で提案されてきた。たとえば、過剰設備の廃棄にともなう税制上の優遇措置やベンチャー企業などへの投資税額控除の創設などが挙げられる。実際、このような動きを反映し、1999年の税制改正では法人税率と事業税率の引き下げが行われ、国税の標準税率は34.5％から30％、事業税の標準税率が11％から9.6％になった。これにより財務省型実効税率は46.36％から40.87％へと、他の先進国と肩を並べる水準に低下した。

　一般的には税負担が軽減されれば設備投資は促進されると考え、安易に税率の引き下げを要求する声が大きい。しかし、果たして本当に法人所得税率の引き下げは、企業の設備投資を促す効果があるのだろうか。また、どの程度投資が変化するのか。その変化は産業間で違いはないのだろうか。このような問題意識から本章は、法人所得税率の引き下げによる産業別の投資促進効果を実証的に明らかにすることを目的としている。

　法人所得税率の引き下げによる投資の変化をとらえるためには、設備投資が税制の影響を受けることをモデルで示す必要がある。そのため、本章では

新古典派の投資理論にもとづいて税制と企業の設備投資をとらえた投資関数を推定し、その推定結果を用いて税率の引き下げによる投資の変化についてシミュレーションを行った。本章が従来の研究と異なっているのは、1．投資関数の推定にあたってすべての上場企業の個別財務データを利用して法人所得税制を考慮した Tax-adjusted Q を計測したこと、2．産業別の個別企業のプール・データから統計上有意な投資関数を推定できたこと、3．産業別に税率引き下げのシミュレーションを行ったことにある。

　本章において、企業の投資行動を説明するモデルとして新古典派の投資理論である Q 理論を採用するのは、税制と設備投資との関係を Tax-adjusted Q と呼ばれる計測可能な指標を使って調べることができる利点のためである[62]。ただし Q 理論については、理論的には企業の投資行動を説明できても、集計されたマクロ・データを利用した実証分析では、Q と投資との有意な関係を示すことが難しいという問題が従来から指摘されてきた[63]。これを踏まえて、最近の傾向では、企業の財務データから抽出されたミクロ・データから Q 理論の有効性を実証するものが多い。たとえば、Scanller(1990)、Hayashi and Inoue(1991)、Blundell, Bond, Devereux and Schiantarelli(1992)、浅子・國則・井上・村瀬(1989,1997)、Barnett and Sakellaris (1998)、Honda and Suzuki(2000)がある[64]。これらの結果からいえば、財務データの利用は Q 理

---

[62] 法人所得税と設備投資の関係は投資理論において重要な論点であり、これまでも多くの実証分析が蓄積されてきた。税制と設備投資に関連した資本コストの計測には、たとえば企業活力研究所(1986)、田近・林・油井(1987)、岩田・鈴木・吉田(1987)や岩本(1989,1991)などがある。また、Tobin の Q 理論から設備投資を説明し、税制との関係を述べたものに、Summers(1981)、本間・林・跡田・秦(1984)がある。本章も後者と同じく Tobin の Q 理論に立脚し、投資関数を推定して税制が設備投資を変化させるかについてシミュレートすることに目的がある。
[63] Q 理論の実証面に関するサーベイとしては、Hasset and Hubbard(1996)を参照。
[64] 浅子・國則・井上・村瀬(1989,1997)と Hayashi and Inoue(1991)は企業の保有する資本の多様性を考慮した Multiple Q を計測して投資関数を推定している。Barnett and Sakellaris (1998)と Honda and Suzuki(2000)は threshold の存在する非線形の投資関数を推定することを目的としている。また、財務データを実際に

論の有効性を支持する結果を改めて提示している。

そこで、本章においても投資関数の推定にあたっては日本企業の財務データを利用する。ただし、多くの実証研究が財務データを用いているとはいえ、結局は集計された1つのマクロ投資関数を推定するにとどまっている。これに対し、本章では産業別に投資関数を推定したところに特徴がある。法人所得税の税制改革はすべての企業に対して一律に行われる。しかし、企業をある程度集計した産業レベルにおいても、財務体質の違いによって産業ごとに調整費用が異なれば、当然ながら投資関数の形状にも違いが出てくる。この結果、税率引き下げによる法人所得税改革が産業間で異なる影響をもたらすことになる。

本章の構成は以下の通りである。2節ではモデルを提示し、Tax-adjusted Qと投資関数を定式化する。投資関数の推定とその結果については3節で説明する。4節でシミュレーション・モデルの提示とシミュレーション方法、分析結果について述べられる。最後の5節では本章で得られた結果と今後の課題を簡単にまとめてむすびとする。

2．モデル

本節ではモデルを提示する[65]。ここでは、企業価値最大化行動を想定した投資理論にもとづく基本モデルに、法人所得税制を組み込むことで、税制変更のシミュレーションが可能なようにモデルが構成される。また、シミュレーション実行上の利便性のために、分離可能な離散的時間概念を用いてその

利用したものではないが、Chirinko (1997)は企業の資金調達上の制約を考慮したQ理論を検討している。Q理論に関する理論的な展開については宮川 (1997)を参照。
[65] モデルの基本構造はSummers(1981)、本間・林・跡田・秦(1984)、岩本(1989,1991)に負っている。

単位は1年とする。

　企業は労働Lと資本ストックKならびに投資Iを生産要素として1つの生産財Yを産出する生産関数Fをもつ。

$$Y_t = F(K_{t-1}, L_t, I_t) \quad (F_K > 0,\ F_L > 0,\ F_I < 0) \quad (5-1)$$

　企業所得に対して課税される国税の法人税と住民税法人税割を合わせたt期の法人税等負担額T_Nは、t期の売上から労働費用、負債の利払、減価償却費、引当金積立増加額、$t-1$期の事業税負担額を差し引いた課税所得に対して税率を乗じ、さらに投資税額控除額を差し引いた額として定義される。

$$T_{Nt} = u\{p_t F(K_{t-1}, L_t, I_t) - w_t L_t - iB_{t-1} - DEP_t - (H_t - H_{t-1}) - T_{Lt-1}\} - kp_{It}I_t \quad (5-2)$$

ここで広義の法人税率u、生産財価格p、賃金率w、名目利子率i、負債B、資本財価格p_I、減価償却費DEP、引当金H、事業税負担額T_L、投資税額控除率kである。広義の法人税率uは国税の法人税率u_N、都道府県と市町村を合わせた住民税法人税割の税率u_Lとして

$$u = u_N(1 + u_L) \quad (5-3)$$

また、外部負債比率bは社債や借入金などの負債Bと資本ストックの評価額$p_I K$の比率、引当金比率hは引当金積立額Hと資本ストックの評価額$p_I K$の比率として定義される。

$$B_{t-1} = bp_{It-1}K_{t-1} \quad (5-4)$$

$$H_{t-1} = hp_{It-1}K_{t-1} \quad (5-5)$$

さらに、s期に取得した資産に対するt期の法定減価償却表を$D_{t,s}$とすれば、t期の減価償却費DEPは以下のように定式化できる。

$$DEP_t = \sum_{s=-\infty}^{t} D_{t,s} p_{Is} I_s \quad (5-6)$$

次に、t期の事業税負担額T_Lは売上から労働費用、負債の利払、減価償却費、引当金積立増加額、$t-1$期の事業税負担額を差し引いた企業所得に対して事業税率vを乗じて計算される[66]。

$$T_{Lt} = v\{p_t F(K_{t-1}, L_t, I_t) - w_t L_t - iB_{t-1} - DEP_t - (H_t - H_{t-1}) - T_{Lt-1}\} \quad (5-7)$$

ここで$t-1$期の事業税負担額を控除する前の企業所得をΠとして定義しよう。

$$\Pi_t = p_t F(K_{t-1}, L_t, I_t) - w_t L_t - iB_{t-1} - DEP_t - (H_t - H_{t-1}) \quad (5-8)$$

このとき、t期の法人税等負担額T_Nと事業税負担額T_Lは以下のように整理できる。

$$T_{Nt} + T_{Lt} = (u+v)(\Pi_t - T_{Lt-1}) - kp_{It} I_t \quad (5-9)$$

上式からわかるように、前期事業税負担額T_Lの損金算入が影響することによってt期の企業所得Πの1単位の増加がもたらす将来的な税負担は$u+v$のみではない。このことに注意しつつ、ここからの展開においては企業が税率に対して静学的期待をもっていると仮定し、当期を0期とすれば

$$\sum_{t=0}^{\infty}(u+v)(\Pi_t - T_{Lt-1}) = \left\{u+v-\frac{v(u+v)}{1+\rho+v}\right\}\sum_{t=0}^{\infty}(1+\rho)^{-t}\Pi_t$$
$$= (u+v)\frac{1+\rho}{1+\rho+v}\sum_{t=0}^{\infty}(1+\rho)^{-t}\Pi_t = \tau \sum_{t=0}^{\infty}(1+\rho)^{-t}\Pi_t \quad (5-10)$$

となり、法人実効税率τの定義である

---

[66] 引当金について、全額洗替法を想定して2期間の裁定条件を用いればHayashi(1987)のような定式化になる。ここでは岩本(1989, 1991)に準じ、無限期間における引当金の損金算入を考えている。

$$\tau = (u+v)\frac{1+\rho}{1+\rho+v} \quad (5-11)$$

が得られることになる[67]。ただし、ρ は株主の時間選好率である。

さて、t 期における企業の配当 DIV は売上から労働費用、負債の利払、投資額、負債純増額、法人税等負担額、事業税負担額を差し引いて求められる。

$$\begin{aligned}DIV_t &= p_t F(K_{t-1}, L_t, I_t) - w_t L_t - iB_{t-1} - p_{It} I_t + (B_t - B_{t-1}) - T_{Nt} - T_{Lt} \\ &= p_t F(K_{t-1}, L_t, I_t) - w_t L_t - iB_{t-1} - p_{It} I_t + (B_t - B_{t-1}) - (u+v)(\Pi_t - T_{Lt-1}) \\ &\quad + k p_{It} I_t\end{aligned} \quad (5-12)$$

このとき、配当の割引現在価値である企業価値 V は、先の法人実効税率 τ の定義を用いれば以下のように整理できる。

$$V_0 = \sum_{t=0}^{\infty}(1+\rho)^{-t} DIV$$

$$\begin{aligned}&= \sum_{t=0}^{\infty}(1+\rho)^{-t}\Big[(1-\tau)\{p_t F(K_{t-1}, L_t, I_t) - w_t L_t - ibp_{It-1} K_{t-1}\} \\ &\quad + (\pi_{It} - \delta - \delta\pi_{It})(b+\tau h)p_{It-1}K_{t-1} - (1-b-\tau h-\tau z_t-k)p_{It}I_t\Big] + A_0\end{aligned} \quad (5-13)$$

ただし、上記の式の展開において、経済的資本減耗率 δ として資本蓄積方程式を

---

[67] いわゆる財務省型実効税率は本章の記号法を用いて表現すると

$$\text{財務省型実効税率} = \frac{u+v}{1+v}$$

のようになる。財務省型実効税率でも、前期事業税負担額の損金算入が一応考慮されているが、その影響が当期に限定された負担率となっている。一方、法人実効税率 τ は、前期事業税負担額の損金算入の将来にわたる永続的な節税の効果を組み込んでおり、当期の1単位の企業所得に対する究極的な負担率として実効税率を表現している。田近・林・油井(1987)を参照。

$$K_t = (1-\delta)K_{t-1} + I_t \quad (5-14)$$

資本財価格の上昇率 π_I を

$$\pi_{It} = \frac{p_{It} - p_{It-1}}{p_{It-1}} \quad (5-15)$$

当期において1単位の投資が生み出す将来の減価償却の割引現在価値 z を

$$z_0 = \sum_{t=0}^{\infty}(1+\rho)^{-t}D_{t,0} \quad (5-16)$$

過去の投資に対する将来の減価償却による法人税等負担額の節約分 A として

$$A_0 = \sum_{t=0}^{\infty}(1+\rho)^{-t}\tau\sum_{s=-\infty}^{0}D_{t,s}p_{Is}I_s \quad (5-17)$$

のように約束して用いている。

本章では企業は配当の割引現在価値を最大にするように投資行動を決定すると仮定する。ここで、A_0 は過去の投資に関する減価償却費の法人税等負担額の節約分の割引現在価値を意味するため、将来の動学的最大化問題には関係がないことに注意したい。つまり、資本蓄積方程式と資本ストックの初期値を与えれば、制約付き企業価値最大化問題を次のように設定できる。

・目的関数

$$\sum_{t=0}^{\infty}(1+\rho)^{-t}\Big[(1-\tau)\{p_tF(K_{t-1},L_t,I_t)-w_tL_t-ibp_{It-1}K_{t-1}\} \\ +(\pi_{It}-\delta-\delta\pi_{It})(b+\tau h)p_{It-1}K_{t-1}-(1-b-\tau h-\tau z_t-k)p_{It}I_t\Big] \quad (5-18)$$

・制約条件

$$\text{資本蓄積方程式} \quad K_t - K_{t-1} = I_t - \delta K_{t-1} \quad (5-19)$$

$$\text{資本ストックの初期値} \quad K_0 = \overline{K} \quad (5-20)$$

この動学的最大化問題を解くためにハミルトン関数 Φ を定義する。ただし、λ はラグランジュ未定乗数で資本のシャドウ・プライスを意味する。

$$\begin{aligned}\Phi_t &= (1-\tau)\bigl(p_t F(K_{t-1}, L_t, I_t) - w_t L_t - ib p_{It-1} K_{t-1}\bigr) \\ &\quad + (\pi_{It} - \delta - \delta\pi_{It})(\tau h + b)p_{It-1} K_{t-1} - (1 - b - \tau h - \tau z_t - k)p_{It} I_t + \lambda_t(I_t - \delta K_{t-1})\end{aligned} \quad (5-21)$$

企業価値最大化の必要条件は以下のように解くことができる[68]。

$$(1-\tau)(p_t F_{K_{t-1}} - ib p_{It-1}) + (\pi_{It} - \delta - \delta\pi_{It})(\tau h + b)p_{It-1} - \lambda_t \delta = -(\lambda_{t+1} - \lambda_t) + \rho\lambda_t \quad (5-22)$$

$$(1-\tau)(p_t F_{Lt} - w_t) = 0 \quad (5-23)$$

$$(1-\tau)p_t F_{It} - (1 - b - \tau h - \tau z_t - k)p_{It} + \lambda_t = 0 \quad (5-24)$$

生産関数の１次同次性と完全競争を仮定する場合、最大化問題におけるハミルトン関数の最大値を Φ' とすれば $\Phi' = \lambda_0 K_0$ が成立し、逆もまた成立することが Hayashi(1982) によって証明されている。すなわち、

$$\Phi' = V_0 - A_0 \quad (5-25)$$

が成立し、

$$\lambda_0 = \frac{V_0 - A_0}{K_0} \quad (5-26)$$

が得られ、先の必要条件を用いれば、当期の Tax-adjusted Q である

$$Q_0 = -F_{I0} = \frac{\left\{q_0 - \dfrac{A_0}{p_{I0} K_0} - (1 - \tau h - \tau z_0 - k)\right\}}{(1-\tau)} \frac{p_{I0}}{p_0} \quad (5-27)$$

が導出できる。ただし

---

[68] 横断性条件は満たされているとする。

$$q_0 = \frac{V_0 + bp_{I0}K_0}{p_{I0}K_0} \quad (5-28)$$

はTobinの平均qを意味している。

さて、さきの動学的最大化問題の必要条件を考慮すれば、生産関数は1次同次なので、資本ストックに対する労働と投資の比率である資本労働比率 L/K と資本投資比率 I/K をそれぞれ Ω 関数と Ψ 関数として、Tax-adjusted Q と実質賃金率 w/p に対して解くことができる。

$$\frac{L_t}{K_{t-1}} = \Omega\left(\frac{w_t}{p_t}, Q_t\right) \quad (5-29)$$

$$\frac{I_t}{K_{t-1}} = \Psi\left(\frac{w_t}{p_t}, Q_t\right) \quad (5-30)$$

以上の条件から F_K を Γ 関数として定式化することもできる。

$$F_{Kt-1} = \Gamma\left(\frac{w_t}{p_t}, Q_t\right) \quad (5-31)$$

ただし、双対性によって

$$\partial \Gamma / \partial\left(\frac{w_t}{p_t}\right) = -\Omega\left(\frac{w_t}{p_t}, Q_t\right) \quad (5-32)$$

$$\partial \Gamma / \partial Q_t = \Psi\left(\frac{w_t}{p_t}, Q_t\right) \quad (5-33)$$

が成立する。したがって、必要条件(5-22)式は

$$(1-\tau)\left(p_t\Gamma\left(\frac{w_t}{p_t},Q_t\right)-ibp_{I_{t-1}}\right)+(\pi_{I_t}-\delta-\delta\pi_{I_t})(\tau h+b)p_{I_{t-1}}-\lambda_t\delta$$
$$=-(\lambda_{t+1}-\lambda_t)+\rho\lambda_t \qquad (5-34)$$

となる。

3．産業別の投資関数の推定

前節での投資関数の設定により、投資関数の推定には Tax-adjusted Q、実質賃金率および投資率のデータが必要である。ここでは、個別企業の財務諸表をもとにこれらのデータを計測した補章Ⅰの分析結果を利用する。

次に、推定を実際に進めるために、投資関数 Ψ は次のような単純な線形の1次式を想定する[69]。

$$\frac{I_t^n}{K_{t-1}^n}=const+\beta Q_t^n+\theta\frac{w_t^n}{p_t^n}+\varepsilon_t^n \qquad (5-35)$$

ここで n は企業の添字、$const$ は定数項、β は Tax-adjusted Q にかかる係数、θ は実質賃金率にかかる係数、ε は誤差項を示す。推定方法は投資率と

---

[69] 本間・林・跡田・秦(1984)でも同じ形状の投資関数が想定されている。このような形状の投資関数を導出するには、次のような手続きを踏む必要がある。まず、生産関数において投資の調整費用が分離可能であると想定する。

$$F(K_{t-1},L_t,I_t)=G(K_{t-1},L_t)-\Theta\left(K_{t-1},I_t,\frac{w_t}{p_t}\right)$$

次に、調整費用関数 Θ を以下のように特定化する。

$$\Theta\left(K_{t-1},I_t,\frac{w_t}{p_t}\right)=\frac{1}{2\beta}\left(\frac{I_t}{K_{t-1}}-\alpha-\theta\frac{w_t}{p_t}\right)^2 K_{t-1}$$

これらを考慮して動学的最大化問題の必要条件を導出すればよい。

第5章　産業別の投資行動と法人所得税　95

　Tax-adjusted Q ならびに実質賃金率の同時決定性を考慮して操作変数法を用いた。Tax-adjusted Q と実質賃金率の操作変数はそれぞれの1期前と2期前の変数を利用した。また、1970年から1995年までのデータを産業別にプーリングして推定に使っている[70]。

　推定の対象となった産業は、農林水産、鉱業、食料品、繊維、木材木製品、紙パルプ、化学、石油石炭、窯業土石、鉄鋼、非鉄金属、金属製品、一般機械、電気機械、輸送機械、精密機械、出版印刷、その他製造、建設、卸売、小売、不動産、運輸通信、サービスの計24産業である。ただし、電気ガスと金融保険は本章の分析対象から除外した[71]。

　産業別の投資関数の推定結果は表5－1の通りである[72]。推定結果の特徴は次の2点に集約される。第1に、Tax-adjusted Q の係数は農林水産業を除く全ての産業において正で有意になった。第2に、実質賃金率の係数が有意であるかどうかは産業によってまちまちであった。なお、t 値の情報をもとにして、実質賃金率の係数が有意でない産業については、Tax-adjusted Q の係数のみの推定結果を掲載している。

---

[70] データを再編することでパネル分析を行うことも可能であったが、1970年から財務データが利用可能な企業数がかなり限定されてしまうため、本章では断念した。
[71] 電気ガスについては事業税の課税標準と税率が他の業種と異なるため、金融保険は『企業財務データバンク』に財務諸表のデータ・ベースが存在しないために分析を断念した。また、生命保険業と損害保険業も、電気ガス業と同じく事業税が他の業種と異なる扱いを受ける。これらの産業での事業税は収入金課税という方法が採られている。これは、業種別に定められた収入金額の算定式に基づいて課税ベースが算出され、事業税率（1998年は1.5％、1999年は1.3％）をかけて税額を計算する方法である。
[72] ただし、計測された Tax-adjusted Q の値が50を越える企業については分析対象のサンプルから除外した。この処理は、変則的な動きをする企業を排除することで、安定的な投資関数を得ることに目的がある。全サンプル数は36255企業、限定されたサンプル数は34971企業であり、削除されたサンプルの1284企業は全サンプルの3.54％程度であることを注記しておく。しかし、全サンプルとサンプルを限定したときの推定結果を比較すると、限定した場合はかなり好ましい結果を得ている。

まず、Tax-adjusted Q の推定値についてみていくことにする。農林水産では、Tax-adjusted Q は有意に効かなかった。しかも符号は負になっている。これは、上場している企業が少ないことや、第1次産業に従事する業界であるために Tobin の Q のような株式市場での評価と実際の活動との結びつきが薄いことが要因であると考えられる。その他の産業については、どの産業も1％の有意水準で Tax-adjusted Q が投資率に対して正の影響をもっているという結果が得られた。Tax-adjusted Q の上昇により、株式市場において企業価値が高く評価されることで投資は増加することが理論的な帰結であるから、本章の推定結果はこの符号条件を満たしている。推定値の大きさ自体は小さいが、この点については既存研究でも同様な水準となっている[73]。

　次に実質賃金率の係数 θ についてみてみよう。実質賃金率が有意である産業は、食料品、紙パプル、化学、鉄鋼、非鉄金属、一般機械、電気機械、輸送機械、精密機械、出版印刷、その他製造、卸売、運輸通信である。これらの産業では、実質賃金率の係数の符号はすべて負である。一方、実質賃金率が有意にならなかった産業は、鉱業、繊維、木材木製品、石油石炭、窯業土石、金属製品、建設、小売、不動産、サービスである。

　実質賃金率の係数が負に有意である結果について考察しよう。実質賃金率が上昇すれば、調整費用が高くなる。これは、投資を行った場合、新たな資本を企業に据え付けるために人手がかかったり、資本を稼働させる技術を身につける費用が必要になるという考え方である。この場合、実質賃金率の上昇は据え付け費用を高めることで投資を抑制する[74]。また、労働市場と資本市場の関係からも実質賃金率の係数が負に有意であるという推定結果を吟味することができる。労働と資本が代替するとき、実質賃金率が上昇すれば、

---

[73] Summers(1981)、本間・林・跡田・秦（1984）、Hayashi and Inoue(1991)、浅子・國則・井上・村瀬(1989,1997)を参照。
[74] 本間・林・跡田・秦(1984)を参照。

表5－1　投資関数の推定結果（1）

産業	β	θ	const	SEE	データ数
農林水産	−0.00125 (−0.134)	−0.01106 (−0.510)	0.02775 (0.727)	0.2914	129
鉱業	0.00968 (3.982)**		0.01165 (0.895)	0.1176	180
食料品	0.00806 (7.732)**	−0.01125 (−4.425)**	0.08864 (12.681)**	0.1458	2064
繊維	0.04204 (4.960)**		0.03099 (6.072)**	0.1712	1689
木材木製品	0.01113 (2.704)**		0.01206 (0.561)	0.1575	138
紙パルプ	0.02417 (6.894)**	−0.01106 (−1.931)*	0.06232 (9.301)**	0.1030	729
化学	0.00628 (11.845)**	−0.00973 (−4.832)**	0.08238 (20.566)**	0.1249	3336
石油石炭	0.05089 (2.469)**		0.01527 (0.274)	0.5376	203
窯業土石	0.01045 (8.219)**		0.05026 (11.490)**	0.1186	1353
鉄鋼	0.00936 (3.779)**	−0.02763 (−4.157)**	0.08273 (13.125)**	0.1151	1246
非鉄金属	0.00625 (2.634)**	−0.01594 (−2.183)*	0.07969 (8.456)**	0.1343	857
金属製品	0.00622 (6.534)**		0.06447 (11.947)**	0.1410	1140

（備考）（　）内はt値、SEEは誤差項の標準偏差、**有意水準1％、*有意水準5％

労働需要の減少によって資本需要は高まるものの、投資の限界生産力が低下することで投資に対してマイナスの効果をもつ可能性がある。

　本章の結果では、製造業の中でも機械系産業（一般機械、電気機械、輸送機械、精密機械、出版印刷）で実質賃金率が有意に効いている。この種の産業では、大規模な工場設置や生産機械の導入などによる据付け費用の影響が

表5-1　投資関数の推定結果（2）

産業	β	θ	const	SEE	データ数
一般機械	0.00614 (12.269)**	−0.01272 (−3.914)**	0.06434 (14.764)**	0.1426	3732
電気機械	0.00929 (19.989)**	−0.02646 (−11.741)**	0.08249 (19.829)**	0.1298	3234
輸送機械	0.00868 (6.864)**	−0.03718 (−7.817)**	0.10528 (24.257)**	0.1275	2366
精密機械	0.01087 (6.877)**	−0.02454 (−3.535)**	0.08537 (8.026)**	0.1341	688
出版印刷	0.02841 (3.152)**	−0.08973 (−2.141)*	0.17258 (2.701)**	0.4560	184
その他製造	0.00950 (9.378)**	−0.01191 (−2.607)**	0.07629 (9.044)**	0.1523	1402
建設	0.00363 (8.661)**		0.04224 (8.758)**	0.1480	2617
卸売	0.00791 (10.449)**	−0.01096 (−4.567)**	0.06055 (4.428)**	0.2594	2099
小売	0.00735 (11.374)**		0.05761 (9.449)**	0.1638	1585
不動産	0.00371 (2.357)**		0.09419 (5.646)**	0.2490	457
運輸通信	0.00489 (4.742)**	−0.00547 (−3.282)**	0.06422 (13.934)**	0.1514	2380
サービス	0.00686 (4.597)**		0.05774 (4.107)**	0.3288	1163
合計					34971

（備考）（　）内はt値、SEEは誤差項の標準偏差、**有意水準1％、*有意水準5％

大きいと考えられる。同じ製造業でも、繊維、木材木製品、石油石炭といった素材の製造や加工にたずさわる業種では、実質賃金率が効いていない。これらの産業では据付けや技術の習得に人件費がかかる投資が少ないことなど

が背景にあると考えることができる[75]。

　小売、サービスにおいても実質賃金率は有意ではない。類似の産業である卸売で有意な結果が得られたことと比べるとその整合性が問題となる。卸売に分類されているのは、商社、食料品卸売、医薬品卸売、機械機具卸売などの事業を行っている企業である。小売には、百貨店、スーパー、飲食店に従事する企業が分類されている。サービスには、ホテル、娯楽業、教育、情報、レンタル業などの企業がある。これらの事業は類似的ではあるが、投資の調整費用という点では、卸売の方が小売やサービスより設備規模が大きいために据付けに労働費用が生じると思われる。

　さらに、いまひとつ考えられるのは、賃金率データがどこまで現実を反映しているかというデータ上の問題点である。小売やサービスの現場では、アルバイトやパートで働いている人が他の産業に比べて大きな比率を占めるのが実態である。しかし、本章において実質賃金率の計測で利用した従業員給与手当、福利厚生費、従業員数の財務データには、アルバイトやパートといった非正社員が含まれていない可能性が高い。そのため、小売や卸売などの現場での実際の状況をデータが表現できず、推定結果に反映されていないことが指摘される。

　とはいえ、農林水産を除くすべての産業において、**Tax-adjusted Q** の係数は正に有意であり、投資関数の推定結果としては大きく成功している。このことは、個別企業の財務諸表から得たミクロ・データを利用すれば、理論的に整合的な投資関数を得ることができるという既存研究の分析結果とも一致している。特に、本章においてはじめてなされたのは、ミクロ・データを用

---

[75] 建設業や不動産業についても実質賃金率が有意ではない。これらの産業は公共事業や土地といった特殊な事業や財をあつかうため、推定結果の解釈には注意が必要である。また、本章の Tax-adjusted Q の計測においては土地を考慮していないことにも留意しなければならない。

いた産業別の投資関数の推定である。この場合でもほとんどの産業において有意な結果を得ることができたことは、TobinのQ理論の実証的な裏付けが、産業別でもなされたことを意味している。

4．税制改革のシミュレーション

前節で推定された投資関数により、法人所得税制を含む Tax-adjusted Q は企業の設備投資に影響を与えていることが明らかとなった。ところが、産業別で異なる投資関数が成立するということは、同じ税制改革でも産業によってもたらされる効果が異なってくる可能性を示唆している。そこで本節では投資関数の推定結果を利用して、法人所得税改革がもたらす設備投資への影響について産業別にシミュレーション分析を試みる。まず、シミュレーション方法について述べ、その分析結果を提示する。

4．1．シミュレーション方法

シミュレーションの実行には、動学的最大化問題の必要条件を利用することになるが、その前にΓ関数の (5-31) 式を特定化することが必要となる。投資関数であるΨ関数を前節の推定式を踏まえて

$$\Psi = \frac{I_t}{K_{t-1}} = \alpha + \beta Q_t + \theta \frac{w_t}{p_t} \quad (5-36)$$

のように特定化する。続いて、Γ関数はΨ関数を Tax-adjusted Q に関して積分することで得ることができる。

$$\Gamma = \gamma + \alpha Q_t + \frac{\beta}{2} Q_t^2 + \frac{w_t}{p_t} \theta Q_t \quad (5-37)$$

ここでγは積分定数である。以上より、最終的なシミュレーション・モデル

は

$$(1-\tau)\left[\left(\gamma+\alpha Q_t+\frac{\beta}{2}Q_t^2+\frac{w_t}{p_t}\theta Q_t\right)-ib\frac{p_{It-1}}{p_t}\right]+(\pi_{I_t}-\delta-\delta\pi_{I_t})(\tau h+b)\frac{p_{It-1}}{p_t} \quad (5-38)$$
$$=(\rho-\pi_t+\delta)\mu_t-(\mu_{t+1}-\mu_t)$$

$$Q_t=\frac{\mu_t}{1-\tau}-\frac{(1-b-\tau h-\tau z-k)}{(1-\tau)}\frac{p_{It}}{p_t} \quad (5-39)$$

$$\frac{I_t}{K_{t-1}}=\alpha+\beta Q_t+\theta\frac{w_t}{p_t} \quad (5-40)$$

のように集約される。ただし、実質的な資本のシャドウ・プライス μ を

$$\mu_t=\frac{\lambda_t}{p_t} \quad (5-41)$$

生産財価格の上昇率 π を

$$\pi_t=\frac{p_t-p_{t-1}}{p_{t-1}} \quad (5-42)$$

として利用している。

　次に、シミュレーションの実施のために以下の仮定をおく。第1に、生産関数は $F(K,eL,I)$ のように労働節約的な技術進歩率 e を想定する。第2に、技術進歩率 e と実質賃金率 w/p の上昇率は等しいとする。第3に、生産財価格の上昇率 π と資本財価格の上昇率 π_I は等しいとする。第4に、名目利子率 i、経済的資本減耗率 δ、株主の時間選好率 ρ、負債比率 b、引当金比率 h、現在の1単位の投資に対する減価償却の割引現在価値 z は外生的に与えられるとする。以上の仮定より、価格体系（$(w/p)/e$, p_I/p, π, π_I）と外生変数（i, δ, ρ, b, h, z）はすべて時間を通して一定となる。

表5－2　パラメータ

(1) 投資関数のパラメータ

産業	α	β	θ	γ
鉱業	−0.0206	0.0097	−	0.7862
食料品	0.0885	0.0081	−0.0112	0.1090
繊維	−0.1260	0.0420	−	0.5117
木材木製品	−0.0239	0.0111	−	0.4826
紙パルプ	0.0242	0.0242	−0.0111	0.1346
化学	0.0566	0.0063	−0.0097	0.2489
石油石炭	−0.1422	0.0509	−	0.4769
窯業土石	0.0262	0.0104	−	0.1106
鉄鋼	0.0573	0.0094	−0.0276	0.1655
非鉄金属	0.0484	0.0062	−0.0159	0.3420
金属製品	0.0317	0.0062	−	0.1662
一般機械	0.0226	0.0061	−0.0127	0.5224
電気機械	0.0417	0.0093	−0.0265	0.8259
輸送機械	0.0525	0.0087	−0.0372	0.2079
精密機械	0.0186	0.0109	−0.0245	0.4237
出版印刷	0.1977	0.0284	−0.0897	0.2635
その他製造	0.0283	0.0095	−0.0119	0.3788
建設	0.0405	0.0036	−	0.5905
卸売	0.0437	0.0079	−0.0110	0.6879
小売	0.0371	0.0074	−	0.2377
不動産	0.0840	0.0037	−	0.0107
運輸通信	0.0085	0.0049	−0.0055	0.1769
サービス	0.0285	0.0069	−	0.4770

　さて、以上の設定のもとでは定常状態を想定することができる。ここでは、推定に利用したデータ期間の最終年である1995年が定常状態にあると考え、税制パラメータである国税の法人税率u_N、住民税の法人税割分u_L、投資税額控除率k、事業税率vも時間を通して一定とみなし、改革前定常状態における各パラメータの具体的な値を確定する。表5－2と表5－3で産業別に外生変数として与えられる変数をそれぞれパラメータと価格変数として掲げ

第5章　産業別の投資行動と法人所得税　103

(2) Qのパラメータ（1995年の平均値）

産業	γ	b	h	z	δ
鉱業	0.7862	0.3061	0.0602	0.7902	0.0801
食料品	0.1090	0.2186	0.0447	0.7961	0.0358
繊維	0.5117	0.3272	0.0531	0.8230	0.0381
木材木製品	0.4826	0.3517	0.0201	0.8131	0.0524
紙パルプ	0.1346	0.4363	0.0476	0.8069	0.0431
化学	0.2489	0.2460	0.0467	0.7749	0.0480
石油石炭	0.4769	0.3980	0.0300	0.7765	0.0261
窯業土石	0.1106	0.2979	0.0434	0.7905	0.0222
鉄鋼	0.1655	0.3362	0.0419	0.7732	0.0359
非鉄金属	0.3420	0.3242	0.0384	0.7319	0.0697
金属製品	0.1662	0.3041	0.0561	0.7890	0.0343
一般機械	0.5224	0.2513	0.0523	0.8238	0.0588
電気機械	0.8259	0.2149	0.0503	0.8233	0.0767
輸送機械	0.2079	0.3194	0.0653	0.8114	0.0467
精密機械	0.4237	0.2531	0.0603	0.8022	0.0404
出版印刷	0.2635	0.2264	0.0431	0.8278	0.0229
その他製造	0.3788	0.2284	0.0419	0.8388	0.0524
建設	0.5905	0.3640	0.0598	0.8529	0.0716
卸売	0.6879	0.3314	0.0433	0.7504	0.0277
小売	0.2377	0.3134	0.0263	0.7448	0.0471
不動産	0.0107	0.5629	0.0088	0.7664	0.0389
運輸通信	0.1769	0.3971	0.0539	0.7733	0.0272
サービス	0.4770	0.1991	0.0445	0.7427	0.0689

た。全産業において共通のパラメータとして、名目利子率 i を 0.0318、時間選好率 ρ を 0.0378、生産財価格の上昇率 π と資本財価格の上昇率 π_I を 0 とした[76]。また、投資率と Tax-adjusted Q には、1995年の各産業における

---

[76] 時間選好率 ρ については、後に行われる税制改革のシミュレーションにおいてすべての産業で実数の定常解が存在するような値を与えている。生産財価格の上昇率 π と資本財価格の上昇率 π_I を 0 としたのは、税制改革の効果を純粋に測定した

表5-3　価格変数（1995年の平均値）

産業	生産財価格 p	資本財価格 p_I（当期）	資本財価格 p_I（前期）	実質賃金率 w/p
鉱業	0.6596	0.9902	0.9727	4.4298
食料品	1.0406	0.9886	0.9702	3.5560
繊維	0.9176	0.9835	0.9657	2.8611
木材木製品	0.9658	0.9881	0.9715	3.6088
紙パルプ	1.0161	0.9866	0.9686	1.7352
化学	0.9434	0.9814	0.9626	3.1828
石油石炭	0.9245	0.9696	0.9485	4.3503
窯業土石	0.9539	0.9827	0.9641	2.3077
鉄鋼	0.9063	0.9855	0.9678	1.6625
非鉄金属	0.7853	0.9767	0.9577	1.9741
金属製品	0.9965	0.9810	0.9631	2.2398
一般機械	0.9794	0.9734	0.9525	2.0650
電気機械	0.8462	0.9499	0.9258	2.7315
輸送機械	0.9661	0.9851	0.9664	1.4040
精密機械	0.9537	0.9608	0.9380	2.2233
出版印刷	0.9990	0.9858	0.9667	2.7311
その他製造	1.0159	0.9853	0.9666	2.6161
建設	0.9848	0.9830	0.9647	2.7087
卸売	0.9220	0.9896	0.9736	7.4450
小売	0.9990	0.9847	0.9677	7.0134
不動産	0.9990	0.9982	0.9838	4.2077
運輸通信	0.9990	0.9711	0.9506	1.7025
サービス	0.9990	0.9857	0.9686	2.8782

平均値を利用している。

　ただし、表5-2における定数項 α と積分定数 γ、ならびに実質シャドウ・プライス μ^* については以下のような形で推定された。改革前の定常状態を仮定するために $\mu^* = \mu_{t+1} = \mu_t$ が成立する。このとき、1995年の投資

いためである。また、最近の π と π_I の動きをみると、すべての産業で0%から－1%程度で変動しているので、この想定でも問題はない。

率、Tax-adjusted Q、実質賃金率の平均値を与えることでαとμ^*の値を(5－39)式と(5－40)式から計算し、得られたμ^*を(5－38)式に代入することで等式を満たすγを産業ごとに推定した[77]。以上により、モデルにおいて改革前定常状態を表現することができる[78]。

次に、税率等を変更した場合の改革後の投資率を求める。具体的なシミュレーション方法は以下の通りである。ただし、改革後でも定常状態を仮定する。

（ステップ1）　税制等パラメータを変化させる。
（ステップ2）　(5－38)と(5－39)式を連立させることで改革後定常状態におけるμ^{**}（$=\mu_{t+1}=\mu_t$）の値を計算する[79]。
（ステップ3）　μ^{**}を代入して(5－39)式よりTax-adjusted Qを計算する。
（ステップ4）　Tax-adjusted Qを代入して(5－40)式より投資率を計算する。これによって得られた解を改革後定常状態とし、改革前定常状態と比較することで税制改革の評価を与える。

---

[77] γは具体的には以下の式で得られる。

$$\gamma = \frac{-\beta}{2(1-\tau)^2}\mu^{*2} - \left[\frac{\alpha}{1-\tau} - \frac{\beta(1-b-\tau h-\tau z-k)}{(1-\tau)^2}\frac{p_{It}}{p_t} + \frac{\theta}{(1-\tau)}\frac{w_t}{p_t} - \frac{\rho-\pi_t+\delta}{1-\tau}\right]\mu^*$$

$$-\frac{\beta(1-b-\tau h-\tau z-k)^2}{2(1-\tau)^2}\left(\frac{p_{It}}{p_t}\right)^2 + \left(\alpha+\theta\frac{w_t}{p_t}\right)\frac{(1-b-\tau h-\tau z-k)}{(1-\tau)}\frac{p_{It}}{p_t} + ib\frac{p_{It}}{p_t}$$

$$-\frac{(\pi_{It}-\delta-\delta\pi_{It})(\tau h+b)}{(1-\tau)}\frac{p_{It-1}}{p_t}$$

[78] 改革前定常状態の計算において与えられた投資率、そして得られた実質シャドウ・プライスμは、それぞれ表5－5の「改革前投資率」と「改革前μ_0」に具体的な値を掲載している。
[79] 定常状態におけるμの解は、虚数解の場合を除いて相異なる2実数解もしくは重解である。2実数解の場合は小さい方の正の解を採用した。本間・林・跡田・秦

4．2．シミュレーションの実行

以上の方法を用いて法人所得税率の引き下げが設備投資に与える影響を産業別にシミュレートした。以下では分析結果を示すとともに、その結果が得られる原因について考察する。

1999年の税制改革により、国税の法人税率 u_N は30％、事業税率 ν は9.6％に引き下げられた[80]。ここでは法人所得税の税率引き下げが各産業の投資に及ぼす影響について考察する。このとき、法人実効税率 τ は改革前定常状態では50.22％であったが、改革後定常状態では41.03％に低下する。ただし、今回のシミュレーションでは、税率の変更によって負債比率などの他のパラメータは変化しないと想定している。なお、負債比率などの Tax-adjusted Q を構成するパラメータや、生産物価格、投資財価格などの価格変数については表5－2ならびに表5－3にある1995年の平均値を用いている。

表5－4は、改革前後での投資量とその変化率を比較したものである。シミュレーション結果から直接得られるのは各産業における平均投資率である。しかし、税制改革による投資への影響を議論する際には、各産業でのトータルの投資量や全ての産業を合わせたマクロ・レベルでの投資量の変化も重要であろう。そこで表5－4では、各産業でのトータルの投資量の変化とマクロ・レベルでの投資量の変化を計算した結果もあわせて載せている[81]。

まず、全産業をあわせた結果を見てみると、投資量を集計したマクロ・レベルでは、改革後の投資量は増加していることがわかる。しかし、産業別に見ていくと、表5－4からも明らかなように、投資量が増加している産業と減少している産業がある。

(1984)を参照。
[80] 住民税の法人税割について税率変更はない。これらの標準税率は都道府県5％、市町村12.3％である。
[81] マクロ・レベルの投資量は、改革後の平均投資率に改革前の企業数と資本ストックを乗じて計算した。

第5章　産業別の投資行動と法人所得税　107

　そこで次に、より詳しく分析結果を見てみよう。表5-5は改革前後の投資率とTax-adjusted Qの変化を示している。これらを比較すると、法人所得税率の引き下げという各産業に共通の政策を採ったとしても、それによるTax-adjusted Qの変化は産業によって異なっていることがわかる。ほとんどの産業でTax-adjusted Qが上昇している中、繊維、紙パルプ、石油石炭、運輸通信では反対にTax-adjusted Qが減少する。これらの産業では、Tax-adjusted Qが低下するため、投資率も改革前に比較して減少するという結果になっている。

　Tax-adjusted Qが上昇する産業においても、Tax-adjusted Qの上昇と投資率の増加の関係に違いがみられる。たとえば、食料品や小売のTax-adjusted Qはかなり大きく上昇しているが、投資率の増加という点では、精密機械や出版印刷の方が大きくなっている。

　このような産業間による違いはなぜ生じるのであろうか。法人所得税率の変更は、2つの段階を経て企業の投資行動に影響を与えると考えられる。第1段階として、税率変更はTax-adjusted Qを変化させる。第2段階としてTax-adjusted Qの変化が投資関数を通して企業の投資行動に影響を与えるのである。

　まず、税率変更によるTax-adjusted Qへの影響について考えてみよう。(5-39)式からもわかるように、Tax-adjusted Qは大きく2つの部分から成り立っている。そこで、税率引き下げ前（添字0）と引き下げ後（添字1）のTax-adjusted Qの変化を、これら2つの項目の変化として表すと以下のように整理することができる[82]。

---

[82] 数式の最後の展開における A、B、C はそれぞれ表5-5の A、B、C に対応している。

Q_1（改革後の Tax-adjusted Q）$- Q_0$（改革前の Tax-adjusted Q）

$$= \frac{1}{(1-\tau_1)(1-\tau_0)}\left[\{(1-\tau_0)\mu_1 - (1-\tau_1)\mu_0\} - \left\{(\tau_1-\tau_0)(1-b-h-z-k)\frac{p_{I0}}{p_0}\right\}\right]$$

$$= \frac{1}{(1-\tau_1)(1-\tau_0)}[(A-B)-C]$$

(5-43)

右辺［ ］内の第1項$(A-B)$は、法人所得税率の変更による企業価値の変化を表している。税率を引き下げた場合、企業の将来にわたる配当流列の増加につながることで企業価値が高まるため、実質シャドウ・プライスμは改革前と比較して必ず上昇する。一方、第2項Cは、減価償却や引当金が課税ベースから控除されることによる節税分の効果を表している。税率が下がると、その分減価償却や引当金による節税分が小さくなる。一般的にこの項はQを低下させる効果をもつ。したがって税率引き下げによる Tax-adjusted Q の総変化は、これら2つの項目の大きさに左右される。最終的には$1/[(1-\tau_1)(1-\tau_0)]$の項が総変化の規模を決定することになる。

表5-5には、これらの項目の動きも示している。この表をみると、第1項の実質シャドウ・プライスμの増加$(A-B)$よりも、第2項の税率の引き下げがもたらす減価償却や引当金積立による税節約分の減少（C）が大きくなっている[83]。そのために、総変化として Tax-adjusted Q が低下してしまうのである。

次に、第2段階である Tax-adjusted Q の変化が投資率に与える影響を考える。表5-5からもわかるように、Tax-adjusted Q が低下する産業において改革後の投資率は減少する。Tax-adjusted Q が上昇して投資率が増加する

---

[83] 具体的には、繊維、紙パルプ、石油石炭、窯業土石、運輸通信において、改革前よりも改革後の Tax-adjusted Q が小さくなってしまう。

産業では、精密機械、出版印刷、食料品で投資率の変化する割合が高くなっている。ここで注意すべき点は、Tax-adjusted Q の上昇率が同レベルである産業同士でも、投資率の増加幅が異なるということである。例として、化学と出版印刷を取り上げよう。これらの Tax-adjusted Q の上昇率は、化学が 2.19％、出版印刷は 2.43％である。ところが投資率の上昇は、化学が 0.89、出版印刷が 4.29 と出版印刷の方が大きくなっている。

　Tax-adjusted Q の変化と投資率の変化との関係が産業間で異なるのは、投資の調整費用関数の形状が産業間で異なるためであると考えられる。実は、投資関数における Tax-adjusted Q の係数 β の逆数は投資による調整費用の変化の大きさとなる。化学と出版印刷の β はそれぞれ 0.0063、0.0284 である。つまり、化学の方が出版印刷よりも投資がもたらす調整費用の変化が大きい。これは、化学では大規模な投資が行われる割合が多く、投資が実際の生産に貢献するまでの調整費用が大きいと考えられる。一方、大規模投資の比較的少ない出版印刷では調整費用が小さいため、Tax-adjusted Q の上昇が投資率の増加に結びつきやすいと考えることができる。

　以上のように、税率の変更による投資行動の変化を 2 つの段階としてとらえると、調整費用関数の形状が似ていたとしても、産業ごとの企業価値の動きや財務体質が異なれば、投資率の変化は相違することが指摘できる。たとえば、表 5－2 において非鉄金属、金属製品、一般機械の Tax-adjusted Q の係数 β の推定値はほとんど同じである。ところが、表 5－4 でみるように、投資量の変化がこれらの産業で異なるのは、産業ごとの将来にわたる配当流列の変化や財務体質の特徴によるところが大きい。財務体質は Tax-adjusted Q のパラメータで表現される。企業価値の変化と財務体質の違いによる節税分の効果が、総合的に投資率の変化を左右させることになる。

表5-4 シミュレーション結果1：改革前後の投資量の変化 (単位：百万円)

産業	資本ストック (K)	改革前投資(産業平均)	改革後投資(産業平均)	平均での変化率 (%)	改革による変化	改革前投資(産業全体)	改革後投資(産業全体)
農林水産	37129.0	N.A.	N.A.	N.A.	N.A.	N.A.	N.A.
鉱業	47955.5	1468.69	1496.80	1.91	up	11749.48	11974.42
食料品	68266.6	4586.65	4745.71	3.47	up	481597.87	498299.42
繊維	62108.9	668.28	659.31	-1.34	down	48116.47	47470.34
木材木製品	19219.9	469.67	472.89	0.69	up	2818.04	2837.36
紙パルプ	166464.5	4713.92	4661.56	-1.11	down	146131.61	144508.28
化学	98516.0	4395.21	4436.31	0.94	up	668072.28	674319.06
石油石炭	252499.3	12572.15	12114.11	-3.64	down	113149.31	109027.01
窯業土石	65255.7	3408.35	3403.09	-0.15	down	197684.37	197379.11
鉄鋼	378335.0	9809.63	9875.99	0.68	up	500291.22	503675.66
非鉄金属	109200.2	3432.46	3486.10	1.56	up	123568.57	125499.73
金属製品	33499.0	1714.51	1720.02	0.32	up	109728.49	110080.99
一般機械	50978.3	1375.57	1383.71	0.59	up	247602.99	249067.53
電気機械	117126.6	2783.59	2827.80	1.59	up	481561.13	489209.11
輸送機械	127361.0	1808.50	1817.06	0.47	up	197126.98	198059.32
精密機械	58977.6	211.03	221.45	4.94	up	7174.86	7529.21
出版印刷	135657.4	7890.49	8239.01	4.42	up	86795.38	90629.11

第5章 産業別の投資行動と法人所得税　111

その他製造	49544.1	1681.43	1692.89	0.68	up	129470.02	130352.89
建設	28406.2	2108.54	2109.12	0.03	up	288869.55	288949.32
卸売	29253.4	1028.35	1034.31	0.58	up	143968.94	144803.53
小売	46357.6	3438.88	3535.84	2.82	up	443615.33	456122.82
不動産	93801.5	9264.50	9280.93	0.18	up	277935.15	278427.99
運輸通信	400047.2	3490.21	3469.00	0.61	down	366471.94	364244.92
サービス	30639.7	2193.66	2227.89	1.56	up	160137.20	162636.33
産業計					up	5233637.18	5285103.46

(備考) 網掛けをした産業は改革後に総投資量が減少する産業である。

表5-5 シミュレーション結果2：産業別投資率ならびにQの構成要素の変化

産業	改革前投資率	改革後投資率	Tax-adjusted Qの変化	改革前 μ_0	改革後 μ_1	$(1-\tau_1)\mu_1$ A	$(1-\tau_1)\mu_0$ B	税引き後企業価値の変化 A−B	損金算入による節税分の変化 C
鉱業	0.0306	0.0312	0.0596	3.0269	3.6642	1.8240	1.7850	0.0391	−0.0216
食料品	0.0672	0.0695	0.2891	1.4873	1.9428	0.9671	0.8771	0.0901	−0.0052
繊維	0.0108	0.0106	−0.0044	1.8642	2.2460	1.1181	1.0993	0.0187	−0.0200
木材木製品	0.0244	0.0246	0.0145	2.3918	2.8768	1.4321	1.4104	0.0216	−0.0174
紙パルプ	0.0283	0.0280	−0.0146	0.6082	0.7640	0.3803	0.3587	0.0217	−0.0260
化学	0.0446	0.0450	0.0663	1.8559	2.2506	1.1203	1.0944	0.0259	−0.0065
石油石炭	0.0498	0.0480	−0.0370	2.0802	2.4820	1.2355	1.2267	0.0088	−0.0197
窯業土石	0.0522	0.0522	−0.0084	1.5264	1.8283	0.9101	0.9001	0.0100	−0.0125
鉄鋼	0.0259	0.0261	0.0180	1.0471	1.2814	0.6379	0.6175	0.0204	−0.0151
非鉄金属	0.0314	0.0319	0.0780	1.5092	1.8555	0.9237	0.8900	0.0337	−0.0108
金属製品	0.0512	0.0513	0.0257	1.8233	2.2022	1.0963	1.0752	0.0211	−0.0135
一般機械	0.0270	0.0271	0.0255	2.7825	3.3346	1.6600	1.6408	0.0191	−0.0116
電気機械	0.0238	0.0241	0.0402	3.2904	3.9399	1.9613	1.9403	0.0209	−0.0091
輸送機械	0.0142	0.0143	0.0067	1.0353	1.2673	0.6309	0.6105	0.0203	−0.0184
精密機械	0.0036	0.0038	0.0156	2.1213	2.5436	1.2662	1.2509	0.0153	−0.0107
出版印刷	0.0582	0.0607	0.0902	2.1742	2.6465	1.3174	1.2821	0.0353	−0.0088
その他製造	0.0339	0.0342	0.0240	2.2426	2.6903	1.3392	1.3225	0.0168	−0.0097

第5章 産業別の投資行動と法人所得税　113

建設	0.0742	0.0742	0.0045	4.7994	5.7391	2.8569	2.8302	0.0267	−0.0254
卸売	0.0352	0.0354	0.0256	4.8839	5.8254	2.8999	2.8800	0.0198	−0.0123
小売	0.0742	0.0763	0.2844	2.8044	3.5052	1.7449	1.6538	0.0911	−0.0077
不動産	0.0988	0.0989	0.0458	2.0309	2.4952	1.2421	1.1976	0.0445	−0.0311
運輸通信	0.0087	0.0087	−0.0122	1.1482	1.3932	0.6935	0.6771	0.0164	−0.0200
サービス	0.0716	0.0727	0.1633	3.5204	4.2641	2.1227	2.0760	0.0467	0.0012

(備考) 網掛けをした産業は改革後にTax-adjusted Qが減少するために投資率も減少する産業である。

また、シミュレーションにおいて投資率が減少する産業は衰退産業か規制産業であることにも注目したい。つまり、完全競争から遠い市場構造をもつ産業において、税率引き下げは投資に対して逆効果になる。法人所得税率の引き下げは、これらの産業にとってあまり好ましいものではない。しかし、産業構造のあり方という観点から考えると、衰退産業や規制産業に対して負の効果をもつ法人所得税率の引き下げは、産業構造の転換を促すことにつながる点で意義があるともいえる。逆に考えると、これらの産業については、規制緩和などで競争条件を改善することで、法人所得税制の変更が投資に対して正常に機能するように企業の体質を転換できる可能性がある。

　一つ一つの企業がそれぞれ特徴的な調整費用や財務体質をもって投資を行っており、産業として集計されたとしても、その特殊性が投資関数やTax-adjusted Q の動きに反映されるため、税制改革による影響も産業間で異なる結果となる。本章の分析の結果、単純な税率引き下げによる税制改革が投資に与える効果は、産業間で全く相違することがわかった。しかも、企業価値の増加を越えた税節約分の減少により、投資率が低下してしまう産業も生じてしまう。景気対策として税率引き下げを用いる税制改革にはすべての産業で投資を増大させる効果はない。累積する財政赤字が深刻な状況において、むやみに税収を下げて経済成長に貢献しない政策には大きな問題があるといえよう。

5. むすび

　本章では、税制改革による企業の設備投資への影響を明らかにするため、個別企業の財務データから得たTobinのQにもとづく投資関数を産業別に推定し、その結果を利用して税制改革のシミュレーションを行った。特に、本

章では産業間の違いに注目した。これは、企業価値の変化、財務体質、調整費用の違いが産業間で異なる投資行動に反映されると考えたからである。

投資関数の推定結果はきわめて良好であり、財務データを利用した Tobin の Q による投資関数は、産業別の推定においても実証的な根拠を与えることに成功した。これにより、法人所得税の税率引き下げの影響も産業によって異なることが明らかとなった。おおむね多くの産業において、税率引き下げは設備投資を促進する効果をもつが、逆に投資を減退させてしまう産業も存在する。これは、税率引き下げによる企業価値の増大よりも税節約分の減少が大きく生じることが原因であった。また、税率引き下げによって Tax-adjusted Q が上昇したとしても、調整費用の変化によって産業間で投資率の増加幅に違いをもたらすことも明らかとなった。

以上の結果、1999 年の法人所得税改革による設備投資への影響は、産業間で大きく差があることと、産業によっては負のインセンティブを与えてしまうことがわかった。したがって、税制改革によって設備投資を促進させるという政府の目的は、万事うまくいくわけではない。税制によって投資を呼び込むならば、投資税額控除の創設が最も有効であるが、大幅な財政赤字の存在を考えても、昨今の税制改革の潮流からも時代を逆行するものである。

本章では大企業が分析対象であった。設備投資の促進の観点からいえば、大企業に対する法人所得税の改革はもはや限界に来ているといえる。むしろ連結納税制度の導入や中小企業およびベンチャー企業に対する税制を整備するような抜本的な改革を行うことで、うまく企業に設備投資意欲をもたせることが、中長期的な観点から法人所得税制に求められていると考えられる。

最後に、分析手法に関して残された今後の課題について述べる。

第 1 に、分析のフレーム・ワークが部分均衡分析であるということである。いうまでもなく、市場の均衡条件を考慮した一般均衡分析が望ましい。シミ

ュレーションでは株式市場が産業ごとに分断された想定で行われたが、生産財市場、資本財市場との相互関係に加えて、本来ならば価格メカニズムを通してお互いに影響し合うことになる。同じように、税率変更にともなう負債比率などの他の変数の変化も考慮した分析を行うことも必要であろう。

第2に、生産要素を同一産業の投資財のみに限定して分析している点である。実際には、ある財を産出するためには、複数の産業にわたる最終消費財、中間財、投資財を生産要素として投入している。そのため、投資率の決定においても他産業の財が同時決定的に影響しあっている可能性がある。したがって、企業価値の最大化をモデル化するにあたっては、1財ではなく多部門化して定式化する必要があるだろう。

第3に、明示的にモデルで扱った資本ストックが1種類だということである。最近では、複数の資本ストックが存在するMultiple Qの理論についての実証分析が行われている。また、本章では土地や棚卸資産を考慮していないことからも、この方向での拡張は必要だと思われる。ただし、土地の評価方法については十分に考察すべき問題が多くあるために本章では断念した。

第4に、シミュレーションにおいて税収の変化をみることができなかった。財政赤字の累積が問題となっている状況において、税制改革によって税収がどのように変化するのかをとらえることは重要である。ただし、これには生産関数の特定化などの追加的な作業が必要である。

第5に、推定方法の改善である。推定においてはTax-adjusted Qや実質賃金率に対する投資率の係数が安定的であると考えて時系列データを利用した。本章ではプーリング・データを利用して単純に操作変数法を適用したが、推定期間にはバブル経済の膨張と破綻などの大きな変化が入り込んでいる。経済変動によって企業の投資環境が変化すれば、これらの係数の値も変わってくるはずである。係数の変化はシミュレーション結果に大きく作用する。

したがって、データ期間中に構造変化がないか、推定値がロバストであるかどうかなどについて各種のテストを行うことも必要である。たとえば、時系列的な変動を考慮するために年ダミーなどを導入することも考えられる。

これらに関しては今後の課題としたい。

第6章　高齢社会における租税・年金政策
― 公的年金と租税の世代内負担について ―

1．はじめに

　わが国が他の国に例を見ない超高齢社会への移行を近い将来に経験することになることは周知の事実である。高齢化社会においては、人口構成の高齢化、人口成長率の低下に起因する経済への影響が、マクロ的にも大きく生じることは間違いなく、政府は社会保障部門を通しての肥大化を免れない。超高齢社会を控えて、政府がいかなる政策を採用するかは、今後のわが国経済の運命を左右するといっても過言ではない。

　厚生労働省は5年おきの財政再計算において、人口予測のデータや物価・賃金上昇率などを一定の想定のもとに固定して、将来の年金像の試算を行っている。しかし、この計算は年金会計収支に関する部分のみに関心が払われ、経済厚生や所得分配の問題を無視している。年金保険料率や給付水準の変化は家計の労働、消費、貯蓄行動に影響をもたらす。また、年金財源としては年金保険料に限定せず、年金目的財源としての消費税（以下、年金消費税と呼ぶ）の導入といった税方式による財源調達方法が議論を呼んでいるが、この場合も家計の経済行動は変化する。そのため、家計の行動様式をモデルで記述して年金改革の分析を行うことは、今後の年金政策を評価する上で有用な判断基準を与えると考えられる。

　また、現役世代人口の相対的な減少に起因する高齢化社会は、年金財政の悪化のみならず、当然ながら一般会計にも影響をもたらす。われわれの関心事は、社会保障負担と租税負担を含めた将来の国民負担にある。したがって、

年金政策のみに焦点を当てるよりも、租税政策も考察の対象としてより視野の広い分析を行うことが望ましいといえる。

さらに、以上のような租税・年金改革は世代間公平の問題にとどまらず、世代内の所得分配の公正性にも顕著な影響をもたらす。(年金)消費税の増税は逆進性を生じさせ、低所得階級の税負担率の増加を避けることはできない。一方、年金保険料や労働所得税の引き上げは、特に高所得階級の労働供給行動を阻害することになる。したがって、今後の年金政策を考える際には世代内の公平性にも着目した視点を必要とする。

本章では、以上の問題意識から、今後の年金制度のあり方について、より幅広い政策を想定し、年金改革とそれに付随する租税政策を分析することを意図している。そこで、年金制度を組み込んだモデルを構築し、経済厚生と所得分配の側面からシミュレーションによって様々な政策手段の評価を行うことに目的がある。

超高齢化社会をもたらす人口成長の経済を前提とするなら、時間の概念を導入した動学モデルによる分析が不可欠である。そこで、本章では動学的成長、世代重複モデルを用いた租税・年金政策の分析の先駆けである、Auerbach and Kotlikoff(1987)、本間・跡田・岩本・大竹(1987a,b)などに始まるライフサイクル一般均衡モデルを踏襲して租税・年金政策の分析を行う。

本章では、これらの研究が想定している純粋なライフサイクル・モデルを現実にあわせて修正したモデルを用いる。モデルの具体的な特徴は、労働供給の内生化、累進型労働所得税、寿命の不確実性、遺産の授受、連続型能力分布の存在にある。先行研究との違いは、労働供給内生型モデルに能力分布と累進型の労働所得税を導入した点にある。

本章の構成は以下の通りである。2節ではシミュレーション・モデルを提示する。3節ではモデルに対して与えられるパラメータの設定とシミュレー

ションの方法について述べる。4節でシミュレーションのケース分けを行い、それらの分析結果を示す。5節は本章で得られたインプリケーションをまとめ、今後の課題を述べてむすびとする。

2．モデル

本節ではシミュレーション・モデルを提示する[84]。その前にモデルの全体像を簡単に述べておこう。時間は1年単位の離散的概念で記述される。経済には財市場、労働市場、資本市場が存在し、市場の価格メカニズムによって需給が一致する一般均衡モデルである。経済主体である家計・企業・政府の行動様式の特徴を以下に掲げる。

家計には同一世代内で稼得能力が異なる能力分布を想定する。家計は20歳で意思決定主体として経済に参入して最長100歳で死亡する。ただし、寿命の不確実性が存在し、100歳に到達する前に各年齢で死亡する確率を考慮するため、死亡時に意図せざる遺産を残す可能性がある。家計は生涯収入と生涯支出から構成される生涯予算制約をもとに生涯効用を最大化する結果として、労働供給・貯蓄・消費行動を行う。経済には常に20歳から100歳までの81世代の家計が重複して存在し、ある1つの世代が死亡すれば新たな1つの世代が誕生する。このとき、新たな世代は一定の成長率で人口が増加して経済に登場する。モデルにおける高齢社会は、人口成長率の低下と寿命

---

[84] Iwamoto, Hidaka and Kato(1993)、İmrohoroğlu, İmrohoroğlu and Joines(1995,1998)、麻生(1996)やKato(1998)などが外生的な労働供給を想定するのに対し、本章ではAuerbach and Kotlikoff(1987)、本間・跡田・岩本・大竹(1987a,b,1988)、Craig and Batina(1991)、Broer and Lassila(1997)、Jensen, Nielsen, Pedersen and Sørensen(1996)にしたがって労働供給を内生化している。代表的家計の労働供給内生型モデルに寿命の不確実性を導入したものに岩本(1990)、連続型能力分布を考慮した労働供給外生型モデルにはOkamoto(1997)がある。本章はこれら双方の特徴をあわせもつモデルを構築して分析を展開する。

の伸長を意味する生存確率の上昇によって表現される。

　企業は集計された1つの企業であり、一時点の各世代が保有する貯蓄を集計した資本と、現役世代が供給する1年間の集計された労働を生産要素として使用して1つの財を生産する。その際、1次同次生産関数をもとに利潤最大化行動を行う。

　政府は一般会計と年金会計を保有する。政府の財源としては、累進税である労働所得税と比例税で表現される利子所得税、消費税、年金保険料、年金消費税が想定される。これらはすべて家計に対する課税・保険料であり、企業課税は考慮しない。

　以上のような複雑な経済主体行動を表現するために、理論モデルを用いて経済をとらえることには困難性がつきまとう。したがって、関数型の特定化などの犠牲を払いつつも、シミュレーションによって定性的な方向をみることが有意義であると思われる。

　以下からは、家計、企業、政府、市場均衡の順に具体的なモデルの定式化を行う。

2．1．家計

　同一世代内の家計は稼得能力に差があると想定される。ただし、能力分布に連続型の対数正規分布を仮定し、以下のように定式化する[85]。

$$f(x) = \frac{1}{x\sigma\sqrt{2\pi}}\exp\left[-\frac{1}{2\sigma^2}\left(\ln x + \frac{\sigma^2}{2}\right)^2\right] \quad (0 < x < \infty) \quad (6-1)$$

ここで x は能力を表現する指数であるウェイト、σ^2 は対数化された分布における分散、π は円周率である。この能力ウェイト x の分布によって稼得能

---

[85] 対数正規分布の性質については、たとえば青木(1979)を参照。

力に差が生まれる。また、ここでの能力分布 x は平均 1、分散 $\exp(\sigma^2)-1$ で特徴づけられるものである。

家計の生存確率は次のように記述される。$j+20$ 歳の家計が $j+21$ 歳も生存している条件付き確率を $q_{j+1|j}$ とすると、20 歳の家計が $s+20$ 歳まで生存している確率 p_s は以下のようになる。

$$p_s = \prod_{j=0}^{s} q_{j+1|j} \quad (6-2)$$

ただし、20 歳では死亡せずにすべての人が生存しているので $p_0 = 1$、101 歳には確実に死亡するために $q_{81|80} = 0$、すなわち $p_{81} = 0$ と想定される。

能力 x をもつ家計（以下、家計 x と呼ぶ）の $s+20$ 歳時（$0 \leq s \leq 80$）の効用関数 u は次のような CES 型に特定化される。

$$u_s(x) = \left(c_s(x)^{1-1/\rho} + \alpha l_s(x)^{1-1/\rho} \right)^{(1-1/\rho)^{-1}} \quad (6-3)$$

ただし、c は消費、l は余暇、α は余暇に対するウェイト・パラメータ、ρ は消費と余暇に関する同時点間の代替の弾力性のパラメータである。家計 x がもつライフサイクル効用関数 U は次のような時間に関して分離可能な関数型に特定化される。

$$U(x) = \frac{1}{1-1/\gamma} \sum_{s=0}^{80} p_s (1+\delta)^{-s} u_s(x)^{1-1/\gamma} \quad (6-4)$$

ここで、γ は異時点間の代替の弾力性のパラメータ、δ は時間選好率のパラメータである。

家計 x の $s+20$ 歳時の予算制約は以下のように記述される。

$$A_{s+1}(x) = \left[1+(1-\tau_r)r_t\right]A_s(x) + (1-\tau_p)w_t x e_s(1-l_s(x)) - \tau(\bullet)$$

$$+ b_s(x) + a_s(x) - (1+\tau_c+\tau_{cp})c_s(x) \quad (6-5)$$

ここで、r と w は t 期における資本市場と労働市場で成立している利子率と賃金率、e は人的資本プロファイル、τ_r は利子所得税率、b は年金給付額、a は遺産、τ_p は年金保険料率、τ_c は消費税率、τ_{cp} は年金消費税率、$(1-l)$ は労働供給を示している[86]。一般性を失うことなく各年齢における1年間の労働保有量を1に基準化しているので、$0 \leq$ 余暇 $l \leq 1$ が成立する。$\tau(\bullet)$ は労働所得に対する累進所得税額であり、労働所得 $wxe(1-l)$ の関数で表現される[87]。t 期における賃金率 w はどの世代の家計にも共通であるので、wxe が家計 x の直面する粗賃金率となる。年齢と勤続年数が労働の効率性を決定することを人的資本プロファイル e の変化によってとらえるため、年齢と勤続年数に応じて粗賃金率は変化する。さらに、ウェイト x が同一世代内に分布するため、能力の違いにしたがって粗賃金率は異なる。

年金給付額 b は $R+20$ 歳より給付が開始され、その金額は標準報酬年額 H に所得代替率 β を乗じたものとする。本章では $R+20$ 歳を65歳に設定する ($R=45$)。

$$b_s(x) = \beta H(x) \quad (s \geq R) \quad (6-6)$$

$$b_s(x) = 0 \quad (s < R) \quad (6-7)$$

ここで、$RH+20$ 歳を退職年齢とすると、標準報酬年額 H は労働所得の生

---

[86] 実際に課税されることはまれであるから、第6章と第7章の分析においては年金課税を捨象する。
[87] 労働所得税関数の具体的な関数型の特定化については後述される。

第6章　高齢社会における租税・年金政策　125

涯平均で表現されるものとする。

$$H(x) = \frac{1}{RH(x)+1} \sum_{s=0}^{RH(x)+1} \left[w_t x e_s \left(1 - l_s(x)\right)\right] \quad (6-8)$$

また、本章における遺産 a とは、寿命の不確実性からのみ発生するものである[88]。ここでは単純化のために、t 期において死亡したすべての世代の家計が保有する資産を集計して得られる遺産額 BQ が、t 期において生存する 50($s=30$)歳の家計 x に受け渡されるものと想定する[89]。したがって、a_s は $s=30$ の時にのみ正値であり、その他の年齢においてはゼロになる。具体的には以下のように定式化される[90]。

$$a_{30}(x) = \frac{BQ_t(x)}{N_t p_{30}(1+n)^{-30}} \quad (6-9)$$

$$BQ_t(x) = N_t \sum_{s=0}^{80} (p_s - p_{s-1})(1+n)^{-s} A_{s+1}(x) \quad (6-10)$$

$$a_s(x) = 0 \quad (s \neq 30) \quad (6-11)$$

ここで n は人口成長率、N は t 期に新たに参入する家計数である。

さて、家計 x の予算制約を現在価値になおした生涯予算制約は以下のように整理できる。ただし M は割引因子であり、v は1から80までの値をとる。

---

[88] したがって、意図した遺産を残す動機はない。Broer and Lassila(1997)を参照。
[89] 多くの先行研究がこのような意図せざる遺産の相続を考えている。岩本(1990)、Iwamoto, Kato and Hidaka(1993)や İmrohoroğlu, İmrohoroğlu and Joines(1995,1998)を参照。また、高山・麻生・宮地・神谷(1996)や高山・有田(1996)の個票データによる調査によると50歳代での遺産相続の実態が最も多いことが伺える。
[90] この定式化は、遺産の授受が所得分布に影響を与えないという含意をもつ。橘木・下野(1994)によれば、おおむねこの仮定は現実的に妥当であるが、低所得階級に関しては成立しない可能性があると指摘されている。

$$\sum_{s=0}^{80}\left[(1-\tau_p)w_t xe_s(1-l_s(x))-\tau(\bullet)+b_s(x)+a_s(x)-(1+\tau_c+\tau_{qp})c_s(x)\right]M_s(x) \geq 0 \quad (6-12)$$

$$M_s(x) = \prod_{v=1}^{s}\left[1+(1-\tau_r)r_t\right]^{-1}, \quad M_0(x) = 1 \quad (6-13)$$

ここで家計 x は年金支給開始年齢 R に到達すれば必ず退職して労働供給を行わないと考え、家計の労働供給行動に以下の制約を課す。

$$l_s(x) \leq 1 \quad (s < R) \quad (6-14)$$
$$l_s(x) = 1 \quad (s \geq R) \quad (6-15)$$

また、$RH+20$ 歳の時に家計 x が退職してゼロもしくはマイナスの労働供給を選択するならば、$RH+20$ 歳以降の彼の人生で労働供給は死亡するまで必ずゼロであると仮定するため、$20 \leq RH+20 < R+20 = 65$ が成立する。つまり $0 \leq RH \leq 44$ である。

また、家計 x が $20(s=0)$ 歳で経済主体として登場する際の貯蓄はゼロであると想定される。

$$A_0(x) = 0 \quad (6-16)$$

以上までの家計 x のライフサイクルにおける効用最大化問題を解くことで、消費 c と余暇 l の最適経路を以下のように導出することができる[91]。

$$c_{s+1}(x) = \left[\frac{p_{s+1}}{p_s}\frac{\{1+(1-\tau_r)r_t\}}{(1+\delta)}\right]^{\gamma}\left[\frac{v_{s+1}(x)}{v_s(x)}\right]c_s(x) \quad (6-17)$$

$$l_{s+1}(x) = \left[\frac{p_{s+1}}{p_s}\frac{\{1+(1-\tau_r)r_t\}}{(1+\delta)}\right]^{\gamma}\left[\frac{v_{s+1}(x)}{v_s(x)}\right]\left[\frac{J_{s+1}(x)}{J_s(x)}\right]l_s(x) \quad (6-18)$$

---

[91] 効用最大化問題の解法については第7章補論を参照。流動性制約の導入などでモデルは若干異なるものの、基本的な解法はほとんど同じである。

ここで労働所得税関数について述べておく。特定化の方法としては Auerbach and Kotlikoff(1987)にある関数型を採用する[92]。

$$\tau(\bullet) = \tau_1 \left[w_t x e_s \left(1 - l_s(x)\right) \right] + \frac{1}{2} \tau_2 \left[w_t x e_s \left(1 - l_s(x)\right) \right]^2 \quad (6-19)$$

ここでのτ_1とτ_2は税率パラメータであり、τ_2が正である限り、限界税率の方が平均税率より大きい累進的な労働所得税関数を表現できる。特に、$\tau_2 = 0$の時には、税率τ_1の比例税となる。

最後に、政策評価のために社会的厚生関数Wを導入する。t期における社会的厚生関数は能力の異なる家計xのライフサイクル効用水準Uを集計して得られる以下のような定式化で与えられるものとする。

$$W_t = \int_0^\infty f(x) U(x) dx \quad (6-20)$$

すなわち、すべての家計を等しくウェイト付けする加法的なベンサム型社会的厚生関数である。さらに、能力を高低にしたがって3つに区分し、低所得階級・中所得階級・高所得階級の社会的厚生関数W^L、W^M、W^Hを同じようにそれぞれ定義する。

$$W_t^L = \int_0^{\underline{x}} f(x) U(x) dx \quad (6-21)$$

$$W_t^M = \int_{\underline{x}}^{\overline{x}} f(x) U(x) dx \quad (6-22)$$

---

[92] 労働供給内生型モデルにおいて累進型労働所得税は理論モデルで解析的に解くことは困難であるが、ここでは数値微分を応用することでこの問題をクリアーしている。

$$W_t^H = \int_{\underline{x}}^{\infty} f(x)U(x)dx \quad (6-23)$$

ここで $\underline{x}$ は低所得階級の上限（中所得階級の下限）の能力指数、$\bar{x}$ は中所得階級の上限（高所得階級の下限）の能力指数である。

2．2．企業

企業は集計された CES 型の生産関数 Y をもつと想定する。

$$Y_t = \Phi\left[\varepsilon K_t^{1-1/\eta} + (1-\varepsilon)L_t^{1-1/\eta}\right]^{(1-1/\eta)^{-1}} \quad (6-24)$$

ただし Φ はスケール・パラメータ、ε はウェイト・パラメータ、K は総資本投入量、L は総労働投入量、η は生産要素間の代替の弾力性のパラメータである。ここで総労働投入量 L は効率単位で測ったものである。

限界生産力原理より、賃金率 w と利子率 r が導出される。

$$w_t = (1-\varepsilon)\Phi\left[\varepsilon K_t^{1-1/\eta} + (1-\varepsilon)L_t^{1-1/\eta}\right]^{1/\eta-1} L_t^{-1/\eta} \quad (6-25)$$

$$r_t = \varepsilon\Phi\left[\varepsilon K_t^{1-1/\eta} + (1-\varepsilon)L_t^{1-1/\eta}\right]^{1/\eta-1} K_t^{-1/\eta} \quad (6-26)$$

また、生産関数の 1 次同次性より生産物は労働所得と資本所得に完全分配される。

$$Y_t = w_t L_t + r_t K_t \quad (6-27)$$

2.3. 政府

政府は年金会計と一般会計を保有する。簡単化のため、それぞれの会計は独立していると想定する[93]。

政府の年金保険料収入 P は年金保険料と年金消費税を財源として以下のように記述される。

$$P_t = N_t \sum_{s=0}^{80} p_s (1+n)^{-s} \int_0^\infty f(x) \left[\tau_p w_t x e_s (1-l_s(x)) + \tau_{cp} c_s(x) \right] dx \quad (6-28)$$

一方、集計された年金給付額 B は次のようになる。

$$B_t = N_t \sum_{s=0}^{80} p_s (1+n)^{-s} \int_0^\infty f(x) b_s(x) dx \quad (6-29)$$

したがって、年金会計の予算制約式は

$$F_{t+1} = (1+r_t) F_t + P_t - B_t \quad (6-30)$$

ただし F は年金積立金である。

政府の税収 TR の財源は労働所得税、利子所得税、消費税である。

$$TR_t = N_t \sum_{s=0}^{80} p_s (1+n)^{-s} \int_0^\infty f(x) \left[\tau(\bullet) + \tau_r r_t A_s(x) + \tau_c c_s(x) \right] dx \quad (6-31)$$

政府支出 G は一家計当たり政府支出 g を集計したものである。

$$G_t = N_t \sum_{s=0}^{80} p_s (1+n)^{-s} \int_0^\infty f(x) g_s dx \quad (6-32)$$

---

[93] 現実には国民年金の一部分は一般会計から国庫負担がなされており、モデル化することも可能である。Okamoto and Tachibanaki(1997)もしくは第7章を参照。

以上により、一般会計は以下のように定式化できる。

$$D_{t+1} = (1+r_t)D_t + G_t - TR_t \quad (6-33)$$

ただし、D は公債残高である。

２．４．市場均衡

一般均衡を閉じるために市場均衡の条件を提示しておく。その前に、t 期における総消費 C と総貯蓄 S は以下のように計算される。

$$C_t = N_t \sum_{s=0}^{80} p_s (1+n)^{-s} \int_0^\infty f(x) c_s(x) dx \quad (6-34)$$

$$S_t = N_t \sum_{s=0}^{80} p_s (1+n)^{-s} \int_0^\infty f(x) A_s(x) dx \quad (6-35)$$

まず、資本市場は総貯蓄と年金積立金の合計が実物資本と公債残高の合計に等しくなる条件で均衡する[94]。

$$S_t + F_t = K_t + D_t \quad (6-36)$$

次に、労働市場は完全雇用を仮定している。

$$L_t = N_t \sum_{s=0}^{80} p_s (1+n)^{-s} \int_0^\infty f(x)(1-l_s(x)) x e_s dx \quad (6-37)$$

最後に、財市場は財の生産量が総消費、投資、政府支出の合計に等しいところで均衡する。

$$Y_t = C_t + (K_t - K_{t-1}) + G_t \quad (6-38)$$

---

[94] 第６章と第７章においては、簡単化のために資本の減価償却は考慮しない。

図6−1　条件付き生存確率 p

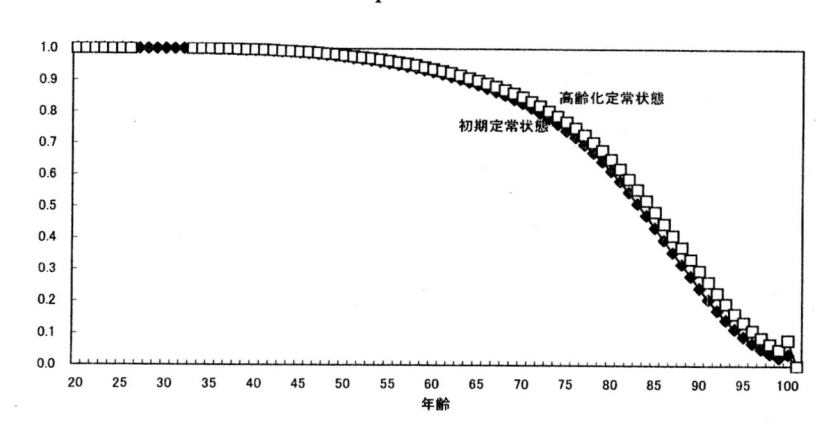

3．パラメータの設定とシミュレーションの方法

　本節では、前節で提示されたモデルに対して与えられるパラメータとシミュレーションの方法について述べる。シミュレーションにおいては、1998年のわが国の経済が定常状態にあると想定し、これを初期定常状態と呼ぶ。一方、高齢化がひとつのピークを迎える 2025 年における定常状態を高齢化定常状態と呼ぶ[95]。ここでは、1998 年の経済状態を初期定常状態としてとらえ、モデルにおいて現実経済を近い形で再現できるようなパラメータを設定することに目的がある。

3．1．パラメータの設定

　まず、生存確率 p であるが、国立社会保障・人口問題研究所(1997)『日本の将来推計人口』にある将来推計人口の低位推計データを利用して、1998

---

[95] 将来推定人口の高齢化が進展する様子は第 7 章の図 7−2 を参照。

年と 2025 年の男女の平均的な生存確率 q を算出する。そして、20 歳から 100 歳までの条件付き生存確率 p を計算し、それぞれを初期定常状態と高齢化定常状態における生存確率とした。この結果は図 6 － 1 に示している[96]。寿命の伸長などの理由によって、生存確率は将来的に若干ではあるが上昇することがわかる。また、初期定常状態における人口成長率 n は 1％、高齢化定常状態では 0％ とする[97]。

次に、効用関数と生産関数のパラメータについては、先行研究を参考にしながら、初期定常状態における資本所得比率がわが国の現実値に近くなるように、さらに賃金率 w が 1、利子率 r が 0.04 になるように設定した[98]。効用関数については、異時点間の代替の弾力性 $\gamma = 0.5$、同時点間の消費と余暇の代替の弾力性 $\rho = 0.6$、余暇に対するウェイト・パラメータ $\alpha = 0.1$、時間選好率 $\delta = -0.055$ とした[99]。生産関数については、ウェイト・パラメータ $\varepsilon = 0.2535$、スケール・パラメータ $\Phi = 0.8441$、生産要素間の代替の弾力性 $\eta = 0.8$ とした。

次に、能力分布のパラメータ等について述べる。能力分布の分散は Atoda, Suruga and Tachibanaki(1988)の対数正規分布を用いたわが国における家計の再分配前所得分布の推計結果である $\sigma^2 = 0.659$ を使用した。ただし、

---

[96] 生存確率が 100 歳でジャンプするのは将来推計人口データにおいて 101 歳以上の人口を便宜上 100 歳としてカウントしているからである。
[97] 総務庁『国勢調査報告』における 1970 年代中盤の人口増加率の実績値は 1％ 程度である。2025 年の人口成長率は、『日本の将来推計人口』における 2000 年代中盤の人口増加率の推計値を参考にして 0％ に設定する。統計資料から得られる人口増加率とは、総人口に対する人口増加率である。一方、モデルにおいて、人口成長率 n とは現世代人口に対する次世代人口の増加率である。人口成長が定常状態にあると想定するならばこれらは等しくなる。
[98] 資本所得比率は 4.5322 として得られた。経済企画庁(1998)『国民経済計算年報』における 1996 暦年の国内総生産と家計の正味資産から得られる資本所得比率は 4.4289 である。
[99] 異時点間の代替の弾力性と時間選好率については上村(1997a)の推計結果を参考にした。また、時間選好率をマイナスに設定する理由については第 7 章を参照。

図6－2　能力分布の想定（対数正規分布）

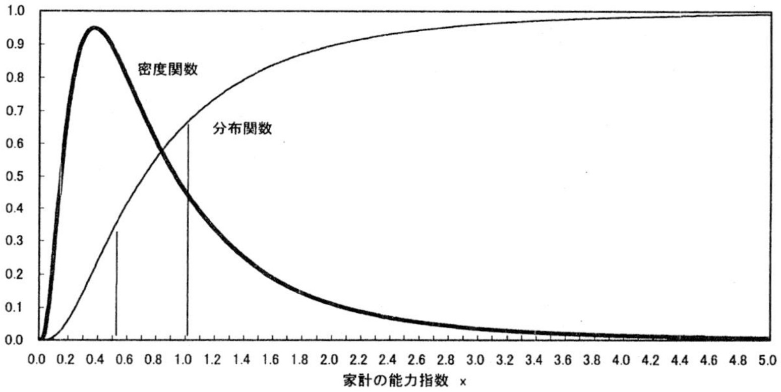

ここでは再分配前所得分布が近似的に家計の能力分布を反映していると想定している。また、能力分布 x は連続型でモデル化されているが、数値計算上は離散型で計算せざるを得ない。添字 i で能力 x を区別するとすれば、それぞれの能力分布を $x_{i+1}-x_i=0.01$ の区間で与え、$x_1=0.01$ から $x_{500}=5.00$ $(1\leq i\leq 500)$ まで計算する[100]。このとき、対数正規分布(6−1)式における累積密度 $\int_{0.01}^{5.00} f(x)dx$ は 0.99 を越えるものとなる。能力分布の形状は図6－2に示している。

ここで低所得階級・中所得階級・高所得階級を区別するために、低所得階級の上限の能力指数 $\underline{x}$、中所得階級の上限の能力指数 $\overline{x}$ を決定する。具体的

[100] したがって、能力別に 500 タイプの家計が存在することになる。

には、それぞれの累積密度である $\int_{0.01}^{\underline{x}} f(x)dx$、$\int_{\underline{x}+0.01}^{\overline{x}} f(x)dx$、$\int_{\overline{x}+0.01}^{5.00} f(x)dx$ が等しく 1/3 になるように所得階級の区分を定義した[101]。すなわち、$\underline{x} = 0.50$、$\overline{x} = 1.00$ とする。

人的資本プロファイル e には労働省(1998)『賃金構造基本統計調査（賃金センサス）』の企業規模計・全労働者のデータを用いた以下の時間あたり賃金率 Q の推計結果を用いる。ただし年齢 AGE、勤続年数 LS である。

$Q = -0.26274 + 0.08040 \times AGE - 0.00096 \times AGE^2 + 0.04639 \times LS$ (6-39)
　（-1.73533）（8.61810）　　（-10.62600）　　　（7.64543）　R²＝0.99201

ここで（　）内は t 値、R² は自由度修正済決定係数である。

続いて、初期定常状態における政府部門の税率・保険料等パラメータについて述べる。所得税は分離課税方式を考慮して労働所得税と利子所得税を区別し、利子所得税率 τ_r は 20％とした。労働所得税の税率パラメータについては、利子所得税を合算した所得税負担額が、1998 年の水準である国民所得の 8％程度になるように $\tau_1 = 5\%$、$\tau_2 = 0.89\%$ とする[102]。消費税率 τ_c は消費税率とその他の間接税率を考慮して 7％とした。また、年金保険料率 τ_p は、厚生省年金局(1998)による 1998 年の年金保険料である 17.35％を与える。年金消費税率 τ_{cp} は 1998 年時点では採用されていないので、初期定常状態では 0％である。以上の初期定常状態における年金会計を均衡させるような所得代替率 β は 60.70％として得られた。

---

[101] このとき、各所得階級の政治的な力関係は同等である。

[102] τ_2 については Okamoto(1997)の推計値を用いた。

これらの税率・保険料率等パラメータをモデルに与えたときに、一般会計がバランスするような政府支出を計算すれば一家計当たり政府支出 $g = 0.2334$ となった。このとき、一般会計と年金会計への負担を合算した国民負担率は 27.15％として計算された[103]。ただし、簡単化のために政府部門の公債残高と年金積立金はゼロ（$D = F = 0$）としている[104]。このとき、一般会計は財政赤字のない均衡財政、年金会計は完全な賦課方式で運営されており、経済の資本は家計の貯蓄のみで構成されている。

最後に、所得分配面における政策評価のために、再分配後（租税・保険料控除後）所得の割引現在価値に対するジニ係数 $GINI$ を計算した。ここで再分配後所得の現在価値 X は以下のように定式化される[105]。

$$X_t(x) = \sum_{s=0}^{80} \left[(1-\tau_p)w_t x e_s(1-l_t(x)) - \tau(\bullet) + b_s(x) + a_s(x)\right] M_s \quad (6-40)$$

つまり、家計 x のネットの生涯所得であり、生涯消費に等しい。初期定常状態におけるジニ係数は 0.3781 として得られた。

3．2．シミュレーションの方法

2節で提示されたモデルは連立方程式体系であり、ここで得られたパラメータを組み込むなら、ガウス・ザイデル法を用いて解くことが可能となる。具体的な計算方法は以下の通りである。

---

[103] モデル上の国民負担率は家計の総所得に対する租税・社会保険料負担の比率である。1998年におけるわが国の国民負担率は 37.82％であった。モデル上の国民負担率が現実より小さい値であるのは、法人課税などの他の租税や厚生年金以外の社会保障制度を考慮していないためである。
[104] この仮定を緩めて財政赤字や積立方式の分析を行うことも可能である。
[105] ジニ係数は1のときに完全不平等、0のときに完全平等を意味する最もポピュラ

（ステップ1）　賃金率 w と利子率 r を初期値として与える。

（ステップ2）　税率・保険料率等パラメータ、年金支給開始年齢 R を所与として、家計 x は 20 歳から 100 歳までの消費 c、貯蓄 A、退職期も含めた労働供給 $(1-l)$ を決定する。このとき、労働供給行動の変化に伴って μ^* も変化し、退職年齢（$RH+20$ 歳）が確定する。

（ステップ3）　一般会計収支と年金会計収支の現在割引価値が均衡するように、税率・保険料率等パラメータを変更してステップ2に戻る。均衡するならばステップ4に進む。

（ステップ4）　家計貯蓄と労働供給をそれぞれ集計することで総資本量 K と総労働量 L を計算し、これらをもとに新しい賃金率 w と利子率 r を得て、ステップ1に戻る。

　以上の計算を繰り返し、w と r の値が変化しなくなったときが定常状態である[106]。

　初期定常状態における資産・年齢プロファイルは図6-3のようになる。ここでは能力指数 x が 0.50 と 1.00 の家計を表示している。稼得能力の相違に応じて、資産プロファイルが異なった形状を描き、能力が高ければ資産プロファイルも高くなることがわかる。また、50 歳時で資産プロファイルがジャンプするのは、モデルにおいて遺産の享受を 50 歳時に限定しているためである。遺産相続が行われる年齢を 50 歳に限定してしまうことはややアドホックな想定であることは否めない。実際の遺産の授受は 50 歳に限られることなく各年齢に分布すると考えられる。したがって、現実の資産プロファ

ーな不平等尺度である。詳しくは第2章補論を参照。
[106] この計算プロセスは定常状態の計算結果を得ることを目的としており、移行過程を計算していないことに注意すべきである。したがって、ガウス・ザイデル法の計算過程に経済学的意味はない。移行過程の分析については第7章を参照。

図6－3　初期定常状態における年齢・資産プロファイル

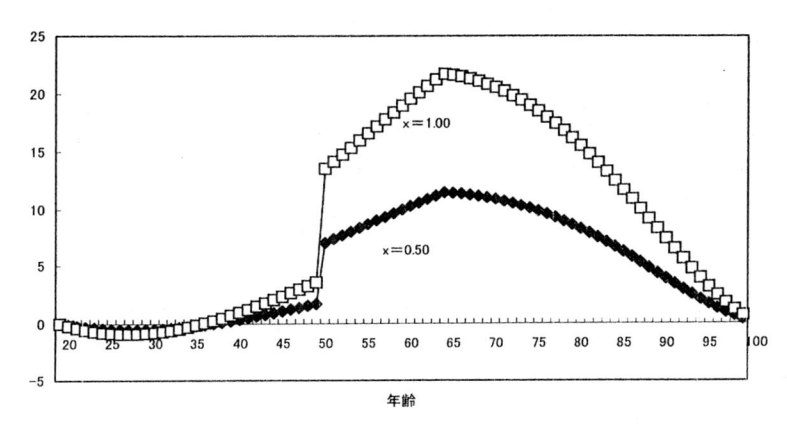

[グラフ：x＝1.00, x＝0.50 の年齢・資産プロファイル]

年齢

イルはジャンプせずになだらかな曲線を描くであろう[107]。

4．シミュレーションの実行

本節では初期定常状態に対する高齢化定常状態において想定される年金政策と租税政策のケース分けを行い、実際にシミュレーションを試みる。その後、それらの分析結果を提示した上で、各ケースの政策評価を行う。

4．1．分析のケース分け

高齢化定常状態はすべて初期定常状態の所得代替率 β を固定する場合を想定する。これは、シミュレーション結果の比較可能性を保つためである。次に、年金会計と一般会計の均衡を保つために操作する財源によってケース

---

[107] 第6章と第7章では退職一時金を考慮していない。退職一時金の存在は、退職期における資産プロファイルの上昇要因になる。

表6－1　高齢化定常状態における財源調達方法の想定

ケース	年金会計の内生変数	一般会計の内生変数
Ⅰ－1	年金保険料率 τ_p	労働所得税率（累進税）τ_1
Ⅰ－2		労働所得税率（累進税）τ_2
Ⅰ－3		労働所得税率（比例税 $\tau_2=0\%$）τ_1
Ⅰ－4		消費税率 τ_c
Ⅱ－1	年金消費税率 τ_{cp}	労働所得税率（累進税）τ_1
Ⅱ－2		労働所得税率（累進税）τ_2
Ⅱ－3		労働所得税率（比例税 $\tau_2=0\%$）τ_1
Ⅱ－4		消費税率 τ_c

（備考1）年金会計の内生変数は高齢化定常状態において年金会計を均衡させるために政府が操作する変数を意味する。
（備考2）一般会計の内生変数は高齢化定常状態において一般会計を均衡させるために政府が操作する変数を意味する。

分けを行う。年金会計については年金保険料率 τ_p のみを操作するケースⅠ、初期定常状態の年金保険料率の水準を維持しつつ年金消費税 τ_{cp} を導入するケースⅡを想定した。一般会計はやや複雑である。消費税率 τ_c を増税するケースに加え、労働所得税に関しては累進税を維持しながら比例部分 τ_1 を増税するケース、累進部分 τ_2 を増税するケース、完全な比例税（$\tau_1=0\%$）のケースを考える。具体的なケース分けは表6－1に示されている。

4．2．分析結果

　表6－2と表6－3は初期定常状態と各ケースにおける高齢化定常状態を比較したものである。
　寿命の伸長と人口成長率の低下による現役世代の労働供給の相対的な減少は資本労働比率の上昇をもたらすことで賃金率は上昇する。国民負担率は高齢化の影響を受けて高くなり、社会的厚生の悪化は避けられない。以下では高齢化定常状態において国民負担率をできるだけ低め、初期定常状態と比較した場合に社会的厚生の悪化を可能な限り防ぐような財源調達方法を探すこ

第6章　高齢社会における租税・年金政策　139

とにする。

　第1に、年金会計の財源別にみてゆく。高齢化定常状態において、年金保険料率は25%程度（ケースⅠ）となる。一方、年金消費税率は8%弱（ケースⅡ）である。年金保険料よりも年金消費税を選択する方が、初期定常状態からの厚生水準の悪化を大きく避けることができる。したがって、社会的厚生の観点からは、年金消費税の導入は年金保険料による徴収よりも望ましいと言える。また、年金財源に年金保険料と年金消費税のどちらを選択した場合でも消費税を併用するときに最も国民負担率が低くなる。将来における国民負担の観点からは、租税政策として消費税を選択することは好ましいと言える。

　第2に、一般会計の財源別にみてゆこう。

　年金保険料を採用する場合（ケースⅠ）で最も社会的厚生の低下を抑えることができるのは労働所得税の累進部分を増税する場合（Ⅰ-2）である。このとき、低所得階級と中所得階級の厚生は高い水準を維持できる。しかも、不平等尺度であるジニ係数も改善される。このケースの次に望ましいのは消費税を増税する場合（Ⅰ-4）である。一方、高所得階級にとっては、消費税の増税（Ⅰ-4）が最も望ましいが、当然ながら不平等度の悪化は避けられない。また、労働所得税のフラット化（Ⅰ-3）が低所得階級と中所得階級に大きな厚生の悪化を強いるのは、この政策が大きな逆進性をもっているからである。このとき、高所得階級は労働所得税の累進性の緩和によって大きな恩恵を受けるため、消費税による増税政策の次に労働所得税のフラット化を望んでいる。

　年金消費税を採用する場合（ケースⅡ）で社会的厚生の悪化を最も防ぐことができるのは労働所得税の累進部分を増税する場合（Ⅱ-2）であり、低所得階級と中所得階級の厚生の低下は最も抑えられる。このときの次善の政

表6-2 ケースIのシミュレーション結果（年金保険料率 τ_p を内生変数とするケース）

ケース	初期定常状態	I-1	I-2	I-3	I-4
人口成長率 n	1%	0%	0%	0%	0%
生命表	1998年	2025年	2025年	2025年	2025年
賃金率 w	1.000	1.016	1.019	1.013	1.023
利子率 r	0.040	0.037	0.037	0.038	0.036
資本労働比率 K/L	5.536	5.952	6.023	5.864	6.127
労働所得税率	累進税	累進税	累進税	比例税	累進税
τ_1	5.000%	6.023%*	5.000%	7.299%*	5.000%
τ_2	0.890%	0.890%	1.605%*	0.000%	0.890%
消費税率 τ_c	7.000%	7.000%	7.000%	7.000%	7.897%*
利子所得税率 τ_r	20.000%	20.000%	20.000%	20.000%	20.000%
年金保険料率 τ_p	17.350%	25.444%*	25.443%*	25.444%*	25.443%*
年金消費税率 τ_{cp}	0.000%	0.000%	0.000%	0.000%	0.000%
所得代替率 β	60.698%	60.698%	60.698%	60.698%	60.698%
国民負担率	27.151%	32.098%	32.075%	32.128%	31.964%○○
社会的厚生 W	−1837766.864	−2513259.608	−2385806.923+	−2685683.301	−2440444.814
	−	(−36.756%)	(−29.821%)	(−46.138%)	(−32.794%)
低所得階級 W^L	−1822035.473	−2492411.968	−2365544.772+	−2664065.389	−2420135.482

140

中所得階級 W^M	−15459.272	−20493.001 (−36.793%)	−19906.623[+] (−29.830%)	−21264.142 (−46.214%)	−19962.971 (−32.826%)
高所得階級 W^H	−272.119	−354.639 (−32.561%)	−355.528 (−28.768%)	−353.770 (−37.549%)	−346.361[+] (−29.133%)
ジニ係数 GINI	0.3785	0.3785 (−30.325%) (0.010%)	0.3749[××] (−30.651%) (−0.936%)	0.3830 (−30.005%) (1.185%)	0.3785 (−27.283%) (0.016%)

(備考1) ＊印は税率，保険料率パラメータにおける内生変数を意味する．
(備考2) ⁂印はケースⅠとⅡにおいて最小の国民負担率を示す．
(備考3) ⁺印はケースⅠとⅡにおいて最大の厚生水準を示す．
(備考4) ××印はケースⅠとⅡにおいて最小のジニ係数を示す．
(備考5) （ ）内は初期定常状態と比較した場合の変化率（％）を示す．

表6-3 ケースⅡのシミュレーション結果（年金消費税率 τ_{cp} を内生変数とするケース）

ケース	初期定常状態	Ⅱ-1	Ⅱ-2	Ⅱ-3	Ⅱ-4
人口成長率 n	1%	0%	0%	0%	0%
生命表	1998年	2025年	2025年	2025年	2025年
賃金率 w	1.000	1.071	1.072	1.068	1.072
利子率 r	0.040	0.029	0.029	0.029	0.029
資本労働比率 K/L	5.536	7.568	7.586	7.468	7.614
労働所得税率	累進税	累進税	累進税	比例税	累進税
τ_1	5.000%	5.235%	5.000%	6.579%	5.000%
τ_2	0.890%	0.890%	1.046%	0.000%	0.890%
消費税率 τ_c	7.000%	7.000%	7.000%	7.000%	7.211%
利子所得税率 τ_r	20.000%	20.000%	20.000%	20.000%	20.000%
年金保険料率 τ_p	17.350%	17.350%	17.350%	17.350%	17.350%
年金消費税率 τ_{cp}	0.000%	7.888%	7.888%	7.885%	7.889%
所得代替率 β	60.698%	60.698%	60.698%	60.698%	60.698%
国民負担率	27.151%	30.997%	30.992%	31.025%	30.969%○
社会的厚生 W	−1837766.864	−2004407.832	−1983869.636++	−2127112.784	−1993977.136
		(−9.068%)	(−7.950%)	(−15.744%)	(−8.500%)
低所得階級 W^L	−1822035.473	−1987370.730	−1966926.226++	−2109522.944	−1977019.259

第6章 高齢社会における租税・年金政策　143

中所得階級 W^M	-15459.272	-16741.660 (-8.295%)	-16647.761^{++} (-7.688%)	-17295.468 (-11.878%)	-16663.681 (-7.791%)
		(-9.074%)	(-7.952%)	(-15.778%)	(-8.506%)
高所得階級 W^H	-272.119	-295.442 (-8.571%)	-295.649 (-8.647%)	-294.372 (-8.177%)	-294.195^{++} (-8.113%)
ジニ係数 $GINI$	0.3785	0.3787 (0.061%)	$0.3780^{\times}$ (-0.129%)	0.3828 (1.145%)	0.3787 (0.062%)

(備考1) ＊印は税率・保険料率パラメータにおける内生変数を意味する。
(備考2) ○印はケースIIにおいて最小の国民負担率を示す。
(備考3) ++印はケースIとIIにおいて最大の厚生水準を示す。
(備考4) ×印はケースIIにおいて最小のジニ係数を示す。
(備考5) （ ）内は初期定常状態と比較した場合の変化率（％）を示す。

策は消費税を増税する場合（Ⅱ－4）であり、高所得階級にとっては最も良い結果を生む。低所得階級と中所得階級は労働所得税の累進部分を増税する政策の次に消費税の増税を支持する。消費税の採用は先と同様に不平等度の悪化をもたらすが、国民負担率はすべてのケースの中で最も低く抑えられる。

したがって、年金保険料を維持する場合においても年金消費税を導入する場合においても、労働所得税の累進部分を増税するか、消費税を増税するかで所得階層間に利害対立が生じる結果となる。すべてのケースを総合的に判断すれば、年金消費税の導入は望ましいが、租税政策においては所得階級間の利害対立を避けることができない。社会的厚生と不平等度の改善の観点からは労働所得税の累進性の強化が望ましいが、この場合は高所得階級に大きな犠牲を強いることになる。一方、国民負担の観点からは高所得者にとっては最善の政策となる消費税の増税が望ましい。消費税の増税は低所得階級と中所得階級に対しても労働所得税のフラット化よりも厚生損失が小さく、彼らにとって最善の租税政策である労働所得税の累進性強化の次に好ましい結果をもたらすことに注目したい。労働所得税の累進度の強化は過去から現在を通して租税政策としては現実性に欠いていることを考えれば、総合的な政策手段としては年金消費税と消費税を併用することが妥当であろうと思われる。

5．むすび

高齢社会においては、現役世代人口の相対的な減少が年金会計と一般会計の財源不足を引き起こす。さらに財源対策として打ち出される税率・保険料等の操作は、家計行動に影響をもたらす。本章では、このような因果関係を記述したライフサイクル一般均衡モデルを用いて年金改革のシミュレーショ

ン分析を行った。

　本章で得られたインプリケーションを簡単にまとめる。様々な租税・年金政策を想定した上で、人口成長率が1%で1998年の経済を表現する初期定常状態と、人口成長率が0%で人口高齢化が進んだ経済を表現する高齢化定常状態を比較した。高齢化定常状態において国民負担率は上昇し、社会的厚生の悪化は必至である。したがって、想定された租税・年金政策の財源調達方法の中で最も望ましい政策を選択することが課題となる。

　年金保険料と年金消費税を比較した場合、社会的厚生の悪化を回避するためには年金消費税を導入することが支持される。この場合、租税政策としては労働所得税の累進性の強化が社会的厚生と不平等度の改善の観点からは望ましい。しかし、高所得階級の厚生は大きく悪化してしまう。一方、消費税の併用は最も低い国民負担率を達成する。このとき、高所得階級は最も高い厚生水準を享受することができ、低所得階級と中所得階級にとっても労働所得税の累進性の強化による租税政策の次に厚生の悪化を回避することができる。したがって、国民負担率を極力おさえるべきだとする視点も合わせて考慮すれば、最良とは言えないものの、現実的な租税・年金政策への提言としては、年金消費税と消費税の組み合わせが本章でのモデルにおいて支持される政策手段であると考えられる。

　最後に、他に残された分析上の課題を簡単に述べてむすびに変える。

　第1に、本章では世代重複モデルを用いているにもかかわらず、定常状態に分析を限定したために、世代間の公平性の問題を捨象している。どのような政策手段を実施するかによって、移行過程では世代間の不公平が生じる可能性がある。移行過程における世代間の厚生水準を比較することにより、財政政策がもたらす世代間不公平の問題に言及することができる。第7章では移行過程をとらえることができる計算手法を確立し、経済厚生のレベルで年

金政策による世代間不公平の計測を試みている。

　第2に、人口成長率の想定である。本章では人口成長率を初期定常状態で1%、高齢化定常状態では0%と設定した。しかし、人口高齢化の現象とは、人口成長率の変化が突然訪れるのではなく、成長率が鈍化してゆく過程に特徴がある。したがって、人口成長についても移行過程を考慮する必要がある。第7章では年齢別の人口構成の変動を考慮してモデルを再構築している。

　第3に、モデルにおいて遺産の授受は所得分配に影響しないと仮定したが、この想定は現実的ではない。遺産が所得分布を変化させるような状況をうまく作り出すことで、異なった結果を得る可能性がある。

　第4に、感度分析の必要性である。本章で得られた結果はパラメータの設定に大きく依存すると考えられる。効用関数、生産関数のパラメータについては、感度分析はもちろん、現実の経済データからの推定を行い、十分に妥当なものかを検討する必要がある。

　依然として残された問題については今後の課題としたい。

第7章 人口高齢化の移行過程と年金政策
— 公的年金と租税の世代間負担について —

1．はじめに

1．1．人口構成の高齢化と公的年金改革

　歴史的に修正積立方式として運営されてきたわが国の公的年金制度は、将来にわたる急激な人口構成の高齢化により実質的には賦課方式へと変貌する様相を見せている。賦課方式における公的年金の収益率は人口成長率に連動するため、高齢化は収益率の低下を直ちに意味している。今後において、実質的な賦課方式を維持するためには、年金保険料もしくは支給開始年齢の引き上げや年金給付率の引き下げが現実的な選択肢となる。そのため、**1996年と1999年**の二度にわたって、公的年金改革が打ち出され、**2001年**から段階的に支給開始年齢を引き上げること、国庫負担率を **2004年**までに **1/2** へ引き上げることが決定された。

　さらに、これらの公的年金改革から一歩進んで、賦課方式から脱却するために公的年金の縮小もしくは民営化についても、その是非について多くの議論を呼んでいる。この場合、給付水準の縮小や民営化には、二重の負担の問題がしばしば指摘される。二重の負担とは私的年金の積立と公的年金の保険料の支払いを同時に負担する現役世代が生まれることを意味するが、実際は賦課方式のもとで二重の負担は隠れた形で存在している。賦課方式では、直ちに退職世代への年金給付となる現役世代が支払う保険料は、現役世代にとって全く見返りのない負担である。このとき、退職世代になれば現役世代からの所得移転である年金給付を受けるから、現役時の保険料負担がその部分

だけ軽減されているにすぎない。すなわち、高齢化の進展による収益率の低下や給付水準の縮小によってはじめて、賦課方式における二重の負担が顕在化するのである。

特に、急激な給付水準の縮小や民営化が実施されるならば、現役世代は非常に大きな二重の負担を背負うことになる。そのため、現実的には段階的な縮小民営化が想定されることになる。この場合でも二重の負担を完全に避けることはできないが、急速に縮小が実施されるよりは各世代に負担を分散することで、特定の世代の高負担を軽減することが可能となる。

一方、公的年金の縮小や民営化とともに、公的年金の財源調達方法の選択肢についても多くの議論がなされている。年金保険料の引き上げや国庫負担率の引き上げをいつどのように実施するのかという問題である。国庫負担率の引き上げに伴う財源には消費税が有力視されているが、その場合は労働所得から徴収される年金保険料とは異なり、世代間における家計の総合的な負担や経済行動に与える影響は大きく変わることになる。

本章は以上の問題意識から、人口構成の高齢化に伴う公的年金の縮小化と国庫負担率の引き上げについて、将来人口データを組み込んだシミュレーション・モデルを利用することで評価を行う。特に、マクロ経済への影響と高齢化の移行過程をとらえることで得られる世代間の経済厚生の比較について分析する。経済厚生のレベルで評価することで、公的年金の縮小化と財源調達方法の違いとこれらを実施するタイミングが、どの時期にどの世代の経済厚生に影響を与えるかについて考察できる。

1．2．分析手法について

本章で利用されるモデルは第6章と同様にAuerbach and Kotlikoff(1987)、本間・跡田・岩本・大竹(1987a,b)や本間・跡田・大竹(1988)に代表されるラ

イフサイクル一般均衡分析である。ただし、本章では人口高齢化における移行過程を分析対象とするため、世代内の能力分布については捨象し、世代間の負担に焦点をあてることになる。移行過程においては現実の人口動態を考慮し、家計の合理的期待を仮定してシミュレーションを行う。

また、この分野のモデルは近年において複雑化かつ進化している。本章においても既存研究のモデルに対して若干の拡張を試みているが、基本的な姿勢は本章の分析目的を考慮しつつ、将来人口データの人口動態に合わせたモデルを構築することにある。以下に本章のモデルの特徴をいくつか述べる。

第1に、公的年金の財源調達方法を分析する際には、年金保険料は労働所得に対して徴収されるため、労働供給行動を内生化したモデルの利用が望まれる。たとえば、2国モデルを利用する岩田(1997)は公的年金の民営化について分析している点で本章と同様の視点をもつといえる。しかし、単純な2世代重複モデルであることによって移行過程を詳しくとらえることができず、労働供給が外生的であることにより、労働供給への影響を考察することができない。このように、わが国における既存研究の多くは労働供給を外生扱いしている。

第2に、人口構成の高齢化の移行過程における変化をとらえるため、年齢別の人口データをモデルに組み込むことと、年々死亡する家計については生存確率の導入によってモデルを人口データに合わせている。また、死亡した家計の資産を遺産として他の家計に分配することで、一般均衡モデルの整合性を保つことにする。このような将来人口データの利用により、どの時期にどの世代の経済厚生がどのように変化するのかについて、視覚的に経済政策を評価することが可能となる。生存確率の導入については岩本(1990)があるが、定常状態のみの分析にとどまっている。移行過程の分析についてはIwamoto, Kato and Hidaka (1993)または岩本・加藤・日高(1991)、麻生(1996)

ならびに Kato(1998)があるが、これらは労働供給が外生扱いである。

　第3に、モデルにおいて厚生年金における老齢基礎年金と老齢厚生年金を明確に区別する。一般的には、老齢厚生年金を完全に民営化したとしても老齢基礎年金については公的年金の役割を残すことが社会的に同意されていると考えられる。これは、公的年金の社会保険としての重要な役割を考慮すれば、最低限度の所得保障である老齢基礎年金は維持すべきであるという視点である。また、国庫負担率の引き上げにともなう財源については消費税を想定する。本章では以上のような年金改革がもたらす移行期の経済厚生分析に主な焦点を当てる。

　第4に、本章におけるモデル上の貢献は、労働供給内生化モデルに対して流動性制約を導入したことと、現実の将来人口データを利用し、合理的期待を仮定して定常状態から定常状態に至る移行過程を計測していることである。流動性制約を導入した研究として Kato(1998)、合理的期待による移行過程を分析した研究として Auerbach and Kotlikoff(1987)、麻生(1996)、Jensen, Nielsen, Pedersen and Sørensen(1996)がある。本章ではこれらの特徴をあわせもつ一般的なモデルを構築する。

　また、小塩(1999)は単純な6世代重複モデルを用いて公的年金の完全民営化を静学的期待の仮定のもとで考察している。期待形成について、合理的期待と静学的期待のどちらが望ましいかについて断定的な結論を与えることはできない。しかしながら、八田・小口(1999)は積立方式への移行のシミュレーションについて、家計の期待の想定が静学的期待であるか合理的期待であるかで分析結果に大きな違いを生むと指摘している。現実の家計行動がどちらにしたがっているかについては断定できないが、シミュレーションの計算上、特に移行過程においては期待の想定の違いが計算結果に与える影響が少なからず存在すると考えられる。本章では、モデルを提示する段階で合理的

期待を用いて最適化問題を解いているため、シミュレーションにおいても合理的期待を想定することが論理の首尾一貫性のために望ましいと判断した。

本章では、以上のような枠組みのもとで、公的年金の縮小と国庫負担率の引き上げについての分析を行う。本章の構成は以下の通りである。2節ではシミュレーション・モデルを提示する。3節ではシミュレーションにおける想定と方法、モデルに対して与えられるデータとパラメータについて記述され、4節ではシミュレーションが実行される。最後の5節では本章で得られた結果をまとめる。

2．モデル

本節ではシミュレーション・モデルを提示する。第6章とモデルの解説が重複する部分があるが、移行過程を考慮して時間、世代、年齢を厳密に区分する必要があるため、本章では反復を恐れずにすべてのモデルの解説を行うことにする。

2．1．家計

まず、時間は離散的に表現され、1年間を単位とする。t期に20歳で意思決定主体として経済に参入する家計Iが、20歳（$s=0$）から最長100歳（$s=80$）まで生存するとき、これらの変数には次式の関係がある。

$$t = I + s \quad (0 \leq s \leq 80) \quad (7-1)$$

ここで、この式の直観的な理解を助けるために、重複世代モデルのイメージを図式化してみた。時間t、世代I、年齢sは図7-1のような関係にあり、時間tを経るごとに新しい世代Iが登場し、年齢sを重ねてゆくことがわかる。このとき常に(7-1)式が成立している。

152

図7-1 時間 t　世代 I　年齢 s $(0 \leq s \leq 80)$ の関係
$$t = I + s \quad (0 \leq s \leq 80) \quad (7-1)$$

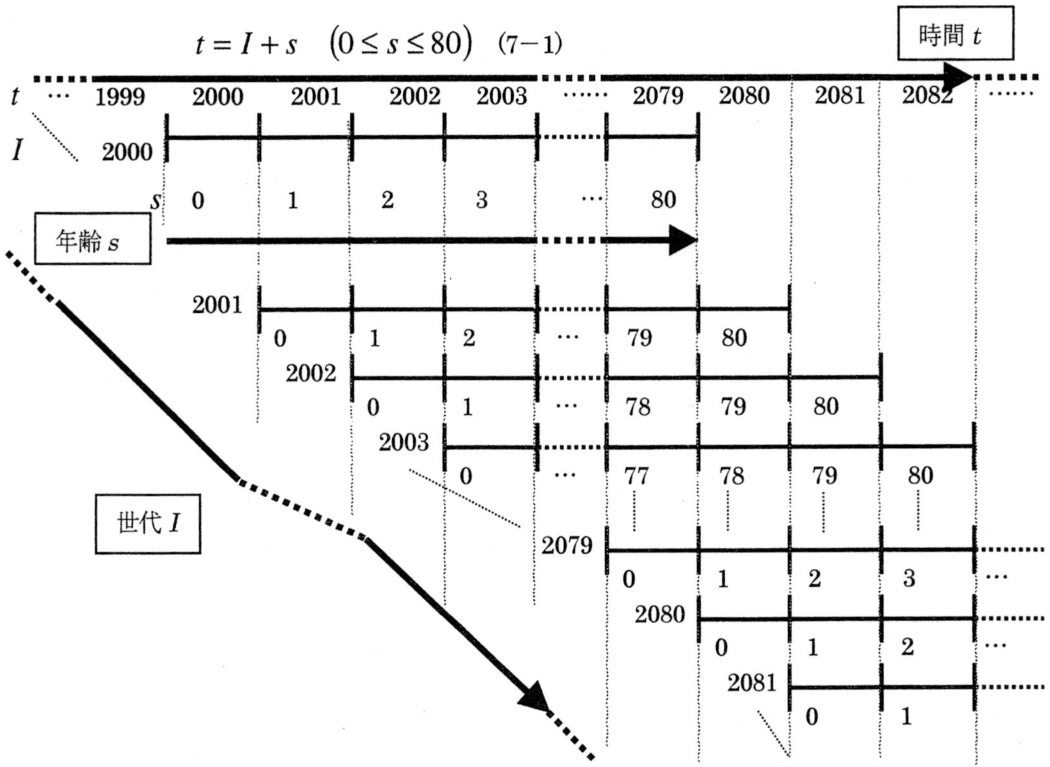

次に、$j+20$ 歳の家計が $j+21$ 歳も生存している条件付き確率を $q_{j+1|j}$ とすると、20 歳の家計が $s+20$ 歳まで生存している確率 p_s は以下のようになる。

$$p_s(t) = \prod_{j=0}^{s} q_{j+1|j}(t) \quad (7-2)$$

ただし、20 歳ではすべての家計が生存しているので $p_0 = 1$、101 歳には確実に死亡するために $q_{81|80} = 0$、すなわち $p_{81} = 0$ と想定される。

以上より、20 歳の家計数を N_0 とするならば、t 期の各年齢における家計数は次のように表現できる。

$$N_s(t+s) = p_s(t+s) N_0(t) \quad (7-3)$$

さて、家計 I の $s+20$ 歳時の効用関数 u には CES 型を仮定する。

$$u_{Is} = \left(c_{Is}^{1-1/\rho} + \alpha l_{Is}^{1-1/\rho} \right)^{(1-1/\rho)^{-1}} \quad (7-4)$$

ただし、c は消費、l は余暇、α は余暇に対するウェイト・パラメータ、ρ は消費と余暇に関する同時点間の代替の弾力性のパラメータである。家計 I がもつライフサイクル効用関数 U は時間に関して分離可能な関数型を仮定する。

$$U_I = \frac{1}{1-1/\gamma} \sum_{s=0}^{80} p_s(t)(1+\delta)^{-s} u_{Is}^{1-1/\gamma} \quad (7-5)$$

ここで、γ は異時点間の代替の弾力性のパラメータ、δ は時間選好率のパラメータである。注意すべきことは、(7-1) 式にあるような世代 I、時間 t、年齢 s の添字の区別である。(7-5) 式は第 I 世代の効用関数を示し、彼の効

用は s 歳時の生存確率 p_s と時点効用 u_s ならびにすべての世代に共通のパラメータ（$\alpha, \rho, \gamma, \delta$）によって表現されている。ただし、生存確率は世代ごとに異なり、時間 t によって変動するため、$p_s(t)$ のように表現されている[108]。このように、多少の煩雑性を伴うが、正確に記述するために以上の表現法を用いてモデルを展開する。

家計 I の $s+20$ 歳時の予算制約は以下のように記述される。

$$A_{Is+1} = [1+(1-\tau_r(t))r(t)]A_{Is} + [1-\tau(t)-\tau_p(t)]w(t)e_s(1-l_{Is})$$
$$+ b_{Is} + a_{Is} - (1+\tau_c(t))c_{Is} \quad (7-6)$$

ここで、A は貯蓄、r は利子率、w は賃金率、e は人的資本プロファイル、τ は労働所得税率、τ_r は利子所得税率、b は年金給付額、a は遺産、τ_p は年金保険料率、τ_c は消費税率、$(1-l)$ は労働供給を示している。一般性を失うことなく各年齢における1年間の労働保有量を1に基準化しているので、$0 \leq$ 余暇 $l \leq 1$ が成立する。t 期における賃金率 w は、t 期に生存するすべての世代の家計にも共通であり、we が家計 I の直面する粗賃金率となる。年齢と勤続年数によって労働の効率性が決定されることを人的資本プロファイル e の変化によってとらえるため、年齢と勤続年数に応じて粗賃金率は変化する。

年金給付額 b は $R+20$ 歳より給付が開始され、その金額は標準報酬年額 H に年金給付率 β（$=\beta_f + \beta_p$）を乗じたものとする。ただし、年金給付額 b は老齢基礎年金 b_f と老齢厚生年金 b_p から構成され、それぞれの年金給付率は β_f と β_p である。また、π は消費税による物価スライド率とする

---

[108] 生存確率が世代ごとに異なるのは後のシミュレーションにおいて生存確率の計算に年齢別の将来人口データを利用するからである。

[109]。物価スライド率を導入することで消費税の増税が実質的な年金給付率を押し上げる効果をもつ。もちろん、定常状態において物価スライド率 π は 1 となる。

$$b_{Is} = b_{fIs} + b_{pIs} = \pi(t)(\beta_f(t) + \beta_p(t))H_I \quad (s \geq R) \quad (7-7)$$

$$b_{Is} = 0 \quad (s < R) \quad (7-8)$$

$$\pi(t) = \frac{1 + \tau_c(t)}{1 + \tau_c(t-1)} \quad (7-9)$$

また、$RE + 20$ 歳を退職年齢とすると、標準報酬年額 H は労働所得の生涯平均で表現されるものとする。

$$H_I = \frac{1}{RE_I + 1} \sum_{s=0}^{RE_I+1} [w(t)e_s(1 - l_{Is})] \quad (7-10)$$

本章における遺産 a とは、寿命の不確実性からのみ発生するものである[110]。ここでは単純化のために、t 期において死亡したすべての世代の家計が保有する資産を集計して得られる遺産額が、t 期において生存する 50($s = 30$)歳の家計 I に対して平等に受け渡されるものと想定する。したがって、a_s は $s = 30$ の時にのみ正値であり、その他の年齢においてはゼロになる。具体的には以下のように定式化される。

$$a_{I\,30} = \frac{\sum_{s=0}^{80}(N_s(t) - N_{s+1}(t+1))A_{I\,s+1}}{N_{30}(t)} \quad (7-11)$$

$$a_{Is} = 0 \quad (s \neq 30) \quad (7-12)$$

さて、家計 I の予算制約を現在価値になおした生涯予算制約は、M を割

---

[109] 小塩(1999)を参照。
[110] 利他的遺産動機のシミュレーションについては Broer and Lassila(1997)などを参照。

引因子として次式のように整理できる。ただし、ν は 1 から 80 までの値をとり、(7-1)式にしたがって $t = I + \nu$ が成立している。

$$\sum_{s=0}^{80} \left[(1-\tau(t)-\tau_p(t))w(t)e_s(1-l_{Is})+b_{Is}+a_{Is}-(1+\tau_c(t))c_{Is}\right]M_{Is} \geq 0 \quad (7-13)$$

$$M_{Is} = \prod_{\nu=1}^{s}\left[1+(1-\tau_r(t))r(t)\right]^{-1}, \quad M_{I0}=1 \quad (7-14)$$

ここで家計行動に3つの制約をかける。第1に、家計 I は年金支給開始年齢 $R+20$ 歳に到達すれば必ず退職して労働供給を行わないと考え、家計の労働供給行動に以下の制約を課す。

$$l_{Is} \leq 1 \quad (s < R) \quad (7-15)$$
$$l_{Is} = 1 \quad (s \geq R) \quad (7-16)$$

また、$RE+20$ 歳の時に家計 I が退職してゼロもしくは負の労働供給を選択するならば、$RE+20$ 歳以降の彼の人生で労働供給は死亡するまで必ずゼロであると仮定するため、$20 \leq RE+20 < R+20$ が成立する。

第2に、寿命の不確実性があるライフサイクル・モデルでは、生存確率が年齢とともに低下することで期待効用のウェイトが小さくなるため、生存確率の高い若年期に大きい消費を行う傾向が強い。この場合、退職期の年金受給や遺産を担保にして、若年期にキャッシュ・フローを越えた過剰な消費を行う可能性が高い。現実には資本市場の不完全性などの理由により、このような家計の極端な借入行動による負の貯蓄はそれほど多く見られないと考えられる。そこで、貯蓄が負になる場合については、各年齢における消費がキャッシュ・フロー c_M を越えない意味での流動性制約を考慮する[111]。

---

[111] また、流動性制約は若年世代による過剰な借入行動がマクロの資本を極端に過小にすることで生じる計算上のエラーを避ける役割を果たすことで、シミュレーションの実行可能性を高める効果をもつ。

$$c_{MIs} = \frac{[1+(1-\tau_r(t))r(t)]A_{Is} + [1-\tau(t)-\tau_p(t)]w(t)e_s(1-l_{Is}) + b_{Is} + a_{Is}}{(1+\tau_c(t))} \leq c_{Is} \quad (7-17)$$

第3に、家計 I が $20(s=0)$ 歳で経済主体として登場する際の貯蓄はゼロであると想定される。

$$A_0(x) = 0 \quad (7-18)$$

以上までの家計 I のライフサイクルにおける効用最大化問題を解くことで、消費 c と余暇 l の最適経路を以下のように導出することができる[112]。

$$c_{Is+1} = \left[\frac{p_{s+1}(t+1)}{p_s(t)} \frac{\{1+(1-\tau_r(t+1))r(t+1)\}}{(1+\delta)\pi(t+1)}\right]^\gamma \left[\frac{v_{Is+1}}{v_{Is}}\right] c_{Is} \quad (7-19)$$

$$l_{Is+1} = \left[\frac{p_{s+1}(t+1)}{p_s(t)} \frac{\{1+(1-\tau_r(t+1))r(t+1)\}}{(1+\delta)\pi(t+1)}\right]^\gamma \left[\frac{v_{Is+1}}{v_{Is}}\right] \left[\frac{J_{Is+1}}{J_{Is}}\right] l_{Is} \quad (7-20)$$

2．2．企業

企業は集計されたコブ・ダグラス型の生産関数 Y をもつと想定する。

$$Y(t) = \Phi K(t)^\varepsilon L(t)^{1-\varepsilon} \quad (7-21)$$

ただし Φ はスケール・パラメータ、ε はウェイト・パラメータ、K は総資本投入量、L は総労働投入量である。

限界生産力原理より、賃金率 w と利子率 r が導出される。

$$w(t) = (1-\varepsilon)\Phi K(t)^\varepsilon L(t)^{-\varepsilon} \quad (7-22)$$

$$r(t) = \varepsilon \Phi K(t)^{\varepsilon-1} L(t)^{1-\varepsilon} \quad (7-23)$$

---

[112] 効用最大化問題の解法については補論を参照。

また、生産関数の1次同次性より生産物は労働所得と資本所得に完全分配される。

$$Y(t) = w(t)L(t) + r(t)K(t) \quad (7-24)$$

2．3．政府

政府は一般会計と年金会計を保有すると想定される。

まず、各会計の収入について定式化する。第1に、政府の税収 TR の財源は労働所得税、利子所得税、消費税から構成される。

$$TR(t) = \sum_{s=0}^{80} N_s(t)[\tau(t)w(t)e_s(1-l_{Is}) + \tau_r(t)r(t)A_{Is} + \tau_c(t)c_{Is}] \quad (7-25)$$

第2に、年金会計の収入 P は年金保険料収入である。

$$P(t) = \sum_{s=0}^{80} N_s(t)\tau_p(t)w(t)e_s(1-l_{Is}) \quad (7-26)$$

次に、各会計の支出を定式化する。第1に、一般会計の政府支出 G は一家計当たり政府支出 g を集計したものである。

$$G(t) = \sum_{s=0}^{80} N_s(t)g \quad (7-27)$$

第2に、年金会計の老齢基礎年金部分 BF と老齢厚生年金部分 BH は次のように定式化できる。

$$BF(t) = \sum_{s=0}^{80} N_s(t)b_{fIs} \quad (7-28)$$

$$BH(t) = \sum_{s=0}^{80} N_s(t)b_{pIs} \quad (7-29)$$

以上より、一般会計と年金会計は以下のように定式化できる。ただし、財政赤字や年金積立金のない均衡財政を想定しており、政府は各期において両

会計を均衡させるために税率もしくは保険料率を操作する。また、ω を国庫負担率として老齢基礎年金部分への一般会計からの繰入を考慮している。

$$TR(t) = G(t) + \omega(t)BF(t) \quad (7-30)$$
$$P(t) = BH(t) + (1-\omega(t))BF(t) \quad (7-31)$$

2．4．市場均衡

一般均衡を閉じるために市場均衡の条件を提示しておく。資本市場、労働市場、財市場の均衡条件は次のようになる。ここで、労働市場は完全雇用を仮定している。

$$K(t) = S(t) \quad (7-32)$$
$$L(t) = \sum_{s=0}^{80} N_s(t)(1-l_{Is})e_s \quad (7-33)$$
$$Y(t) = C(t) + (K(t) - K(t-1)) + G(t) \quad (7-34)$$

ただし、総消費 C と総貯蓄 S は以下のように集計されている。

$$C(t) = \sum_{s=0}^{80} N_s(t)c_{Is} \quad (7-35)$$
$$S(t) = \sum_{s=0}^{80} N_s(t)A_{Is} \quad (7-36)$$

3．シミュレーションの想定とその方法

前節で提示されたモデルに対して人口動態を表現する将来人口データや各種のパラメータを与えれば、移行過程における各世代の経済厚生を計測できる。本節では移行過程を計測するに当たっての計算上の想定、パラメータの

設定ならびにシミュレーションの実行方法について述べる。

3．1．定常状態と移行過程の想定

シミュレーションの実行のためには初期定常状態と最終定常状態を確定する必要がある。本章では初期定常状態は2000年、最終定常状態は2100年とした。定常状態は年齢別の人口構成が時間を通して等しい状態であるとし、具体的には初期定常状態では年齢別の人口構成が2000年の状態で変化しないものと想定して各パラメータを設定する。

2000年から2100年における人口動態は、国立社会保障・人口問題研究所(1997)『日本の将来推計人口』の低位推定（男女計）を利用し、各期において20歳から100歳までの生存確率を計算した[113]。図7－2には現役世代で被保険者である20歳から64歳人口、退職世代で年金受給者である65歳以上人口、そして65歳以上の人口を20歳から64歳人口で除算した従属比率を示している。人口構成の高齢化は、少子化と寿命の伸長による生存確率の上昇によってもたらされる。図7－2では従属比率が2025年にひとつのピークを迎え、再び2050年まで急速に上昇し、2050年以降は定常に近い状態で推移することがわかる。したがって、2050年までの急速な高齢化において、賦課方式の公的年金の運営が大きな影響を受ける可能性がある。

移行過程の経路上においては、1921年に経済へ参入する世代（2000年において99歳）から2000年に参入する世代（2000年において20歳）については、2000年までは初期定常状態と同じ家計行動にしたがうが、2001年以後に参入する世代については、人口動態によって生じる税制や公的年金の将

---

[113] 人口動態に中位推定ではなく低位推定を採用したのは、過去の実際の人口動態が、中位推定よりも悲観的な低位推定に近い形で推移しているという事実を考慮したためである。

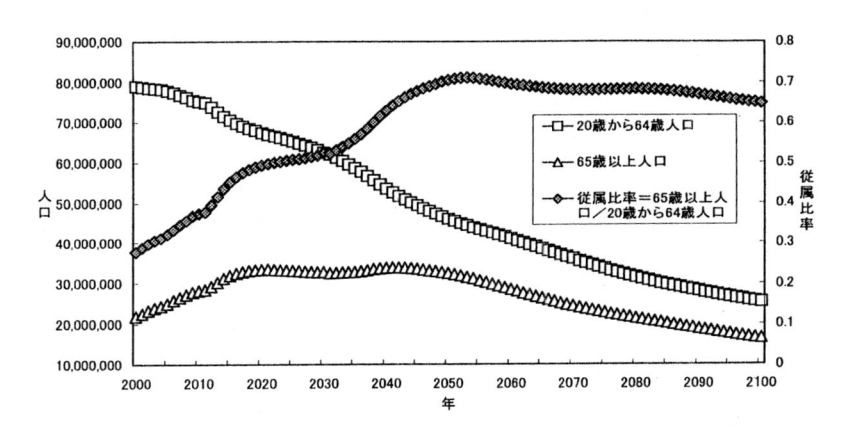

図7－2　将来推定人口と従属比率の推移（低位推定）

来的な変化を完全に予見して合理的に行動する。ただし、生存期間中に2001年を経験する世代は、2000年までの家計行動が初期定常状態の労働供給、消費、貯蓄行動に縛られるため、2000年までに残した貯蓄を所与として2001年以降から将来を予見して合理的に行動する。すなわち、各世代は2000年までは人口動態の変化を全く予見せずに行動し、2001年になってはじめて将来のショックを予見できる。また、シミュレーションにおける一般会計と年金会計は均衡予算を各期において維持する。このことは家計の貯蓄のみがマクロの総資本となる経済を分析の対象としていることを意味する。

3．2．パラメータ

次に、初期定常状態を実現するためにモデルに対して与えられるパラメータについて述べよう。

具体的には次の通りである。効用関数のパラメータは、異時点間の代替の弾力性 $\gamma = 0.5$、時間選好率 $\delta = -0.01$、余暇のウェイト・パラメータ $\alpha = 0.1$、同時点間の代替の弾力性 $\rho = 0.6$ とした。これらのパラメータに

ついては本間・跡田・岩本・大竹(1987a,b,1988)、下野(1991)、岩本・加藤・日高(1991)、Iwamoto, Kato and Hidaka(1993)、Kato(1998)などの既存研究を参考にした[114]。

生産関数のパラメータは、初期定常状態で賃金率 $w=1$、利子率 $r=0.04$ が成立するようなパラメータの値を推計し、資本の分配パラメータ $\varepsilon=0.2065$、効率パラメータ $\Phi=0.8560$ とした。政府の税率・保険料率パラメータは、労働所得税率 $\tau=10\%$、利子所得税率 $\tau_r=20\%$、消費税率 $\tau_c=5\%$、年金保険料率 $\tau_p=17.35\%$ とした。これらは初期定常状態である 2000 年時点において現実的で妥当と考えられる平均税率もしくは平均保険料率パラメータの値である。また、人的資本プロファイル e には第6章で利用した推定結果を用いた。

初期定常状態を公的年金改革以前の経済であると考え、老齢基礎年金と老齢厚生年金の支給開始年齢は 60 歳と仮定する（$R=40$）。以上の設定のもとで、初期定常状態において一般会計を均衡させる一家計あたり政府支出 $g=0.2559$ であり、年金会計を均衡させる年金給付率 $\beta=0.5157$ として計算された。厚生省年金局(1998)によると、夫婦2人の専業主婦世帯における標準的な厚生年金額（月額）は、夫分は老齢厚生年金 100,983 円と老齢基礎

---

[114] 時間選好率がマイナスに設定されていることが奇異に思われるかもしれない。しかし、本章と同様に生存確率を導入して移行過程を分析する既存研究（たとえば、岩本・加藤・日高(1991)や Iwamoto, Kato and Hidaka(1993)、Kato(1998)）では時間選好率がマイナスに設定されている。これは、生存確率の低下によって年齢とともに期待効用のウェイトが急激に小さくなることが、若年期の過剰な消費を引き起こし、シミュレーションの実行にエラーが生じるのを防ぐためである。この問題に対し、Kato(1998)や本章にあるような流動性制約の導入がひとつの解決策になるが、それでもシミュレーションにて移行過程の解を得るためには時間選好率をマイナスに設定せざるを得なかった。本章では計算可能性を最大限に考慮し、他の既存研究よりも高めの時間選好率を設定している。また、下野(1991)によると、遺産額を推定するために、わが国の年齢別の消費と所得の実際のデータをライフサイクル仮説で説明するならば、時間選好率は負の値になると推測されている。負の時間選好率は現在消費よりも将来消費を重視するという含意を持つ。わが国の家計の現実

年金65,000円、妻分は老齢基礎年金65,000円とされている。そこで、年金給付率については老齢基礎年金は$\beta_f = 0.2903$、老齢厚生年金は$\beta_p = 0.2255$のように設定した[115]。また、計算の結果、初期定常状態において流動性制約に拘束される年齢は20歳から40歳（$E = 20$）、退職年齢は60歳（$RE = 39$）となった。

3．3．シミュレーション方法

ここまでの設定を終えるならば、シミュレーションにおいてガウス・ザイデル法を利用することで合理的期待の移行過程を計測することができる。基本的なシミュレーションの手法はAuerbach and Kotlikoff(1987)やJudd(1998)の方法にしたがい、以下の手順で計算を行った。

（ステップ1）　初期定常状態から最終定常状態にわたる賃金率と利子率の流列を初期値として与える。

（ステップ2）　初期定常状態から最終定常状態にわたる税率・保険料率の流列を初期値として与える。

（ステップ3）　各世代の遺産の初期値を与える。

（ステップ4）　各世代の家計の最適化行動によってライフサイクルの労働供給、消費、貯蓄を決定する。このとき、ある年齢において労働供給がゼロまたは負になるならば退職年齢$RE + 20$歳がスラック変数μ^*を通して内生的に決定され、ある年齢において貯蓄が負になれば流動性制約に拘束される最後の年齢$E + 20$歳がスラック変数ϕ^*を通して内生的に決定される。

（ステップ5）　各期の年齢別人口と死亡した各世代の貯蓄から遺産額を集

的な消費行動を考えれば、それほど不自然な想定ではないとも考えられる。

[115] $\beta_f = \beta \times (65{,}000 + 65{,}000) / (100{,}983 + 65{,}000 + 65{,}000)$。

計し、各期における50歳の世代への遺産とする。これを新たな初期値としてステップ4に戻ってガウス・ザイデル法で収束させる。収束するならばステップ6へ進む。

（ステップ6）　各期における一般会計の税収と政府支出、年金会計の保険料収入と保険料給付を集計する。すべての期において一般会計と年金会計が均衡するような税率・保険料率の流列を収束計算で求めるためにステップ2へ戻る。均衡するならばステップ7へ進む。

（ステップ7）　各期における労働と資本を集計して賃金率と利子率の流列を計測する。再びガウス・ザイデル法による収束計算を行うため、これらの価格体系の流列を新たな初期値としてステップ1へ戻る。

以上の手順を繰り返し、各期における賃金率と利子率が変化しなくなったとき、合理的期待の移行過程の経路が確定することになる。

4．シミュレーションの実行

本節ではシミュレーションのケース分けを行い、分析結果を提示しながら、その結果から得られる政策インプリケーションについて考察する。

4．1．シミュレーションのケース分け
シミュレーションを実行する前にケース分けを行う。
第1に、公的年金の給付について初期定常状態の設定を全く変えない場合

表7−1 年金改革における支給開始年齢引き上げのスケジュール

2000年時点の年齢 (男性の場合)	老齢基礎年金の 支給開始年齢	老齢厚生年金の 支給開始年齢
60歳以上	60歳	60歳
58歳〜59歳	61歳	60歳
56歳〜57歳	62歳	60歳
54歳〜55歳	63歳	60歳
52歳〜53歳	64歳	60歳
48歳〜51歳	65歳	60歳
46歳〜47歳	65歳	61歳
44歳〜45歳	65歳	62歳
42歳〜43歳	65歳	63歳
40歳〜41歳	65歳	64歳
39歳以下	65歳	65歳

をケースⅠとする。すなわち、初期定常状態の支給開始年齢と年金給付率 ($\beta = 0.5157$) を維持するケースである。

第2に、ケースⅡは公的年金改革が2001年から実行され、支給開始年齢が段階的に引き上げられるケースである。ただし、年金給付率は初期定常状態の水準と同じとする。支給年齢の引き上げのスケジュールは、1996年と1999年の公的年金改革にしたがう。すなわち、表7−1に掲げるように、老齢基礎年金と老齢厚生年金について、60歳からの支給開始を65歳までに段階的に引き上げる改革である[116]。

第3に、ケースⅢは支給開始年齢の段階的引き上げを実施した上で、老齢厚生年金を徐々に縮小化し、最終的には老齢基礎年金のみとするケースである。縮小化は2001年から始められるものとする。具体的には、2001年に老齢厚生年金をはじめて支給される世代の老齢厚生年金の年金給付率は初期定

---

[116] ただし、支給開始年齢の引き上げは男性のケースを分析の対象としている。

表7-2　シミュレーションのケース分け

ケース	公的年金改革の方法	2001年以降の国庫負担率
Ⅰ-1	改革なし	1/3
Ⅰ-2	改革なし	1/2
Ⅱ-1	支給開始年齢の段階的引き上げ	1/3
Ⅱ-2	支給開始年齢の段階的引き上げ	1/2
Ⅲ-1	支給開始年齢の段階的引き上げ＋老齢厚生年金の段階的縮小化	1/3
Ⅲ-2	支給開始年齢の段階的引き上げ＋老齢厚生年金の段階的縮小化	1/2

（備考1）段階的縮小化とは新たに支給を受ける世代に対する老齢厚生年金の給付率を2001年から2025年まで年率4％で段階的に削減し、2025年に新たに支給を受ける世代の給付率を0にするものである。

（備考2）老齢厚生年金が縮小されても老齢基礎年金は存続する。

常状態の水準の24/25とし、2002年以降の年金給付もその水準とする。同様に、2002年にはじめて支給を受ける世代は初期定常状態の水準の23/25を残りの生涯にわたっての年金給付率とする。このようにして、2025年の時点では、新たに老齢厚生年金を受給する世代の年金給付率が0になるように老齢厚生年金を段階的に年率4％づつ縮小化する。

　次に、国庫負担率を1/3に維持するのか、それとも2001年に国庫負担率を1/2へ引き上げるのかで、それぞれのケースをさらに2つに分けた。ケース1は1/3、ケース2は1/2にそれぞれ対応している。

　一般会計と年金会計は、年金保険料率と消費税率によって毎年の均衡がそれぞれ保たれるとする。以上のように、公的年金の縮小化の方法から分類されるケースⅠ～Ⅲ、国庫負担率の引き上げ導入の有無であるケース1ならびにケース2を組み合わせたものが、表7-2に示されたシミュレーションのケース分けである。すべてを組み合わせると6つのパターンができる。

図7-3 年金保険料率の推移

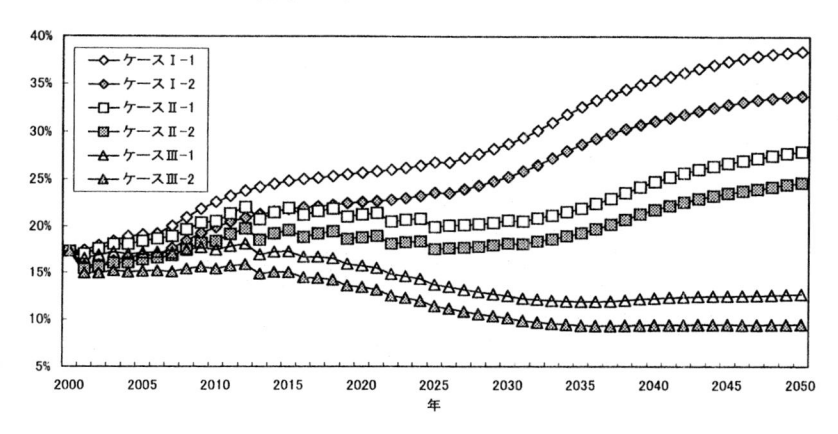

4．2．年金保険料率と消費税率の推移

　図7-3には各ケースの年金保険料率の推移が示されている。賦課方式のもとでは従属比率の上昇が年金保険料率を引き上げるため、高い給付水準を維持すれば年金保険料率も高くならざるを得ない。したがって、年金保険料率の推移は従属比率に連動し、年金保険料の水準はそれぞれの給付水準に見合うものとなる。特に、ケースⅠ-1の年金保険料率は2025年において27％、2050年において38％となり、初期定常状態の水準である17.35％の1.5〜2倍以上になる[117]。このような高い保険料率の負担に家計が本当に耐えられるのかどうかが、将来において賦課方式を存続する際に公的年金の縮小への選

---

[117] 厚生省年金局(1998)によると、改革を実行しないA案の2025年における年金保険料率は総報酬に対する26.4％、改革を実行するC案は総報酬に対して20％程度とされている。モデルは異なるが、A案とC案の想定に相当すると考えられる本章のケースⅠ-1とケースⅡ-1における2025年の年金保険料率は厚生労働省の計算結果とそれほど乖離していない。ただし、人口動態について厚生労働省は中位推定にもとづいているが、本章では低位推定を利用していること、さらに本章では年金積立金を捨象していることを付記しておく。

図7-4　消費税率の推移

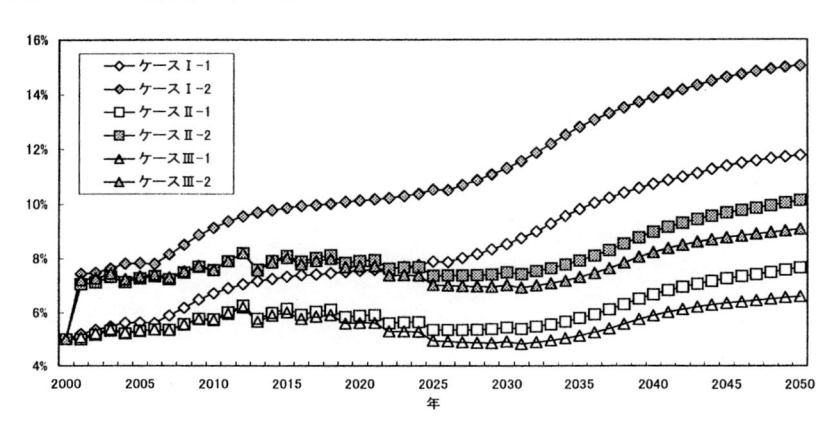

択を迫っているといえる。

　そこで、公的年金改革を実行するケースの結果に注目する。ケースⅡ-1の年金保険料率は、2025年において20%、2050年において28%となる。給付開始年齢を引き上げる分、年金保険料率をおさえることできる。さらに、老齢厚生年金の段階的な年金給付率の縮小化を実施すれば、ケースⅢ-1のように2025年で14%、2050年で13%のように初期定常状態の水準よりも低い年金保険料率が可能となる。

　一方、それぞれのケースにおいて、国庫負担率を2001年から1/2へ引き上げたケースの結果が、ケースⅠ-2、ケースⅡ-2、ケースⅢ-2である。もちろん、国庫負担率の引き上げを実施すれば、年金保険料率の水準を引き下げることができる。この場合、2025年においては2～3%、2050年においては3～5%程度の年金保険料率の引き下げが可能となる。

　ところが、これらのケースでは年金保険料が軽減される代わりに消費税が増税されることになる。図7-4は消費税率の推移を示している。2001年に

図7－5　各世代の経済厚生の推移

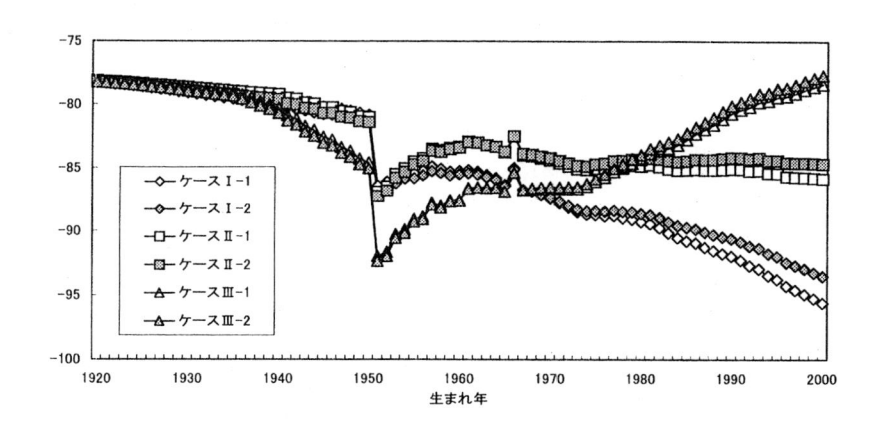

国庫負担率を引き上げるケースでは、消費税のさらなる増税が実施されることになる。特に、ケースⅡ－2やケースⅢ－2のように、給付開始年齢の引き上げや縮小化を実施しなければ、消費税率が従属比率に連動して増加してゆくことになる。

4．3．経済厚生への影響

以上のようにして得られた公的年金の段階的な縮小化と財源調達方法の変更が与える各世代の経済厚生の推移を図示したものが**図7－5**である[118]。採用される公的年金改革によって、将来世代の経済厚生の推移は大きく異なる

---

[118] 1951年生まれ世代の経済厚生が急激に低下する主要因は以下の通りである。1950年生まれ以前の世代は人口構成が変化しないと仮定された初期定常状態において与えられた遺産を50歳で受け取る。一方、1951年生まれ世代は、2000年までは初期定常状態で決められている遺産額を期待しているにもかかわらず、実際には2001年の人口構成から内生的に得られた遺産を受け取る。このとき、高齢化の進展によって実際の遺産額が期待していた遺産額よりも過小なため、このような経済厚生の急激な悪化を引き起こすことになる。

ことがわかる。将来世代が最も高い経済厚生を達成するのは、老齢厚生年金を廃止して国庫負担率を引き上げるケースⅢ－2である。反対に、将来世代が最も低い経済厚生を享受せざるを得ないのは、初期定常状態の給付水準を維持するケースⅠ－1である。1967年生まれ世代以前には、これら2つのケースの経済厚生が逆転していることに注意したい[119]。1967年以前に生まれた世代は公的年金の縮小化にともなう二重の負担と消費税の増税にともなう税負担の増加が経済厚生を悪化させている。これらの点について詳しく考察しよう。

まず、公的年金の段階的な縮小化がもたらす経済厚生への影響について考察する。図7－5のケースⅢでは、縮小化による経済効率性の改善のメリットが発生することにより、ケースⅠに比較して将来世代の経済厚生が高い水準に達していることがわかる。この場合の経済効率性に対するメリットとは、ミクロ的には年金保険料率による労働供給行動へのひずみが小さくなることや、マクロ的には高い資本蓄積が達成されることが挙げられる。

しかしながら、注目すべきなのは、ケースⅢにおいて段階的な縮小化を開始する2001年時点での現役世代に経済厚生のかなりの悪化が見られることである。これが賦課方式の年金制度を縮小化する際に顕在化する二重の負担である。このような二重の負担は、縮小化を実施しないケースⅠと実施するケースⅢとの経済厚生の乖離として表現されることになる。

つまり、二重の負担のデメリットと経済効率性の改善によるメリットが相殺されることで、各世代の経済厚生の水準が決定されることになる。1967年以前に生まれた世代にはデメリットが大きく、それ以降の世代はメリット

---

[119] 本章のモデルでは年齢 $s=0$ は20歳を示すので、たとえば1970年生まれ世代とはモデル上の1990年世代（$I=1990$）を意味する。

図7－6　公的年金改革による各世代の経済厚生の変化

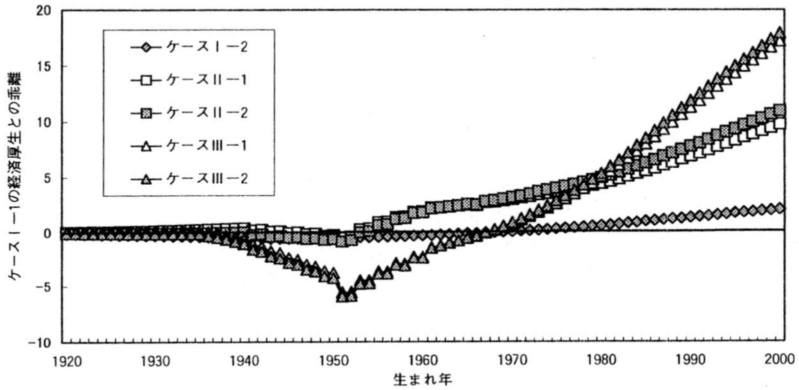

を享受する。このことをもう少し詳しくみてみよう。

図 7－5 では初期定常状態からの移行過程において、人口動態の変化と公的年金改革の2つの影響が分離されていないため、世代間の経済厚生の推移が上下し、異なる公的年金改革についてケース間の比較が困難である[120]。そこで、公的年金改革を全く実行しないケースⅠ－1を基準とし、改革を実施する他のケースとケースⅠ－1との経済厚生の乖離を**図7－6**として図示することで、人口動態の変動による影響を除去して改革による経済厚生への効果を可能な限り抽出した。**図7－6**によれば、ケースⅢにおいて二重の負担は 1967 年生まれ以前の世代の経済厚生の変化が大きく落ち込んでいること、経済効率性の改善は 1968 年生まれ以降の世代の経済厚生の変化が右上

120 **図7－5**においてある世代に経済厚生の下方屈折がみられるのは、初期定常状態を 2000 年の年齢別の人口構成が変化しないものとして想定されたことに起因している。岩本・加藤・日高(1991)でも指摘されていることだが、本来は初期定常状態も移行過程の一部分であるにも関わらず、パラメータなどを確定するために静態的な初期定常状態を想定しなければならず、初期定常状態からの移行過程に若干の変動を生じることは避けられない。

がりに推移することで表現されている。

　また、支給開始年齢を引き上げるケースⅡでは、ケースⅢに比較して極端な形で二重の負担が発生していない点にも注目したい。したがって、二重の負担を回避すべきだという観点からは、支給開始年齢の引き上げは有効な公的年金改革の手法であるといえる。ただし、この結果は各世代が支給開始年齢に至るまで労働供給が可能であるというモデル上の仮定に依存している。もし、家計の労働供給が退職年齢と支給開始年齢の間にブランクを強要されるならば、経済厚生の相当の悪化は避けられないであろう。

　続いて、国庫負担率の引き上げによる経済厚生の影響について考察する。経済厚生の観点からいえば、国庫負担率の引き上げは経済厚生の推移を大きく変えるものではない。しかし、国庫負担率の引き上げにともなう消費税の増税により、1968生まれ以前の世代については経済厚生の若干の悪化が見られる。これは、消費税率の引き上げが物価スライドを通し、退職世代の実質的な給付水準を高めることで、現役世代に追加的な負担となることと、改革が実施される2001年以降に退職する彼らにとって、将来の消費税率の引き上げは退職時の税負担の増加を意味するためである。一方、1968年生まれよりも後の世代は高い経済厚生を享受できる。これは、彼らの現役時に消費税の税負担が退職世代へ分散されたこと、年金保険料による労働供給の阻害効果が軽減されたことが主な理由として挙げられる。

　以上の結果、公的年金の縮小化と国庫負担率の引き上げにともなう消費税の増税が与える各世代の経済厚生への影響の方向性は同じであるが、縮小化の方が経済厚生への影響が大きいことになる。これらの公的年金改革は、将来世代のためには好ましいことであるが、現役世代にとっては望ましいとは言えない。このような世代間の利害対立は、政策当局にとっては大きなジレンマといえる。

したがって、公的年金の今後の運営については、世代間の対立をうまく調整する形で、公的年金の規模、国庫負担率の水準、財源の手段、改革を実行するタイミングについて考える必要がある。

5．むすび

　本章においては、公的年金の縮小化と国庫負担率の引き上げの導入について、ライフサイクル一般均衡モデルを利用することでシミュレーション分析を行った。本章の分析で得られた結果を簡単にまとめると以下のようになる。
　第1に、急速な人口構成の高齢化が年金保険料率を引き上げるために、年金保険料を財源調達手段として賦課方式を存続する場合の将来世代の経済厚生は相当悪化せざるを得ない。この問題を回避するため、公的年金の給付水準の縮小化や国庫負担率の引き上げが検討されることになる。
　第2に、将来世代にとって公的年金の縮小化や国庫負担率の引き上げにともなう消費税の増税は、経済効率性の改善のために経済厚生の観点からは望ましいが、改革時の現役世代にとってはあまり好ましいものではなく、その意味では将来世代と現役世代の利害が対立する。現役世代にとって、公的年金の縮小化による二重の負担の顕在化がもたらす経済厚生の悪化は、改革前の給付水準を維持した場合の経済厚生の悪化を大きく凌駕している。そのため、経済厚生の観点からは現役世代が公的年金の大幅な縮小化を受け入れることは困難である。国庫負担率の引き上げについても、消費税が財源として使われるならば、物価スライドを通して実質的な給付水準が高くなることで現役世代が追加的な負担を被ることと、退職時における将来の税負担が増加して彼らの経済厚生を悪化させる。しかし、その経済厚生の悪化の度合いは、公的年金の縮小化の場合に比較すれば小さいものである。

人口構成の急速な高齢化に伴い、公的年金の財政方式については世代間の負担配分を巡る不公平をいかに是正するかが焦点となっている。給付水準を現状維持しても、公的年金の縮小化や国庫負担率の引き上げにともなう消費税の増税といった年金改革を実施したとしても、世代間の利害対立は避けられないというジレンマがある。しかしながら、改革前の給付水準を維持することは、将来世代の負担を極端に悪化させることにつながるため、公的年金の財政方式についての問題を先送りにすることはできないのである。

　最後に本章の分析における問題点をいくつか指摘しておく。

　第1に、本章において年金積立金を捨象していることである。積立金の存在をモデルにて表現することは簡単であるが、シミュレーションにおいて年金会計を完全賦課方式としたのは、政府が毎期に操作できる変数を年金保険料率に限定できるという計算上のメリットがあるためである。しかし、1999年度予算の時点で厚生年金の積立金は134兆円にものぼり、実際の年金政策において無視することはできない[121]。本章のシミュレーションにおいて積立金の存在を考慮すれば、定性的には次のような効果を持つことになる。将来の年金保険料率の上昇、もしくは消費税の増税のタイミングを遅らせることができるため、世代間の対立構造が生じる時期も将来へずれることになる。また、積立金が資本蓄積に寄与することで、移行過程の早い段階から資本蓄積効果を享受できる可能性がある。

　第2に、図7-5にて経済厚生の下方屈折がみられ、初期定常状態からの移行がスムースになっておらず、分析結果の評価を困難にしていることである。Auerbach and Kotlikoff(1987)や本間・跡田・岩本・大竹(1987a,b,1988)にあるような、人口成長率を一定とした人工的なピラミッド型の人口構成を想定するならば、このような問題は起こらない。本章のように、現実の凹凸

---

[121] 厚生省(2000)『厚生白書』を参照。

のある年齢別の人口構成データを採用することは、より実際的な分析を指向するという意味では有意義であるが、移行過程においてずれが発生するという欠点がある。

第3に、消費税の増税は低所得者層の逆進性を伴うことも忘れてはいけない。本章のモデルは1世代に同質の家計しか存在しないため、第6章のように世代内の所得分布などの家計の異質性を考慮したものになっていない。同様の問題として、男女の区別や家族形態を無視していることも挙げられる。男女の労働の異質性や、子供の存在を考慮した教育投資や家計内消費などをモデル化して分析することも考えられる[122]。

第4に、企業課税を考慮しなかったことである。企業行動に設備投資関数を導入することで、法人所得税などの企業課税の効果を分析することができるだろう。また、本章のようなシミュレーション分析には分析結果の頑健性を確認するためにパラメータの感度分析が必要である。

これらの残された問題については今後の検討課題としたい。

補論．ライフサイクルにおける家計の最適化行動

ここでは家計 I の通時的効用最大化問題を実際に解く作業を行う。家計 I が、(7−6)(7−15)(7−16)(7−17)(7−18)式を制約として、(7−5)式を最大化するときのラグランジュ関数 L は以下のように与えられる。

$$L_I = U_I$$

---

[122] Gokhale, Kotlikoff, Sefton and Weale(2001)などを参照。

$$+ \sum_{s=0}^{80} \lambda_{Is} [-A_{Is+1} + \{1+(1-\tau_r(t)r(t))\}A_{Is} + (1-\tau(t)-\tau_p(t))w(t)e_s(1-l_{Is})$$

$$+ b_{Is} + a_{Is} - (1+\tau_c(t))c_{Is}] + \sum_{s=0}^{80} \mu_{Is}(1-l_{Is}) + \sum_{s=0}^{80} \phi_{Is}(c_{MIs} - c_{Is})$$

ここで λ、μ、ϕ はそれぞれの制約に関するラグランジュ未定乗数である。これを消費 c、余暇 l、資産 A について偏微分して一階の条件を求める。ただし v は R から 80 までの値をとり、(7-1)式にしたがって $t = I + v$ が成立している。

$$p_s(t)(1+\delta)^{-s} u_{Is}^{-1/\gamma} c_{Is}^{-1/\rho} = \lambda_{Is}(1+\tau_c(t)) + \phi_{Is}$$

$$p_s(t)(1+\delta)^{-s} u_{Is}^{-1/\gamma} \alpha l_{Is}^{-1/\rho}$$

$$= \lambda_{Is}(1-\tau(t)-\tau_p(t))w(t)e_s + \mu_{Is} + z_{Is} \frac{(\beta_f(t)+\beta_p(t))w(t)e_s}{RE_I+1} \sum_{v=R}^{80} \lambda_{Iv} \pi(t)$$

$$\lambda_{Is} = \lambda_{Is+1}\{1+(1-\tau_r(t+1))r(t+1)\}$$

$$\mu_{Is}(1-l_{Is}) = 0 \quad (s<R), \quad 1-l_{Is} = 0 \quad (s \geq R)$$

$$z_{Is} = 1 \quad (s<R), \quad z_{Is} = 0 \quad (s \geq R)$$

これらを整理すれば、消費と余暇の関係を次のように導出できる。

$$l_{Is} = J_{Is} c_{Is}$$

ただし、以下のように記号を約束している。

$$J_{Is} = \left[\frac{w_{Is}^* M_{Is} + z_{Is} NE_{Is}}{\alpha\{(1+\tau_c(t))M_{Is} + \phi_{Is}^*\}} \right]^{-\rho}$$

$$w_{Is}^* = (1 - \tau(t) - \tau_p(t))w(t)e_s + \mu_{Is}^*$$

$$\phi_{Is}^* = \phi_{Is}/\lambda_{Is}, \quad \mu_{Is}^* = \mu_{Is}/\lambda_{Is}, \quad v_{Is} = \left(1 + \alpha J_{Is}^{1-1/\rho}\right)^{\frac{\rho-\gamma}{1-\rho}}$$

$$NE_{Is} = \frac{(\beta_f(t) + \beta_p(t))w(t)e_s}{RE_I + 1} \sum_{v=R}^{80} M_{Iv}\pi(t)$$

ここで μ^* は退職期において労働供給 $(1-l)$ をゼロにすることで退職年齢 $RE+20$ 歳を内生的に決定するためのスラック変数である。一方、ϕ^* は消費をキャッシュ・フローの水準に抑えることで流動性制約に拘束される最後の年齢 $E+20$ 歳を内生的に決定するスラック変数である。NE は $s+20$ 歳時の労働供給が標準報酬年額 H の増加を通して将来の年金給付額 b を増加させる変化であり、年金支給開始年齢 $R+20$ 歳以降の将来所得の増加に対する $s+20$ 歳時における労働供給へのインセンティブを示している。以上を整理すれば、消費と余暇の最適経路である(7-19)(7-20)式が得られる。

第8章　公債負担と中立命題
— 公債の世代間負担について —

1．はじめに

1．1．増え続ける国債・地方債発行がもたらす将来への負担

　現在、わが国の財政は危機的な状況にあるといわれている。バブル経済破綻の後遺症に起因する税収不足は、わが国財政の運営上の自由度を大きく制限する危険性がある。このことは中央政府のみならず、地方政府に対しても同様の問題を生じさせている。そこで、税収不足である財政赤字を補填する目的での国債発行が、加速度的に実施されるという現状となっている。また、地方においても地方債発行の傾向は顕著である。

　国債と地方債の残高と増分を時系列的にプロットした**図8－1**と**図8－2**で以上のことを確認する。公債累積額は1980年代後半の財政再建時にその伸びが緩やかになったものの、近年では再び上昇していることがわかる。その傾向は地方債の方が著しく、バブル経済後の景気の谷において地方債累積額はますます大きくなってきている[123]。特に、バブル期の財政再建は国債の増分を一時的に減少させることに成功したが、地方債についてはそのような傾向は見られなかった。また、地方債残高の1990年度以降の増加率は非常に高い。このことは、近年の不景気は国債よりも地方債で深刻な事態を引き起こしていることを意味する。

---

[123] 図8－1と図8－2は大蔵省『財政統計』ならびに自治省『地方財政白書』より作成した。

図8−1　公債残高（単位：億円）

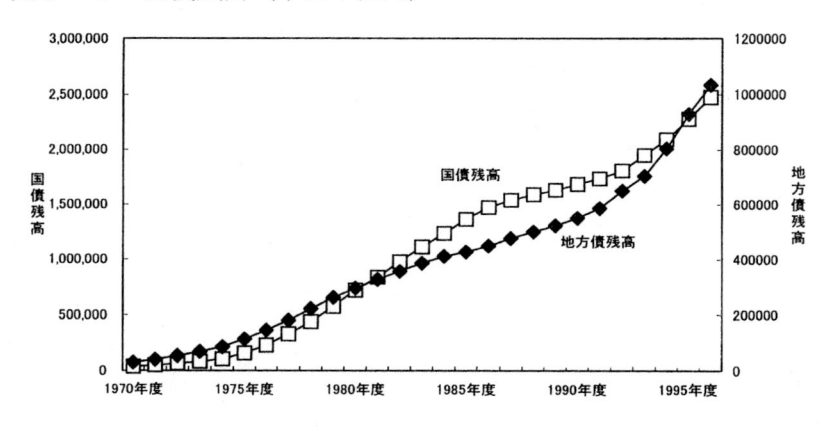

図8−2　公債残高の増分（単位：億円）

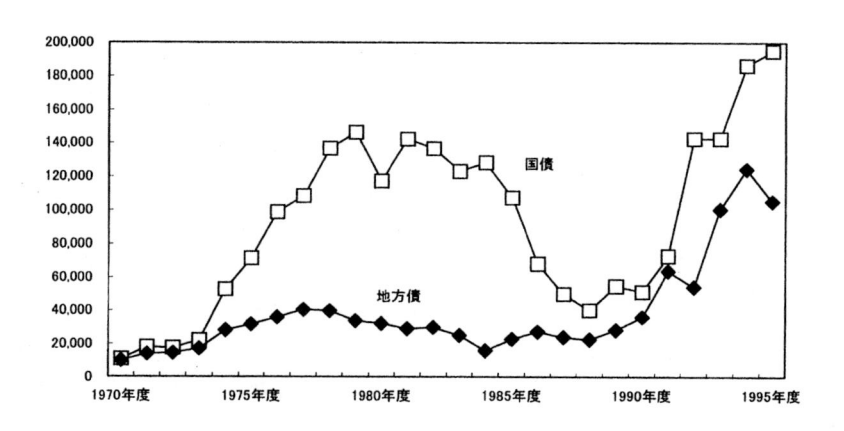

　『地方財政法』第5条は「地方公共団体の歳出は、地方債以外の歳入をもって、その財源としなければならない」とし、地方債の発行は特定の団体や事業目的にのみ許されるという姿勢をとることで、地方債の起債制限を設け

ている。これは、国債と同様に借金である地方債を国が規制することで、地方の財政破綻を予防しようとする政策である。このような起債制限があるにもかかわらず、図にもあるように地方債の発行とそれに伴う累積額の上昇率は国債と同様に増加の途をたどっている。伝統的な公債の議論からいえば、このことは財政のみならず一国の経済にとっても望ましいことではない。現在時点の民間部門に負担を求める租税とは異なり、公債発行は将来時点における償還を予定していることから、将来時点の民間部門に対する課税であると解釈できる。民間部門を家計に限定して議論するならば、現時点での公債発行は将来世代への負担となる。

1．2．公債の中立命題

　しかし、公債発行は本当に将来世代の負担となるのであろうか。これがBarro(1974)による問題提起であった。簡単にいえば、現在において家計が将来時点で増税されることを予測し、貯蓄（世代が変わるならば遺産）を増やすならば、公債発行は将来の家計の負担にならない。これがいわゆる中立命題である[124]。ただし、命題の成立にはいくつかの仮定が必要であることに注意しなければならない[125]。

　特に、中立命題を地方債に対して考えるならばさらに問題が複雑になる。住民移動がない場合、ある地方の住民は当該地方政府が発行した地方債の負担を将来的には負うことになる[126]。ところが、現在のわが国の地方政府は、税率を毎年変動させるほどの裁量的な課税自主権をもっているとはいえない

---

[124] Modigliani(1961)によると、資本蓄積が経済に与える影響を考えるならば、公債発行は民間部門がもつ実物資本の減少を通して資本蓄積を阻害し、将来の生産性に悪影響を与える可能性がある。その場合はBarro的な中立命題が成立するような状況においても将来世代の負担となる。
[125] 本間・武藤・井堀・阿部・神取・跡田(1987)などを参照。
[126] 住民移動がある場合についてはより複雑な議論がある。野口(1982)を参照。

ため、地方債の発行が直接には地方税の増税につながると考えることはできない[127]。わが国の地方政府は固定された地方税の税収と中央政府からのトランスファーにより償還を予定することになる。わが国の場合、政府間トランスファーは国税によって賄われるため、結局、ある地方の発行した地方債の償還は国民全体で負担する可能性が高い。

　したがって、地方政府の行動を良く理解している住民は、地方政府の課税自主権の自由度が小さい、すなわち地方税の将来における増税がないことをよくわかっているので、当該地方政府の地方債の負担をすべて負うとは考えないのではないか。以上の推論が正しければ、ある地方の地方債の負担は他の地方の住民が負担してくれる可能性があるため、当該地方においては中立命題が成立しなくなる。また、これを集計したマクロ・レベルにおいても、地方債の発行に関しては中立命題が成立しないと考えられる。したがって、この場合は地方債の負担を将来世代に転嫁してしまう。

　ところが、他の地方政府と中央政府の行動を双方とも把握している住民は、他地域を含めた地方政府の発行した地方債の償還を将来における国税の増税により負担しなければならないと認識するだろう[128]。わが国の場合、税収不足によって生じる財政赤字が累積すれば、中央政府が国税を増税するように行動する[129]。このような状況では、国と他地域も含めた地方の財政赤字を家

---

[127] わが国とは異なり、アメリカでは地方政府の財政支出と連動して固定資産税の税率が変化する。したがって、地方債と地方税に等価性、すなわち中立命題的状況が成立する可能性が高い。これを考慮した実証分析に Vitaliano(1988) がある。また、固定資産税の地価への資本化を考えれば、地方債と固定資産税には等価性が成立するという主張がある。野口(1982)、常木(1990)、伊多波(1995)を参照。
[128] このような問題については赤井(1996)により指摘されている。
[129] 地方の財政赤字を賄うのは、地方税の税収と政府間トランスファーである。ところが、現在のわが国の地方政府は課税自主権を実質的にもたないので、地方税の税率は国税とは異なってフレキシブルに動くことはない。政府間トランスファーは国税の一定割合であるから、結局、地方債の将来の償還は国税収入に大きく依存することになる。

計がすべて考慮に入れて行動する。したがって先と反対に、国と地方の財政赤字の両方ともで中立命題が成立することになる。この場合は将来世代の負担は回避できる。

以上のようなシナリオが成立するかどうかは、現実のデータを用いた実証分析で検証する必要がある。すなわち本章は、国と同じレベルで地方の公債発行に問題の焦点を合わせ、財政赤字の中立命題を検証することを目的とするものである[130]。

本章の構成は以下の通りである。2節では中立命題に関する既存の実証研究についてまとめ、わが国財政を対象にした分析の結果について概観する。3節では中立命題が成立する完全予見モデルを提示する。4節では、3節で提示された理論モデルを実証可能なレベルにするために、効用関数と政府支出の期待形成の特定化を行う。5節では、具体的な推定式と利用されるデータ、検証方法について述べられる。6節では推定結果について、最後の7節では本章の分析で得られた結果のインプリケーションについてまとめ、分析の課題を述べる。

2．中立命題に関する実証分析の既存研究とその結果

中立命題が成立するか否かは極めて実証的な関心事である。そのため、多くの実証分析がわが国においてもなされてきた。分析手法としては様々な方法があるが、最もポピュラーなのは消費関数を推定する方法である[131]。簡単にいえば、消費が公債発行である財政赤字に影響を受けているか否かを検定することで中立命題を検証する。財政赤字が消費を減らして貯蓄を増やすな

---

[130] 公債発行と財政赤字は表と裏の関係にある。したがって、本章ではこれらを同義に用いる。
[131] Feldstein(1982)やAschauer(1985)がその先駆である。

らば中立命題が成立し、逆に消費に対して拡張的ならば、中立命題が成立しない状況にあるといえる。

　表8－1はわが国の公債の中立命題に関する実証分析の大筋の結果を掲げたものである。これらの研究の手法は様々であり、分析対象も異なっていることに注意を要する。したがって、検証結果もそれぞれ異なったものになっているが、全体的な傾向としてマクロ・レベルにおいて近年では公債の中立命題的状況が成立しているとする結果が得られているといえる。一方、ミクロ・データを用いた分析ではおおむね中立命題を棄却する検証結果が出ていることにも注目すべきである。

　国債に関する中立命題の実証分析はかなりの研究蓄積がある。しかしながら、地方債に関してはほとんどなされていない。そこで本章では、国と同様に地方の財政赤字に注目し、これらを区別してモデル化することで、中立命題の検証を行う。既にみたように、国の財政赤字に関する既存研究は中立命題を支持する結果が多い。一方、前節でわれわれが考察したシナリオにしたがうように、地方政府の財政赤字に関して中立命題が成立しないのか、もしくは家計は合理的であり、中央と地方政府の財政赤字に関して中立命題が成立するのかどうか。本章では、以下から展開される分析において得られた結果から、国と地方の財政赤字が家計の行動にどのように影響を与えているかを解釈することで、以上の点を実証的に明らかにする。

3．中立命題が成立する完全予見モデル

　本節では、将来において不確実性のない完全予見モデルを提示することで、

表8−1　わが国の公債中立命題に関する既存研究とその検証結果

既存研究	中立命題を採択するか棄却するか
落合(1982)	×（棄却する）
長峰(1985)	○（採択する）
井堀(1986)	○
本間・跡田・他(1986)	ミクロ・レベルで×　マクロ・レベルで○
本間・武藤・他(1987)	採用するデータによって結果が異なるが近年では○
長峰(1987)	○
Ihori(1989)	○
北坂(1991)	×
柴田・日高(1992)	○
本間(1996)	データ期間により結果が異なるが最近では×
赤井(1996)	×

（備考1）ただし、中立命題の検証は統計的手法に基づくものであるため、成立するか否かといったような極端な判断はできない。したがって、ここでは当該研究において中立命題を採択している場合を○、棄却している場合を×として表示している。

（備考2）本間・跡田・高林・福間・長峰・植草(1986)はコーホート・データを用いて、コーホートを世代別に使用したミクロ・レベル、全コーホートを総括して使用したマクロ・レベルの推定を行っている。

（備考3）本間・武藤・井堀・阿部・神取・跡田(1987)では、四半期データを用いた場合は中立命題を棄却できず、年次データを用いた場合は中立命題を棄却するという相反する結果を得ている。しかしながら、1965年から1980年代前半までの期間においては中立命題的状況が強くなっているとしている。

（備考4）長峰(1987)は本章と同じく地方政府の財政赤字を考慮し、中立命題を棄却できない結果を得ている。

（備考5）北坂(1991)は所得階級別のミクロ・データを用いている。

（備考6）赤井(1996)は地方債に関する中立命題の研究であるが、本章とは異なる手法で都道府県別に検証を行っている。

家計にとって政府の財源調達手段である租税と公債発行が無差別となる中立命題が成立する理論モデルを描くことにする[132]。ここでは基本的にはAschauer(1985)によるオイラー方程式アプローチを採用する。多くの研究がこの方法を採用しているが、本章では国と地方の政府支出を区別してモデル化するところに特徴がある。以下から、家計、中央政府と地方政府の予算制約式、家計の効用関数、家計の効用最大化問題の順にモデルを提示する。

3．1．家計、中央政府と地方政府の予算制約式

第1に、家計がもつt期の予算制約式は以下のように表される。

$$w_t + (1+r)a_{t-1} = c_t + \tau_t^C + \tau_t^L + a_t \quad (8-1)$$

ここでwは賃金所得、rは利子率、aは期末資産、cは消費支出、τ^Cは国税、τ^Lは地方税である。したがって、家計は賃金所得と前期資産とその利子所得を今期に処分可能な総所得とし、これを今期の消費と国税と地方税に回して残りを期末資産とする。ただし租税は定額税を仮定している[133]。

ひとまず、家計が無限期間の視野をもっていると想定する。このとき、家計のt期の予算制約式を無限期間まで足し合わせることで得られる通時的予算制約式は以下のように表される[134]。

$$\sum_{k=0}^{\infty}(1+r)^{-k}c_{t+k} = \sum_{k=0}^{\infty}(1+r)^{-k}w_{t+k} - \sum_{k=0}^{\infty}(1+r)^{-k}\tau_{t+k}^C - \sum_{k=0}^{\infty}(1+r)^{-k}\tau_{t+k}^L$$

$$+ \sum_{k=0}^{\infty}(1+r)^{-k}\left[(1+r)a_{t+k-1} - a_{t+k}\right] \quad (8-2)$$

第2に、中央政府がもつt期の予算制約式は次に示される。

---

[132] モデル上の変数はすべて物価水準によって実質化されたものである。
[133] 定額税は中立命題成立の条件である。
[134] ただし、横断性条件は本節の議論において満たされていると仮定する。

第 8 章　公債負担と中立命題　187

$$g_t^C + rb_{t-1}^C + m_t - \tau_t^C = b_t^C - b_{t-1}^C \quad (8-3)$$

ここで g_t^C は中央政府支出、b_t^C は t 期末国債残高、m_t は中央政府から地方政府へのトランスファーである[135]。したがって、中央政府は政府支出、国債の利払いと地方政府へのトランスファーからなる歳出を国税で賄い、その不足分である財政赤字を国債発行で補うように行動する。

中央政府の t 期の予算制約式を無限期間まで足し合わせた通時的予算制約式は以下に示される。

$$\sum_{k=0}^{\infty}(1+r)^{-k}\tau_{t+k}^C = \sum_{k=0}^{\infty}(1+r)^{-k}g_{t+k}^C + \sum_{k=0}^{\infty}(1+r)^{-k}m_{t+k}$$
$$+ \sum_{k=0}^{\infty}(1+r)^{-k}\left[(1+r)b_{t+k-1}^C - b_{t+k}^C\right] \quad (8-4)$$

第 3 に、地方政府がもつ t 期の予算制約式は次に示される。

$$g_t^L + rb_{t-1}^L - \tau_t^L - m_t = b_t^L - b_{t-1}^L \quad (8-5)$$

ここで、g_t^L は地方政府支出、b_t^L は期末地方債残高である。したがって、地方政府は政府支出と地方債の利払いを地方税と中央政府からのトランスファーで賄い、その不足分である財政赤字は地方債発行で補う。

地方政府の t 期の予算制約式を無限期間まで足し合わせた通時的予算制約式は以下に示される。

$$\sum_{k=0}^{\infty}(1+r)^{-k}\tau_{t+k}^L + \sum_{k=0}^{\infty}(1+r)^{-k}m_{t+k} = \sum_{k=0}^{\infty}(1+r)^{-k}g_{t+k}^L$$

---

[135] m は地方交付税交付金や国庫支出金といった政府間トランスファーを意味する。

$$+\sum_{k=0}^{\infty}(1+r)^{-k}\left[(1+r)b_{t+k-1}^{L}-b_{t+k}^{L}\right] \quad (8-6)$$

以上で家計、中央政府と地方政府の通時的予算制約式を得ることができた。ここで、家計が合理的であり、将来にわたる中央と地方政府の行動を完全に予見可能であるとする。そのとき、家計は中央と地方政府のキャッシュ・フローを完全に把握できるため、これらの予算制約をすべて統合した予算制約式を念頭において行動することになる。(8−2)と(8−4)そして(8−6)式を統合した予算制約式は以下のようになる。

$$\sum_{k=0}^{\infty}(1+r)^{-k}c_{t+k} = \sum_{k=0}^{\infty}(1+r)^{-k}w_{t+k} - \sum_{k=0}^{\infty}(1+r)^{-k}g_{t+k}^{C} - \sum_{k=0}^{\infty}(1+r)^{-k}g_{t+k}^{L} \quad (8-7)$$

$$+\sum_{k=0}^{\infty}(1+r)^{-k}\left[(1+r)a_{t+k-1}-a_{t+k}\right]+\sum_{k=0}^{\infty}(1+r)^{-k}\left[(1+r)b_{t+k-1}^{C}-b_{t+k}^{C}\right]+\sum_{k=0}^{\infty}(1+r)^{-k}\left[(1+r)b_{t+k-1}^{L}-b_{t+k}^{L}\right]$$

家計にとって、将来において不確実性が無く、政府行動を完全に視野においた世界では、租税、公債の利払いといった変数は全体の予算制約式から消去され、租税と公債が無差別となる中立命題が成立することがわかる。

3．2．家計の効用関数

次に、無限期間生きる代表的家計の期待効用関数Vを以下のような時間に関して分離可能な関数型に定式化する。

$$V_t = E\left[\sum_{k=0}^{\infty}\rho^{-k}U\left(c_{t+k}^{*}\right)\right] \quad (8-8)$$

ここでEは期待を表すオペレーター、ρは主観的割引率、Uは各期の効用水準である。また、効用水準を規定するc^{*}はAschauer(1985)によって有効消費と呼ばれた概念であり、具体的には以下のように定義される。

$$c_{t+k}^{*} = c_{t+k} + \theta g_{t+k}^{C} + \phi g_{t+k}^{L} \quad (8-9)$$

ここで c は家計消費であり、θ と ϕ はそれぞれ家計が1単位の中央政府支出と地方政府支出をどの程度自らの消費と同等だと評価しているかの係数である。

3．3．家計の効用最大化問題

さて、以上のように提示された完全予見モデルにおける家計の効用最大化問題を以下のように設定する。

$$\max \ (8-8)\text{式} \quad s.t. \ (8-7)\text{式}$$

この問題を解いて得られる効用極大化の必要条件は

$$\frac{\partial U}{\partial c_{t+k}^*} = \lambda \left(\frac{\rho}{(1+r)}\right)^k \quad (8-10)$$

である。ただし、λ はラグランジュ未定乗数である。さらに、ここから得られる異時点間の消費の最適経路を示すオイラー方程式は

$$\frac{\partial U}{\partial c_{t+1}^*} = \left(\frac{\rho}{(1+r)}\right)\frac{\partial U}{\partial c_t^*} \quad (8-11)$$

のように表される。

4．効用関数と政府支出の期待形成の特定化

前節で最終的に得られたオイラー方程式は、あまりにも一般的な形をしているため、実証分析にそのまま適用することができない。そこで、本節では家計の効用関数と政府支出の期待形成を特定化し、抽象的な理論モデルを推定可能なレベルにして、具体的な推定式を得る。

4．1．効用関数の特定化

まず、家計の効用関数を次のように特定化する。

$$U(c_t^*) = \frac{1}{1-\gamma}\left(c_t^* - \overline{c^*}\right)^{1-\gamma} \quad (8-12)$$

ここでγは相対的危険回避度（異時点間の代替の弾力性$1/\gamma$）、$\overline{c^*}$は基礎消費のパラメータである。この関数型を用いれば、期待効用関数(8-8)式は以下のように変形できる。

$$V_t = E\left[\sum_{k=0}^{\infty} \rho^{-k} \frac{1}{1-\gamma}\left(c_{t+k}^* - \overline{c^*}\right)^{1-\gamma}\right] \quad (8-13)$$

効用最大化問題から得られるオイラー方程式は次のように導出できる。

$$E_t(c_{t+1}^*) = \alpha_0 + \alpha_1 c_t^* \quad (8-14)$$

ただし、$\alpha_0 = \left(1 - \frac{(1+r)}{\rho}\right)^{1/\gamma}\overline{c^*}$、$\alpha_1 = \left(\frac{(1+r)}{\rho}\right)^{1/\gamma}$に約束している。

ここで、有効消費の定義である(8-9)式を(8-14)式に代入して以下のオイラー方程式を得る。

$$E_t(c_{t+1}) = \alpha_0 + \alpha_1 c_t + \alpha_1 \theta g_t^C + \alpha_1 \phi g_t^L - E_t\left(\theta g_{t+1}^C + \phi g_{t+1}^L\right) \quad (8-15)$$

上式を解釈すれば、今期の消費は前期の消費と政府支出に依存することになり、租税や公債発行に影響されない中立命題が成立する世界が描かれていることがわかる。

4．2．政府支出の期待形成

オイラー方程式(8-15)式は、具体的な形状をしているが、まだ推定可能なレベルではない。なぜなら、t期において$t+1$期の中央と地方政府支出の期待（予想値）が右辺に存在するからである。

そこで Aschauer(1985)にしたがい、政府支出の期待は過去の政府支出と財政赤字によって形成されると仮定する。ただし、政府支出の自己ラグ項は2期前までを考慮している。具体的には、中央と地方政府支出の期待形成を以下のように定式化する。

$$E_{t-1}\left(g_t^C\right) = \varepsilon_0^C + \varepsilon_1^C g_{t-1}^C + \varepsilon_2^C g_{t-2}^C + \varepsilon_3^C d_{t-1}^C + \varepsilon_4^C \tau_{t-1}^C \quad (8-16)$$

$$E_{t-1}\left(g_t^L\right) = \varepsilon_0^L + \varepsilon_1^L g_{t-1}^L + \varepsilon_2^L g_{t-2}^L + \varepsilon_3^L d_{t-1}^L + \varepsilon_4^L \tau_{t-1}^L \quad (8-17)$$

ここで d^C は中央政府財政赤字、d^L は地方政府財政赤字である。すなわち、財政赤字は公債発行を意味し、政府負債のストックを増加させるので、これが家計のもつ政府支出の期待形成を左右すると想定する。また、τ^C と τ^L はそれぞれ国税と地方税であり、これらの租税収入が政府支出の期待を形成すると考える。

4.3. 特定化されたオイラー方程式

政府支出の期待形成(8-16)と(8-17)式をオイラー方程式(8-15)式に代入することで結合すれば、期待オペレーター E を消去する事ができる。

$$c_{t+1} = \left(\alpha_0 - \theta\varepsilon_0^C - \phi\varepsilon_0^L\right) + \alpha_1 c_t + \theta\left(\alpha_1 - \varepsilon_1^C\right)g_t^C - \theta\varepsilon_2^C g_{t-1}^C + \phi\left(\alpha_1 - \varepsilon_1^L\right)g_t^L - \phi\varepsilon_2^L g_{t-1}^L$$
$$- \theta\varepsilon_3^C d_t^C - \phi\varepsilon_3^L d_t^L - \theta\varepsilon_4^C \tau_t^C - \phi\varepsilon_4^L \tau_t^L + u_t \quad (8-18)$$

ただし u は攪乱項である。これがオイラー方程式の基本的な推定式となる。

5. 推定式と検証方法およびデータ

前節では具体的に基本的な推定式を導出した。本節では推定作業とデータの出所について述べる。さらに、中立命題が成立する場合を（A）帰無仮説、

成立しない場合を（B）対立仮説とする。中立命題はこれらの場合を別々に推定することで検証されるが、その検証方法についても述べられる。

5．1．推定されるケース分け

　ここで、推定対象を3つに分ける。具体的には、ケース1は中央と地方の政府支出を考慮する場合、ケース2は中央政府支出のみを考慮する場合、ケース3は地方政府支出のみを考慮する場合である。推定対象を分類する理由は、これによって異なる結果が得られると期待されるからである。ケース2とケース3を考慮することで、中央と地方の財政赤字のどちらが中立命題の成立（もしくは不成立）に貢献しているかを把握することができる。すなわち、家計が中央政府と地方政府のどちらの予算を理解して行動しているかについて解釈を与えるのである。以下からは、これらの場合における推定式を提示していく。

・（ケース1）中央と地方政府支出を考慮する場合

　第1に、多少の繰り返しになるが、前節までで得られている中央と地方政府が存在する場合の推定式を以下に掲げる。

（1－A）パラメータ制約がある場合の推定式

$$C_t = (\alpha_0 - \theta\varepsilon_0^C - \phi\varepsilon_0^L) + \alpha_1 C_{t-1} + \theta(\alpha_1 - \varepsilon_1^C)G_{t-1}^C - \theta\varepsilon_2^C G_{t-2}^C + \phi(\alpha_1 - \varepsilon_1^L)G_{t-1}^L - \phi\varepsilon_2^L G_{t-2}^L$$

$$- \theta\varepsilon_3^C D_{t-1}^C - \phi\varepsilon_3^L D_{t-1}^L - \theta\varepsilon_4^C T_{t-1}^C - \phi\varepsilon_4^L T_{t-1}^L + u_t^1 \quad (8-19)$$

$$G_t^C = \varepsilon_0^C + \varepsilon_1^C G_{t-1}^C + \varepsilon_2^C G_{t-2}^C + \varepsilon_3^C D_{t-1}^C + \varepsilon_4^C T_{t-1}^C + v_t^{C1} \quad (8-20)$$

$$G_t^L = \varepsilon_0^L + \varepsilon_1^L G_{t-1}^L + \varepsilon_2^L G_{t-2}^L + \varepsilon_3^L D_{t-1}^L + \varepsilon_4^L T_{t-1}^L + v_t^{L1} \quad (8-21)$$

ここで大文字アルファベットはデータ系列を意味する。また、u^1とv^{C1}およびv^{L1}は攪乱項である。すなわち、中立命題が成立する場合はパラメータ間に制約があることがわかる。

次に、パラメータ間に制約がない場合の推定式を掲げる。

(1-B) パラメータ制約がない場合の推定式

$$C_t = \beta_0 + \beta_1 C_{t-1} + \beta_2 G^C_{t-1} + \beta_3 G^C_{t-2} + \beta_4 G^L_{t-1} + \beta_5 G^L_{t-2}$$
$$+ \beta_6 D^C_{t-1} + \beta_7 D^L_{t-1} + \beta_8 T^C_{t-1} + \beta_9 T^L_{t-1} + u'^1_t \quad (8-22)$$

$$G^C_t = \varepsilon^C_0 + \varepsilon^C_1 G^C_{t-1} + \varepsilon^C_2 G^C_{t-2} + \varepsilon^C_3 D^C_{t-1} + \varepsilon^C_4 T^C_{t-1} + v'^{C1}_t \quad (8-23)$$

$$G^L_t = \varepsilon^L_0 + \varepsilon^L_1 G^L_{t-1} + \varepsilon^L_2 G^L_{t-2} + \varepsilon^L_3 D^L_{t-1} + \varepsilon^L_4 T^L_{t-1} + v'^{L1}_t \quad (8-24)$$

ここでダッシュがついた項は攪乱項である。

したがって、(1-A) と (1-B) の関係において、中立命題が成立する場合は以下のパラメータ制約がある。

$$\beta_0 = \alpha_0 - \theta \varepsilon^C_0 - \phi \varepsilon^L_0 \quad (8-25)$$

$$\beta_1 = \alpha_1 \quad (8-26)$$

$$\beta_2 = \theta(\alpha_1 - \varepsilon^C_1) \quad (8-27)$$

$$\beta_3 = -\theta \varepsilon^C_2 \quad (8-28)$$

$$\beta_4 = \phi(\alpha_1 - \varepsilon^L_1) \quad (8-29)$$

$$\beta_5 = -\phi \varepsilon^L_2 \quad (8-30)$$

$$\beta_6 = -\theta \varepsilon^C_3 \quad (8-31)$$

$$\beta_7 = -\phi \varepsilon^L_3 \quad (8-32)$$

$$\beta_8 = -\theta \varepsilon^C_4 \quad (8-33)$$

$$\beta_9 = -\phi \varepsilon^L_4 \quad (8-34)$$

・(ケース2) 中央政府支出のみを考慮する場合

第2に、中央政府支出のみが有効消費や期待形成に影響を与える場合の推定式を以下に掲げる。

(2-A) パラメータ制約がある場合の推定式

$$C_t = (\alpha_0 - \theta\varepsilon_0^C) + \alpha_1 C_{t-1} + \theta(\alpha_1 - \varepsilon_1^C)G_{t-1}^C - \theta\varepsilon_2^C G_{t-2}^C - \theta\varepsilon_3^C D_{t-1}^C - \theta\varepsilon_4^C T_{t-1}^C + u_t^2 \quad (8-35)$$

$$G_t^C = \varepsilon_0^C + \varepsilon_1^C G_{t-1}^C + \varepsilon_2^C G_{t-2}^C + \varepsilon_3^C D_{t-1}^C + \varepsilon_4^C T_{t-1}^C + v_t^{C2} \quad (8-36)$$

ここで u^2 と v^{C2} は攪乱項である。

（2-B）パラメータ制約がない場合の推定式

$$C_t = \beta_0 + \beta_1 C_{t-1} + \beta_2 G_{t-1}^C + \beta_3 G_{t-2}^C + \beta_6 D_{t-1}^C + \beta_8 T_{t-1}^C + u_t'^2 \quad (8-37)$$

$$G_t^C = \varepsilon_0^C + \varepsilon_1^C G_{t-1}^C + \varepsilon_2^C G_{t-2}^C + \varepsilon_3^C D_{t-1}^C + \varepsilon_4^C T_{t-1}^C + v_t'^{C2} \quad (8-38)$$

ここでダッシュがついた項は攪乱項である。

したがって、中央政府の財政赤字において中立命題が成立する場合には以下のパラメータ制約がある。

$$\beta_0 = \alpha_0 - \theta\varepsilon_0^C \quad (8-39)$$

$$\beta_1 = \alpha_1 \quad (8-40)$$

$$\beta_2 = \theta(\alpha_1 - \varepsilon_1^C) \quad (8-41)$$

$$\beta_3 = -\theta\varepsilon_2^C \quad (8-42)$$

$$\beta_6 = -\theta\varepsilon_3^C \quad (8-43)$$

$$\beta_8 = -\theta\varepsilon_4^C \quad (8-44)$$

・（ケース3）地方政府支出のみを考慮する場合

第3に、地方政府支出のみの場合における推定式を以下に掲げる。

（3-A）パラメータ制約がある場合の推定式

$$C_t = (\alpha_0 - \phi\varepsilon_0^L) + \alpha_1 C_{t-1} + \phi(\alpha_1 - \varepsilon_1^L)G_{t-1}^L - \phi\varepsilon_2^L G_{t-2}^L - \phi\varepsilon_3^L D_{t-1}^L - \phi\varepsilon_4^L T_{t-1}^L + u_t^3 \quad (8-45)$$

$$G_t^L = \varepsilon_0^L + \varepsilon_1^L G_{t-1}^L + \varepsilon_2^L G_{t-2}^L + \varepsilon_3^L D_{t-1}^L + \varepsilon_4^L T_{t-1}^L + v_t^{L3} \quad (8-46)$$

ここで u^3 と v^{L3} は攪乱項である。

(3-B) パラメータ制約がない場合の推定式

$$C_t = \beta_0 + \beta_1 C_{t-1} + \beta_4 G_{t-1}^L + \beta_5 G_{t-2}^L + \beta_7 D_{t-1}^L + \beta_9 T_{t-1}^L + u_t'^3 \quad (8-47)$$

$$G_t^L = \varepsilon_0^L + \varepsilon_1^L G_{t-1}^L + \varepsilon_2^L G_{t-2}^L + \varepsilon_3^L D_{t-1}^L + \varepsilon_4^L T_{t-1}^L + v_t'^{L3} \quad (8-48)$$

ここでダッシュがついた項は攪乱項である。

したがって、地方政府の財政赤字において中立命題が成立する場合には以下のパラメータ制約がある。

$$\beta_0 = \alpha_0 - \phi \varepsilon_0^L \quad (8-49)$$

$$\beta_1 = \alpha_1 \quad (8-50)$$

$$\beta_4 = \phi(\alpha_1 - \varepsilon_1^L) \quad (8-51)$$

$$\beta_5 = -\phi \varepsilon_2^L \quad (8-52)$$

$$\beta_7 = -\phi \varepsilon_3^L \quad (8-53)$$

$$\beta_9 = -\phi \varepsilon_4^L \quad (8-54)$$

5．2．中立命題の検証方法

中立命題の検証はパラメータ制約がある場合を帰無仮説、パラメータ制約がない場合を対立仮説として設定し、これらを別々に推定することで行われる。

（A）帰無仮説　H_0：中立命題は成立する（パラメータ制約がある場合）
（B）対立仮説　H_1：中立命題は成立しない（パラメータ制約がない場合）

ただし、推定方法としては（A）はガウス法による非線形最小二乗法、（B）は通常の最小二乗法を用いた。そして、帰無仮説と対立仮説の推定結果における尤度関数の尤度比検定値が χ^2 分布にしたがうことを利用し、その尤度比

をみることで統計的に中立命題が成立しているか否かの検証を行う[136]。

すなわち、帰無仮説と対立仮説の推定式が大きく異なれば、それらの尤度関数から導かれる尤度比は大きくなって帰無仮説は棄却される。この場合は中立命題が成立しない。反対に、尤度比が小さければ帰無仮説と対立仮説の差も小さいことになり、帰無仮説が棄却されず、中立命題が支持されることになる。

5．3．使用データとその出所

実際に推定する際に使用したデータとその出所について述べる。基本的には以下に掲げられたとおりである。また、データ・サンプル期間は 1970 年度から 1995 年度である。

C：民間最終消費支出　経済企画庁『国民経済計算年報』
G^C：中央政府最終消費支出＋中央政府総固定資本形成　同資料
G^L：地方政府最終消費支出＋地方政府総固定資本形成　同資料
D^C：国債残高の増分　大蔵省『財政統計』
D^L：地方残高の増分　自治省『地方財政白書』
T^C：中央政府直接税＋中央政府間接税　『国民経済計算年報』

---

[136] 具体的に例を挙げて解説する。ケース 1 における（1-A）パラメータ制約がある場合の自由なパラメータ数は $2n+4=14$（a_0, a_1, θ, ϕ, ε_n^C, ε_n^L ($n=0,\cdots,4$))、（1-B）パラメータ制約がない場合の自由なパラメータ数は $m+2n=20$（β_m ($m=0,\cdots,9$), ε_n^C, ε_n^L ($n=0,\cdots,4$)) である。このとき、尤度比検定値は自由度 $(m+2n)+(2n+4)=m-4=6$ の χ^2 分布にしたがう。他のケースにおいても同様である。また、帰無仮説と対立仮説の推定で得られる最大化された尤度関数をそれぞれ Lr と Lu とすれば、尤度比検定値は $-\log(Lr/Lu)$ で表される。Maddala(1988)もしくは縄田(1997)を参照。

第8章 公債負担と中立命題　197

表8-2　中立命題の検証結果

ケース分け	検証結果	対応する表
（ケース1） 中央と地方政府支出を考慮する場合	× （棄却する）	表8-3
（ケース2） 中央政府支出のみを考慮する場合	○ （採択する）	表8-4
（ケース3） 地方政府支出のみを考慮する場合	×	表8-5

（備考）中立命題の検証結果は1％有意水準で評価している。

T^L：地方政府直接税＋地方政府間接税　同資料
ただし、すべての変数は民間最終消費支出デフレータと政府最終消費支出デフレータによって実質化されている。また、自治省『住民基本台帳人口要覧』から得られた「世帯数」で1世帯あたり変数に修正されている。

6．推定と検証結果

本節では、前節までで提示されたモデルに対して経済データを用いて推定した結果を示し、中立命題の検証結果について述べる。各ケースの帰無仮説である中立命題が採択されるか棄却されるかをまとめたのが**表8-2**である。

また、**表8-3**から**表8-5**は推定結果を掲げたものである。表の左側にはパラメータ制約がある場合、右側にはパラメータ制約がない場合のパラメータの推定値とt値が示してある。最も右の欄には、パラメータ制約がある場合の推定値を用いて、パラメータ制約がない場合に対応したパラメータの値を計算したものを掲げている。中の段には推定式の決定係数 R^2 とダービン・ワトソン統計量 DW が示されている。決定係数とダービン・ワトソン統計量はおおむね良好である。最も下の段には尤度比と 1％と 5％有意水準の

もとでの各ケースのパラメータの自由度に対応したχ^2臨界値を参考のため記してある。以下からは、各ケースの検定結果を吟味した結果から得られるインプリケーションを示してゆこう。

　第1にケース1の尤度比は非常に高く、1%有意水準で帰無仮説は棄却される。したがって、中央と地方の財政赤字を双方とも考慮した場合に中立命題は成立しない。第2にケース2の尤度比は小さく、5%有意水準でも帰無仮説を棄却できない。すなわち、中央政府の財政赤字のみを考慮した場合に中立命題は成立する。第3にケース3の尤度比はやや高く、1%有意水準で帰無仮説を棄却できる。したがって、地方の財政赤字のみを考慮した場合には中立命題は成立していないと考えられる。つまり、ケース2ではパラメータ制約がある場合とない場合の推定結果の違いが小さいため、中立命題が成立している状況を示すパラメータ制約がある場合の推定結果を棄却できない。逆に、ケース1とケース3では推定結果の違いが大きく、中立命題の成立を棄却するのである。

　以上から、家計が国債の発行については合理的であり、地方債の発行については非合理的であるという極端な結果を導き出すのはやや乱暴であるかもしれない。しかしながら、そのような側面をもっていることも否定できない。また、家計が本当に合理的ならば、他地域の地方政府の財政赤字を将来的には国税の増税によって負担しなければならないこともわかるはずであり、地方の財政赤字に関しても中立命題が成立するはずである。本章の実証分析の結果、ケース1において国と地方の財政赤字に関して中立命題が成立しないということは、家計がそこまで合理的な視野をもっていないことを意味しているとも考えられる。

　中央政府の財政赤字に関して家計が情報を得やすいのに対し、地方政府の財政赤字がどの程度なのかという情報を得ることは困難である。さらにいう

ならば、他地域の地方政府がどれだけの財政赤字を抱えているかという情報を得ることはより困難であると考えられる。したがって、以上の結果は国と地方の財政赤字に関する情報量の違いによって発生しているものとも解釈できる。

7. むすび

　本章では、国と地方の財政赤字を考慮して、これらの中立命題がわが国において成立しているか否かについて検証を行った。ここで得られた結果を大胆に要約すると以下のようになる。

　まず、中央と地方政府の財政赤字に関しては中立命題が成立しない。また、中央政府の財政赤字のみの場合は中立命題が成立する。さらに、地方政府の財政赤字のみの場合は中立命題が成立しない。

　これらの結果に対しては次のような解釈を与えた。家計は中央政府の財政赤字に対しては合理的に行動するため、将来に対して悲観的である。一方、地方政府の財政赤字は他地域の住民が負担する可能性を考えているので、消費を拡張的にする傾向がある。しかしながら、家計は他地域の地方政府の財政赤字を将来的に国税で負担することまでは考えていない。以上のような解釈はやや粗暴であるかもしれない。実際のところは国の財政赤字に関する情報と地方とを比較したときに、前者のコストが安く手にはいることが大きく影響していると考えるのが妥当かもしれない。

　最後に、本章の分析の問題点と今後の拡張の方向について述べることでむすびに変えたい。

　第1は分析手法自体の問題である。本章ではオイラー方程式アプローチを

表8−3　ケース1：中央政府支出と地方政府支出を考慮する場合

	(1−A) パラメータ制約がある場合		(1−B) パラメータ制約がない場合		パラメータ制約がある場合
パラメータ	推定値	t値	推定値	t値	
α_0	-0.667×10^{-3}	-1.291	0.105×10^{-2}	5.167	0.501×10^{-3}
α_1	0.692	11.499	0.571	6.962	0.692
θ	-23.075	-3.580	2.659	1.835	6.234
ϕ	-0.733	-0.939	-2.897	-1.509	-5.625
β_0			0.253	0.510	0.254
β_1			-0.977	-2.226	-0.229
β_2			0.325	2.551	-0.5437×10^{-1}
β_3			1.167	2.776	0.270
β_4			-0.332	-1.521	0.735
β_5			3.445	6.300	0.184
εC_0	0.475×10^{-4}	3.031	0.578×10^{-4}	2.422	
εC_1	0.962	10.583	1.175	8.924	
εC_2	-0.244	-2.381	-0.537	-2.830	
εC_3	-0.233×10^{-2}	-0.521	0.110×10^{-1}	0.975	
εC_4	0.3219×10^{-1}	2.465	0.387×10^{-1}	2.398	
εL_0	0.100×10^{-3}	2.881	0.828×10^{-4}	1.786	
εL_1	1.038	9.824	1.209	9.531	
εL_2	-0.312	-3.180	-0.415	-3.493	
εL_3	0.369	4.388	0.311	3.462	
εL_4	0.251	4.743	0.171	2.488	

推定式	R²	DW	推定式	R²	DW
C	0.993	1.808	C	0.998	2.455
G^C	0.872	1.548	G^C	0.895	1.969
G^L	0.955	1.579	G^L	0.955	1.832

尤度比	
	24.711
$\chi^2_{0.01}(6)$	16.812
$\chi^2_{0.05}(6)$	12.592

表8-4 ケース2：中央政府支出を考慮する場合

	(2-A) パラメータ制約がある場合			(2-B) パラメータ制約がない場合			パラメータ制約がある場合
パラメータ	推定値	t値	パラメータ	推定値	t値		
α_0	-0.861×10^{-3}	-1.220	β_0	0.486×10^{-3}	2.101		0.430×10^{-3}
α_1	0.714	13.710	β_1	0.704	13.265		0.714
θ	-28.750	-3.435	β_2	7.114	4.689		6.525
			β_3	-6.351	-2.803		-5.157
			β_6	0.196×10^{-1}	0.162		-0.710×10^{-1}
			β_8	0.795	3.299		0.670
ε^C_0	0.449×10^{-4}	2.907	ε^C_0	0.698×10^{-4}	2.052		
ε^C_1	0.941	10.779	ε^C_1	1.155	5.763		
ε^C_2	-0.179	-1.905	ε^C_2	-0.715	-2.159		
ε^C_3	-0.247×10^{-2}	-0.608	ε^C_3	0.376×10^{-1}	2.167		
ε^C_4	0.233×10^{-1}	2.061	ε^C_4	0.706×10^{-1}	2.337		
推定式	R^2	DW	推定式	R^2	DW		
C	0.992	1.731	C	0.993	1.827		
G^C	0.872	1.532	G^C	0.905	2.148		

尤度比	7.073
$\chi^2_{0.01}(3)$	11.345
$\chi^2_{0.05}(3)$	7.815

第8章 公債負担と中立命題 203

表8-5 ケース3:地方政府支出を考慮する場合

(3-A)	パラメータ制約がある場合			(3-B)	パラメータ制約がない場合		パラメータ制約がある場合
パラメータ	推定値	t値		パラメータ	推定値	t値	推定値
α_0	-0.465×10^{-3}	-1.038		β_0	0.720×10^{-3}	6.027	0.685×10^{-3}
α_1	0.740	9.486		β_1	0.662	7.182	0.740
ϕ	-6.487	-4.480		β_4	1.578	4.041	1.555
				β_5	-1.592	-4.097	-1.671
				β_7	0.244	0.486	-0.665×10^{-1}
				β_9	1.674	3.770	1.330
ε^{L_0}	0.177×10^{-3}	4.230		ε^{L_0}	0.588×10^{-4}	1.025	
ε^{L_1}	0.979	8.723		ε^{L_1}	1.044	5.167	
ε^{L_2}	-0.258	-3.078		ε^{L_2}	-0.266	-1.362	
ε^{L_3}	-0.103×10^{-1}	-0.142		ε^{L_3}	0.435	2.399	
ε^{L_4}	0.205	2.744		ε^{L_4}	0.218	2.449	
推定式	R^2	DW		推定式	R^2	DW	
C	0.995	1.571		C	0.995	1.450	
G^L	0.934	1.129		G^L	0.957	1.693	
尤度比	11.868						
$\chi^2_{0.01}(3)$	11.345						
$\chi^2_{0.05}(3)$	7.815						

採用したが、この手法は代表的家計に限る分析であること、政府支出の期待形成式がアドホックであることなどの欠点がある。中立命題の検証については様々な手法があるが、完全に欠点がない分析手法は皆無である。したがって、これらの弱点を理解した上で、研究の蓄積を行ってゆくことが、中立命題の実証分析に必要な方向性である。

　第2は、地方政府ごとの分析、すなわち都道府県別や市町村別に実証分析を行うべきである。本章では地方政府の財政赤字を集計し、マクロ・レベルで分析を行った。マクロ・レベルで分析を行うことは、地域間の作用を相殺してしまう可能性が高い。地方の財政赤字は地域的な特徴があるので、これを経済モデルでとらえた分析を行うべきである。しかしながら、地方ごとの分析は住民移動や地方公共財のスピル・オーバーをどのように定式化すべきかという問題がある。

　第3に、データ期間を区分けして分析を行うべきである。他の既存研究にもみられるように、モデルが同じでもデータ期間の違いは分析結果に大きく影響を与える。ただし、本章においてはデータを区分けすると分析する際にデータ数が少なくなり、推定において自由度が小さくなる問題が生じるため、あえて行わなかった。

　以上の諸点の克服は今後の課題としたい。

補章Ⅰ　Tax-adjusted Q の計測

1. はじめに

　第5章では産業別の投資関数を利用して法人所得税の設備投資への影響を分析した。本章では投資関数の推定に必要な Tax-adjusted Q と投資率を計測する。第5章で展開されたモデルによると、Tax-adjusted Q の決定式は以下の通りである。

$$Q = \frac{\left\{q - \dfrac{A}{p_I K} - (1 - \tau h - \tau z - k)\right\}}{(1-\tau)} \frac{p_I}{p} \quad (\mathrm{I}-1)$$

ここで、過去の投資に関する減価償却費の法人税等負担額の節約分の割引現在価値 A、資本財価格 p_I、資本ストック K、法人実効税率 τ、引当金比率 h、当期の1単位の投資が生み出す将来の減価償却の割引現在価値 z、投資税額控除率 k、生産財価格 p である。また、Tobin の平均 q を

$$q = \frac{V + b p_I K}{p_I K} \quad (\mathrm{I}-2)$$

としており、投資 I とすれば、投資関数 Ψ は実質賃金率 w/p と Tax-adjusted Q を従属変数として

$$\frac{I_t}{K_{t-1}} = \Psi\left(\frac{w_t}{p_t}, Q_t\right) \quad (\mathrm{I}-3)$$

のように記述される。

マクロ・データを利用した Tax-adjusted Q の計測方法については本間・林・跡田・秦(1984)が詳しい。一方、本章は企業の財務データを利用して個々の企業ごとに Tax-adjusted Q を計測するところに特徴がある。以下では、日本政策投資銀行『企業財務データバンク』を主に利用した Tax-adjusted Q と投資率の計測方法について具体的に解説する。『企業財務データバンク』には、東京、大阪、名古屋の証券取引所の第1部と第2部に上場している会社と店頭登録会社の財務諸表データが収録されている。したがって、大企業に限定されたデータであることに留意するべきである。また、計測期間は1970年から1995年である。

本章の構成は以下の通りである。2節では税制と価格に関するパラメータについて述べられる。3節では減価償却や引当金、投資率などの企業変数に関するパラメータについて叙述する。4節では計測された Tax-adjusted Q と投資率の時系列的変化と因果関係をいくつかの産業について図式化することで直観的な示唆を得る。最後の5節では本章で残された課題について言及する。

2. 税制・価格等パラメータ

税制パラメータである国税の法人税率 u_N、住民税法人税割の税率 u_L、事業税率 v については表面税率を用いた[137]。ただし、本章の分析対象は大企業であるため、国税の法人税率については基本税率、地方税である事業税率と住民税法人税割の税率については最高税率を採用する。実際には、地方税に関しては各地方公共団体が超過課税を行なっている。しかし、国税の法人税と事業税に軽減税率が存在するため、超過課税を含めた税率を計算すること

---

[137] 法人税の配当軽課については捨象している。岩本(1991)を参照。

は困難であることから、事業税と住民税法人税割に関しては標準税率を利用する。以上より、次式にしたがって広義の法人税率 u を求めることができる。

$$u = u_N(1+u_L) \quad (\text{I}-4)$$

また、投資税額控除率 k はわが国では大企業に対してほとんど適用されていないのでゼロと想定する。これらの税制パラメータの推移は図 I − 1 に示されている。

　生産財価格 p と資本財価格 p_I の推定については以下のような作業で計算した。まず、生産財価格 p のデータとしては日本銀行『物価指数年報』の産業別価格指数（1995 年基準）を採用する。ここでの産業区分は、農林水産物、鉱業、食料品、繊維製品、製材・木製品、パルプ・紙、化学、石油・石炭、窯業・土石、鉄鋼、非鉄金属、金属製品、一般機械、電気機器、輸送用機器、精密機器、出版印刷、その他工業製品、建設、電力・ガス・水道、卸売、小売、金融保険、不動産、運輸・通信、サービスである。

　第5章のモデルでは、企業は単一の資本ストック K を保有すると想定されるが、その計測においては建物構築物 K^1、機械装置 K^2、その他償却資産 K^3 の3つに資本ストックを区別し、これらを加重平均した資本ストック K を企業が減価償却資産として保有していると考える。これは、3つの資本財がそれぞれの資本財市場から調達されるため、当然ながら直面する資本財価格も異なる動きをしていることから、資本ストックをひとつにまとめて考えるよりもより正確な計測を行うことができると期待されるからである。したがって、資本財価格 p_I も建物構築物 p_I^1、機械装置 p_I^2、その他償却資産 p_I^3 の加重平均で構成されていると考える。

　まず、『物価指数年報』の卸売物価指数から3資産に該当すると考えられる資本財価格指数を抽出した。具体的には、建物構築物に対しては「建設用材料」、機械装置に対しては「一般機械」「電気機械」、その他償却資産に対して

は「繊維製品」「製材木製品」「非鉄金属」「金属製品」「一般機器」「電気機器」「輸送用機器」「精密機器」「その他製造工業製品」である。このとき、素材、中間投入、最終需要にまたがって利用されている資本財については、『物価指数年報』におけるそれぞれのウェイトにしたがって加重平均した資本財価格指数を計算することで3資産の資本財価格 p_I^m ($m=1,2,3$) を得る。次に、行政管理庁『産業連関表』の固定資本形成マトリクスを上記の産業分類と資産分類に合わせて統合する[138]。最終的には、統合された固定資本形成マトリクスが3資産に対する投資比率を示すと想定し、先に得られた3資産の資本財価格 p_I^m ($m=1,2,3$) を資本形成マトリクスを用いて加重平均することで資本財価格 p_I を得る。以上の作業により、産業別の資本財価格が時系列で得られ、前年との変化率を計算することで資本財価格の上昇率 π_I が計算できる。

$$\pi_{It} = \frac{p_{It} - p_{It-1}}{p_{It-1}} \quad (\mathrm{I}-5)$$

経済的資本減耗率 δ については、先の産業区分にしたがった経済的減耗率を、1970年から1994年までの経済企画庁『民間資本ストックデータ』を用いて以下の恒久棚卸法により算出された δ_j を平均して求めた。

$$KD_{j,t} = ID_{j,t} + (1-\delta_j)KD_{j,t} \quad (\mathrm{I}-6)$$

ただし、『民間資本ストックデータ』の産業別資本ストックデータ KD、産業別投資データ ID であり、添字 j は産業を示す。第5章の**表5－2**に計測された δ が産業別に示されている。

名目利子率 i には、日本銀行『経済統計年報』の全国銀行貸出約定金利を

---

[138] ただし、固定資本形成マトリクスは5年おきにしか公表されていないので、データの存在しない年については線形補完することでデータを作成した。

図Ⅰ—1　税制パラメータの推移

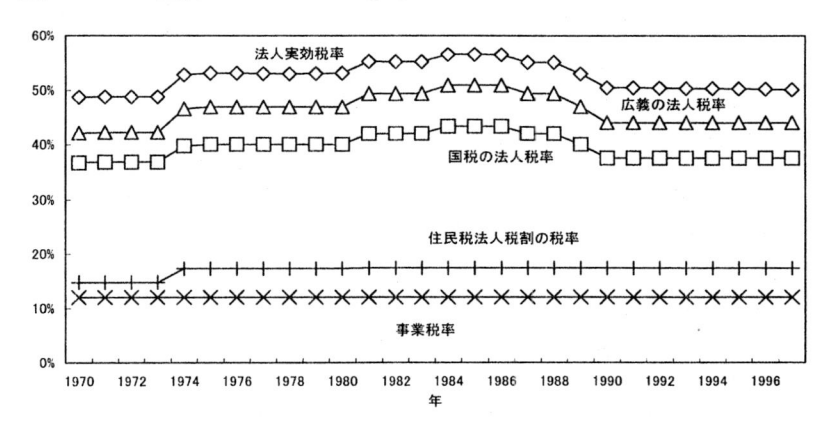

用いた。株主の時間選好率 ρ に関しては、資本市場における家計部門のポートフォリオに関する裁定化行動によって株主の要求する収益率と外部借入の資金調達コストである利子率が完全代替となることを想定し、$i = \rho$ となることを仮定する。

ここまでの作業により、以下の法人実効税率 τ が時系列で計算可能となる。

$$\tau = (u+v)\frac{1+\rho}{1+\rho+v} \quad (\text{I}-7)$$

法人実効税率 τ についても図Ⅰ—1でその推移が示されている。

3．企業変数

次に、企業財務データを用いて Tax-adjusted Q を構成する企業変数を推定する方法を述べる。この財務データには決算日が3月末日ではない企業も含まれているが、これらを除外することは、データ・サンプル数を大きく限定し、分析が恣意的になる危険性がある。そこで、たとえば10月末決算の

企業に関しても当該年期間内の経済変数である税率、利子率、生産物価格、資本財価格などに直面していると考え、決算期が他企業と異なっていたとしても計測対象とした。また、決算日を変更する場合など、決算日がずれることで会計期間が1年を超える企業がみられた。これに関しては計算の過程でフロー変数については1年単位に修正することで適当な調整を行った[139]。以下で「　」内は『企業財務データバンク』における個別財務諸表の勘定科目もしくは掲載項目を示している。ここで、データ利用期間は1970年から1995年である。

まず、企業価値Vは「発行済株式総数」に株価を乗じて計算する。ここで株価は「期中最高株価」と「期中最低株価」の平均で計算される。本来ならば、期末株価が適切であるが、データ制約のために断念した[140]。

次に、外部負債比率bの推定方法について述べる。外部負債比率bは負債の市場価値Bを負債の市場価値Bと企業価値Vの合計で除算したものである。

$$b = \frac{B}{B+V} \quad (\mathrm{I}-8)$$

企業価値Vは先に得られているから、ここでは負債の市場価値Bについて推定する。

負債は流動性負債と固定負債に分類され、主に前者が短期金利を発生させるのに対し、後者は長期金利を発生させることに特徴がある[141]。財務データから得られる流動性負債は[1]「短期借入金」、[2]「関係会社短期借入金」、[3]

---

[139] 減価償却費と投資に関係する企業変数について会計期間の調整を行った。具体的にはウェイト計算で会計期間を12ヶ月に修正している。
[140] 企業価値の計算には配当を平均利回りで除算する方法もあるが、データ制約のためにここでは不可能であった。
[141] ただし、会計上「1年以内…」という勘定科目は財務諸表において流動性項目に属するものの、性質的には長期金利を発生することに注意しなければならない。

「1年以内返済長期借入金」、[4]「1年以内関係会社長期借入金」、[5]「1年以内償還の社債」がある[142]。一方、固定負債には、[6]「普通社債」、[7]「転換社債」、[8]「新株引受権付社債」、[9]「長期借入金」、[10]「関係会社長期借入金」がある[143]。これらは支払利息と「社債利息」を発生させる。

財務データには支払利息が「支払利息・割引料」として一括に掲載されており、割引料と分離されていない。したがって、[11]「受取手形割引高」を考慮して、企業が直面する平均的な金利である加重平均金利を計算する。計算式は以下の通りである。

$$\text{加重平均金利} = \text{短期金利} \times ([1]+[2]+[11]) / ([1]\text{から}[11]\text{までの合計})$$
$$+ \text{長期金利} \times ([3]\text{から}[10]\text{までの合計}+[11]) / ([1]\text{から}[11]\text{までの合計}) \quad (\text{I}-9)$$

ただし、ここで短期金利には日本銀行『経済統計年報』の全国銀行貸出約定金利を、長期金利には長期信用銀行貸出平均金利を用いた。

以上より、負債と割引手形の市場価値が

$$\text{負債と割引手形の市場価値} = (\text{「支払利息・割引料」}+\text{「社債利息」}) / \text{加重平均金利} \quad (\text{I}-10)$$

によって計算できる。さらに、負債の市場価値 B を求めるためには、受取手形割引高の市場価値を差引く必要がある。

$$\text{負債の市場価値 } B = \text{負債と割引手形の市場価値} - \text{「受取手形割引高」} \quad (\text{I}-11)$$

ただし、ここでは、「受取手形割引高」が近似的に割引手形の市場価値に相当していると想定する。つまり、割引手形は比較的短期で流動性が高いため、簿価が時価にほぼ等しいとみなしている。以上より、外部負債比率 b が推定できる。

また、引当金比率 h は以下の式によって推定される。

---

[142] 厳密には、関係会社に関する負債が発生させる金利は通常の負債に比べて低いと考えられるが、ここではデータの制約より区別しない。
[143] ただし、転換社債と新株引受権付社債については、株式の性質をもつものであるから、通常の社債と区別する必要がある。しかしながら、区別の困難性から考慮しない。

$$h = \frac{H}{B+V} \quad (\mathrm{I}-12)$$

ただし、引当金については市場価値の推定は困難であるため、便宜上、簿価が時価に等しいと想定する。つまり、具体的な計算方法は以下の通りである。

引当金積立額の市場価値　H ＝「貸倒引当金」＋「賞与引当金」＋「製品保証引当金」
　　　　　　　　＋「返品調整引当金」＋「退職給与引当金」　（$\mathrm{I}-13$）

さて、ここからは減価償却資産に関する企業変数について述べる[144]。まず、過去の投資に対する将来における減価償却の法人税等節約分の割引現在価値 A の推定には残存率 a と平均耐用年数 N の情報が必要である。ただし、3資産を区別しているため、建物構築物 K^1、機械装置 K^2、その他償却資産 K^3 の平均耐用年数 N^m（$m=1,2,3$）をそれぞれ求めなければならない。ここでは経済企画庁(1970)『国富調査：法人資産調査報告』から得られる産業別資産別平均耐用年数データを利用した。具体的な資産分類は、建物構築物については「建物」「構築物」、機械装置については「機械及び装置」、その他償却資産については「船舶」「車両及び運搬具」「工具及び器具備品」である。そして、先ほどの固定資本形成マトリクスを上記の資産分類に統合し、資産分類別の平均耐用年数を加重平均することで、3資産の平均耐用年数が計算される。減価償却方法に定率法を採用し、残存率 a は0.1であると想定すれ

---

[144] 特別償却制度についてはデータの制約上考慮しない。通常の減価償却制度とは別に、初年度に投資額の一定割合を特別償却費として損金算入するのが特別償却制度である。通産省産業調査会(1997)『産業税制ハンドブック』によれば、特別償却は大きく3つのタイプに分類することができる。すなわち、(a)特定の資産に対する償却、(b)特定の地域における資産についての償却、(c)特定の法人の資産についての償却である。このうち、本章の分析対象である大企業に適用される特別償却は(a)と(b)である。しかしながら、産業別、資産別、企業別にこれらの特別償却の適用割合を抽出することは不可能であり、特別償却についてはデータの制約上考慮することができなかった。また、投資税額控除率 k については、わが国の大企業に対してほとんど適用されていないのでゼロと想定する。

表I－1　産業別・資産別平均耐用年数

	建物構築物	機械装置	その他償却資産
農林水産	27.2	10.1	7.8
鉱業	30.2	8.5	6.3
食料品	30.7	11.4	5.7
繊維	24.2	10.6	7.5
木材木製品	24.7	11.6	5.8
紙パルプ	33.0	12.7	6.8
化学	32.0	8.6	7.6
石油石炭	30.9	8.6	7.6
窯業土石	30.7	10.9	5.7
鉄鋼	35.2	13.5	8.0
非鉄金属	33.1	11.1	6.4
金属製品	32.3	12.0	4.6
一般機械	31.5	11.8	5.4
電気機械	32.7	10.2	5.2
輸送機械	33.7	10.6	4.1
精密機械	33.9	10.2	5.3
出版印刷	33.3	12.2	6.6
その他製造	31.4	10.6	4.9
建設	31.1	6.5	5.0
電気ガス	40.1	17.1	9.2
卸売	30.9	10.9	6.2
小売	34.3	11.2	6.3
金融保険	46.6	10.1	7.2
不動産	46.0	10.1	7.1
運輸通信	34.2	11.0	7.7
サービス	32.7	9.0	5.5

ば、法定減価償却率 de を以下の式で資産別に計算できる[145]。

---

[145] 本来、企業によって採用する減価償却方法は資産別に異なっている。しかし、データの制約によってここで扱うのは集計された資産であることや、実際に定額法などを採用している企業が数少ないこと、扱いの容易さの理由から、ここでは定率法のみを採用した。岩田・鈴木・吉田(1987)によると、合理的な企業は定率法で減価償却を行うべきであるとされているのも根拠のひとつになり得るであろう。

表Ⅰ-2　産業別・資産別法定減価償却率

	建物構築物	機械装置	その他償却資産
農林水産	0.0811	0.2039	0.2563
鉱業	0.0734	0.2373	0.3043
食料品	0.0723	0.1829	0.3330
繊維	0.0909	0.1946	0.2637
木材木製品	0.0891	0.1795	0.3271
紙パルプ	0.0674	0.1658	0.2864
化学	0.0694	0.2349	0.2616
石油石炭	0.0719	0.2349	0.2618
窯業土石	0.0722	0.1904	0.3336
鉄鋼	0.0633	0.1568	0.2501
非鉄金属	0.0672	0.1873	0.3013
金属製品	0.0689	0.1746	0.3935
一般機械	0.0706	0.1773	0.3459
電気機械	0.0680	0.2021	0.3572
輸送機械	0.0661	0.1953	0.4276
精密機械	0.0656	0.2021	0.3542
出版印刷	0.0668	0.1720	0.2941
その他製造	0.0707	0.1953	0.3729
建設	0.0715	0.2983	0.3681
電気ガス	0.0559	0.1260	0.2222
卸売	0.0717	0.1904	0.3105
小売	0.0649	0.1858	0.3070
金融保険	0.0483	0.2039	0.2745
不動産	0.0488	0.2039	0.2784
運輸通信	0.0650	0.1889	0.2582
サービス	0.0681	0.2257	0.3422

$$de_j^m = 1 - a^{1/N_j^m} \quad (Ⅰ-14)$$

これらの計測結果はそれぞれ表Ⅰ-1と表Ⅰ-2に示されている。

　当期の財務データからは建物構築物として「建物」「構築物」、機械装置として「機械装置」、その他償却資産として「車両運搬具」「船舶」「工具器具備

品」「賃貸用固定資産」「その他の償却資産」をそれぞれ集計することで3資産の取得原価が得られる。一方、前期の財務データからは同勘定科目の有形固定資産償却累計を得ることができる。前者から後者を差し引いた額に対して、上記の法定減価償却率 de を乗じることで、t 期の減価償却額が計算できる。t 期の減価償却額に $t-1$ 期の減価償却累計額を足し合わせると t 期の減価償却累計額が得られる。$t+1$ 期の減価償却額は、取得原価から t 期の減価償却累計額を差し引いた額に償却率 de を乗じ、t 期の減価償却累計額に加算することで $t+1$ 期の減価償却累計額が得られる。この作業を減価償却累計額が取得原価の 90%（$=1-a$）を超えるまで行い、90%を超える $t+x$ 期の減価償却費は取得原価の 90% と $t+x-1$ 期の減価償却累計額との差額とする[146]。以下の式にしたがい、A は株主の時間選好率 ρ で $t+x$ 期まで減価償却費を現在価値になおした合計に法人実効税率 τ を乗じたものを資産別に集計して計算できる[147]。

$$A = \sum_{t=0}^{\infty} (1+\rho)^{-t} \tau \sum_{s=-\infty}^{0} D_{t,s} p_{I_s} I_s \quad （\text{I}-15）$$

現在の1単位の投資に対する将来における減価償却の割引現在価値 z の推定は以下のように行う。t 期において1単位の投資を行ったとき、t 期には償却率 de だけの減価償却費が計上され、de が減価償却累計額となる。$t+1$ 期には $(1-de) \times de$ が減価償却費となり、$de + (1-de) \times de$ が減価償却累計額となる。$t+2$ 期には $(1-de-(1-de) \times de) \times de$ が減価償却費となり、$de + (1-de) \times de + (1-de-(1-de) \times de) \times de$ が減価償却累計額となる。以上の作業を減価償却累計額が 0.9（$=1-a$）を超えるまで行い、0.9を超える $t+y$ 期の減価償却費は 0.9 と $t+y-1$ 期の減

---

[146] この作業は企業会計における減価償却費の計算手順に依拠している。
[147] このとき、将来の法人実効税率に関しては企業の静学的期待を仮定している。

価償却累計額との差額とする。下式にしたがい、z は株主の時間選好率 ρ で t 期から $t+y$ 期までの減価償却費を現在価値になおした合計を、さきの固定資本形成マトリクスを3資産に集計して得られたウェイトで加重平均した値として計算できる[148]。

$$z = \sum_{t=0}^{\infty}(1+\rho)^{-t}D_{t,0} \quad (\mathrm{I}-16)$$

これまでの作業により、Tax-adjusted Q を構成する各変数の推定を終えることができた。以上の変数を Tax-adjusted Q の決定式（Ⅰ-1）に代入することで、企業別の Tax-adjusted Q を計測することができる。

次に、Tax-adjusted Q とともに投資関数の説明変数となる実質賃金率 w/p の推定であるが、財務データにおける「従業員給与手当」「福利厚生費」「従業員数」を利用する。ただし、「福利厚生費」については実質的な従業員に対する賃金であると考えて採用した。つまり実質賃金率 w/p は

実質賃金率　w/p ＝（「従業員給与手当」＋「福利厚生費」）

／（「従業員数」×生産財価格　p）　（Ⅰ-17）

として得られる。

最後に、投資関数の推定のためには企業別の投資率 I/K を財務諸表データから得なければならない。前期と当期の財務データからは「建物」「構築物」「機械装置」「車両運搬具」「船舶」「工具器具備品」「賃貸用固定資産」「その他の償却資産」の合計をそれぞれの資本ストックの評価額 $p_{I_{t-1}}K_{t-1}$、$p_{I_t}K_t$ であると想定する。そして、これらの差額を当期に行われた投資であると解釈し、会計期間内の資本財価格の上昇率 π_I を考慮することで、

---

[148] 1995年の外部負債比率、引当金比率、現在の1単位の投資に対する将来における減価償却の割引現在価値の各産業における平均値は第5章の**表5-2**に示されている。

$$\frac{I_t}{K_{t-1}} = \frac{(p_{I_t}K_t - p_{I_{t-1}}K_{t-1})}{(1+\pi_{I_t})p_{I_{t-1}}K_{t-1}} \quad (\text{I}-18)$$

によって企業ごとの投資率 I/K を算出した。

4．計測結果

 前節によって得られた企業別の計測結果を産業別に分類する。具体的には、農林水産、鉱業、食料品、繊維、木材木製品、紙パルプ、化学、石油石炭、窯業土石、鉄鋼、非鉄金属、金属製品、一般機械、電気機械、輸送機械、精密機械、出版印刷、その他製造、建設、卸売、小売、不動産、運輸通信、サービスである。ただし、電気ガスと金融保険は本章の分析対象から除外した。電気ガスについては独占的な産業であることと、事業税の課税標準と税率が他の業種と異なるためである[149]。金融保険は『企業財務データバンク』に財務諸表のデータ・ベースが存在しないために断念した。

 第5章で行われる投資関数の推定とも関連して、前節で計測されたTax-adjusted Q と投資率の推移と関係について、ひとまず図から直観的な情報を得ておくことは重要であろう。以下では計測結果の図示について簡単にまとめておく[150]。

 本章での作業で計測された Tax-adjusted Q と投資率の関係をみてみる。図I－2から図I－5は産業ごとに Tax-adjusted Q と投資率をプロットしたものである。ただし、代表的な産業として、一般機械、電気機械、輸送機

---

[149] また、生命保険業と損害保険業も、電気ガス業と同じく事業税が他の業種と異なる扱いを受ける。第5章を参照。
[150] ただし、図I－2から図I－5を含めて以下の解説は産業ごとの Tax-adjusted Q と投資率の平均値をベースにして行われていることに注意する必要がある。実際の計測はデータを採集した個々の企業ごとに行われており、第5章で行われる投資関数の推定においても個別企業データが利用されている。

218

図 I-2　一般機械の Tax-adjusted Q と投資率

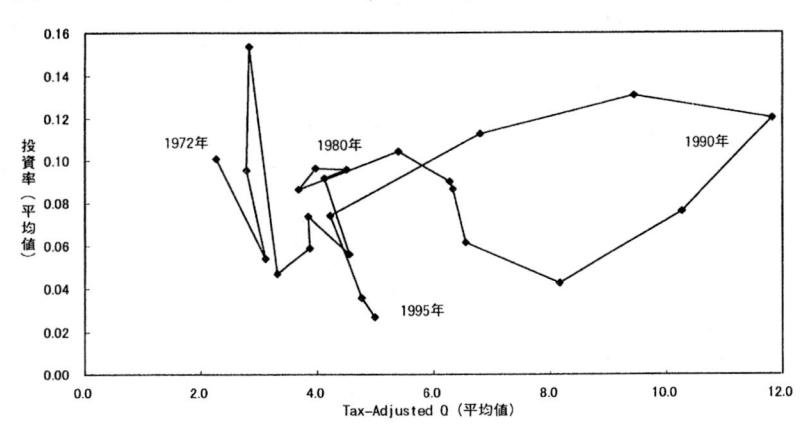

図 I-3　電気機械の Tax-adjusted Q と投資率

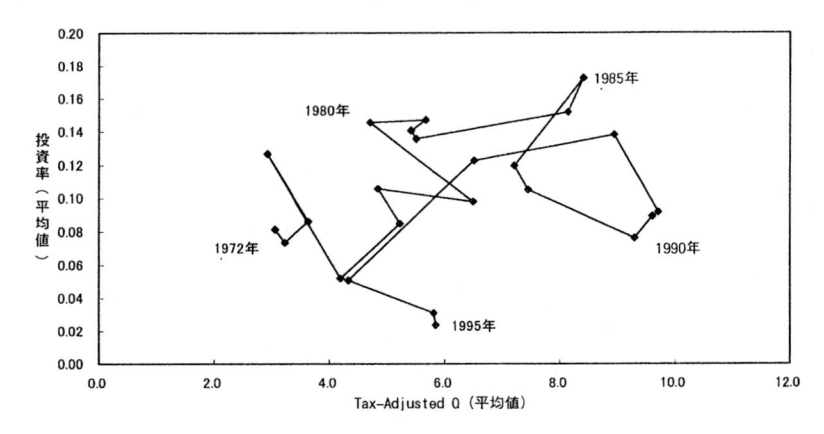

械、精密機械といった機械系産業をとりあげている。その他の産業については、上村・前川(1999)を参照されたい。これらの図からも読み取れるように、

図 I―4　輸送機械の Tax-adjusted Q と投資率

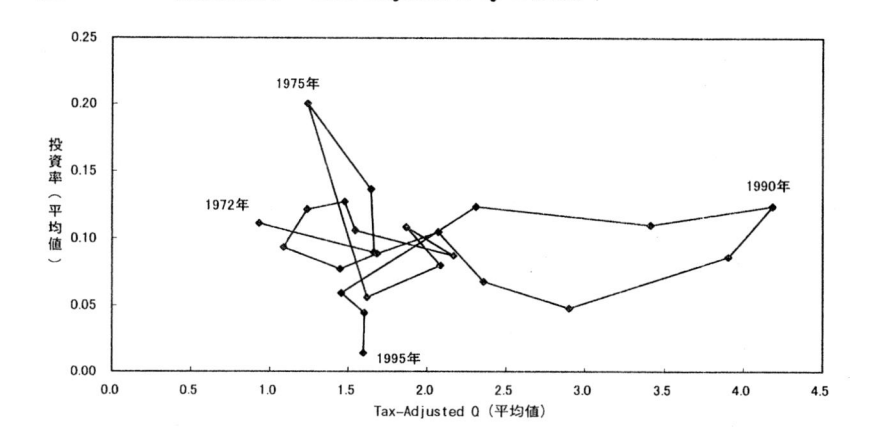

Tax-adjusted Q と投資率とが緩やかながらも正の相関があると判断できる産業が多い[151]。

5．むすび

　本章では個々の企業の Tax-adjusted Q を計測し、産業別の投資率との関係について図示することで直観的に設備投資の動向を把握した。図から推測されることは、機械系産業においては Tax-adjusted Q と投資率に正の相関関係が認められるということである。また、第5章の投資関数の推定結果は非常に良好であるため、その他の産業についても正の相関関係がみられるといっても良い。このことは、法人所得税制の改正が Tax-adjusted Q の変化をとおして、設備投資に影響を与えることを示唆するものである。

---

[151] 農林水産業を除いて、機械系以外の産業においても Tax-adjusted Q と投資率の正の相関が認められるケースが多かった。上村・前川(1999)を参照。

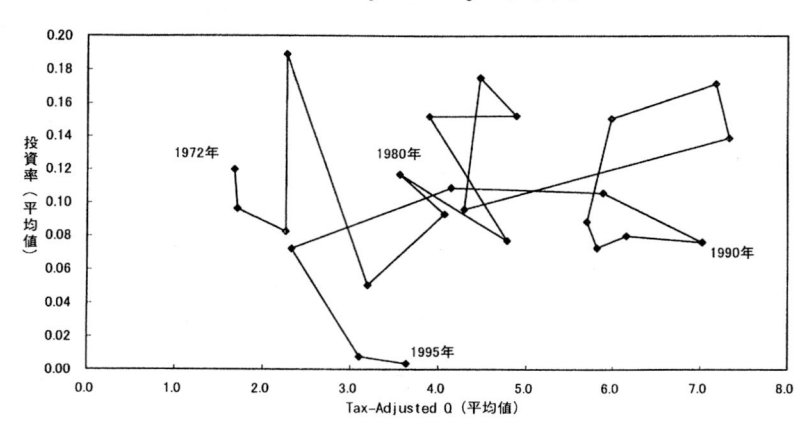

図Ⅰ—5　精密機械のTax-adjusted Qと投資率

最後に本章での課題について述べることでむすびに変える。

第1に、明示的にモデルで扱った資本ストックが1種類だということである。Tax-adjusted Qの計測においては資本ストックを3種類に分類したが、各企業の保有割合でウェイト付けを行うことで最終的には1つに統合した。浅子・國則・井上・村瀬(1989,1997)とHayashi and Inoue(1991)は、複数の資本ストックが存在するMultiple Q理論について実証分析を行っている。

第2に、本章では土地や棚卸資産を考慮していない。本章のTax-adjusted Qの計測結果が既存研究と比較して高めなのは、土地や棚卸資産を考慮していないことが原因のひとつになっていると考えられる。これらの資産は評価方法が困難なため、本章ではひとまず分析対象から除外した。

第3に、本章では上場企業の財務データを利用したため、大企業のみが分析対象となっていることである。中小企業やベンチャー企業に対する政策が重要性を増してくることを考えると、投資関数の対象が大企業だけに限定されてしまうことには問題がある。以上の諸点については今後の課題としたい。

補章Ⅱ　国民負担は経済成長を阻害するのか？

1．はじめに

　国民負担は経済成長を阻害するのだろうか。宮島(1992)や Slemrod and Bakija(1995)の付記的な指摘では、これらは全く無関係であると位置づけられている。宮島(1992)が周到に検討しているが、この主張の論点をまとめるならば、1．財政負担が及ぼす経済行動へのインセンティブの方向が不確定である点、2．社会保障のようにトランスファーとして機能している部分が存在する点、3．公共財として経済主体に便益を及ぼすことで経済成長に寄与している点などが挙げられる[152]。政府の規模が大きければ経済成長が鈍化するというような単純な関係はないというのが一部の財政学者の見解である。この観点からは、国民負担率の抑制という政策目標に疑問が投げかけられることが多い。

　しかし、実際にはこの見解はやや乱暴な形で示されてきた。よくみられるものは単年もしくは年平均の OECD 諸国のクロスセクション・データを利用し、国民負担または租税負担の対 GDP 比（もしくは対国民所得比）と経済成長率の関係を図示して無相関であることを直観的に示すものである。この場合、租税負担ではなく国民負担を採用すべきである。たとえば、年金や医療の財源調達には保険料方式と税方式があるが、国によって異なる方法を採用しているため、社会保障負担を含まない租税負担率は統一された情報を提供しないからである[153]。

---

[152] 第1点に関して、たとえば労働供給と貯蓄における代替効果と所得効果の大小関係が不確定になる点が挙げられる。
[153] Slemrod and Bakija(1995)は租税負担率と経済成長率の関係を図示して無相関

図Ⅱ—1　クロスセクション・データによるバイアスの可能性

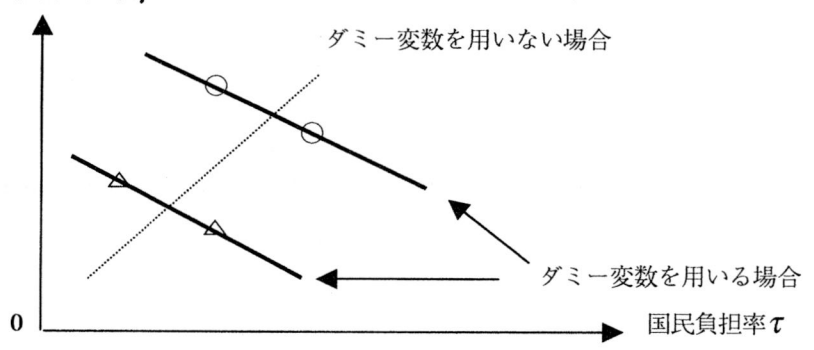

　また、クロスセクション・データよりも時系列的な性質をもつデータの方が望ましい。なぜなら、クロスセクション・データではその国固有の特性を除去することができないからである。

　このことを確認するために図Ⅱ—1を参照する。図には○国と△国の経済成長率と国民負担率がそれぞれ2点ずつプロットされている。もし、そのままのデータで推定を行うならば、点線にあるような推定結果が得られてしまう。この結果はクロスセクションにおける国の特性を除去できていない点でバイアスを生じている。同じように、平均データを利用しても点線の推定結果を得る可能性が高い。この場合、国の特性を区別するためにダミー変数（国ダミー）を導入することで太線にあるような改善された推定結果を得ることができるのである。

　以上の観点から、本章では国民負担率と経済成長率との関係について実証的に検討する。具体的にはOECD諸国のクロスセクション・データを時系列的に並べたパネル・データを利用し、経済成長率を国民負担率に回帰させ

であると指摘している。

ることで相関関係があるかどうかについて吟味する。国民負担率は経済全体で生み出されたパイに対する政府部門への資源移転の比率を示す指標であると考えられるから、ここでの分析は政府部門の運営の効率性に関するテストであるとも解釈できる。

本章の構成は以下の通りである。2節では利用されるデータについて述べた後に推定を行って推定結果を解釈する。3節では本章で得られた結果について簡単にまとめることでむすびとする。そして、補論ではBarro(1990)モデルにもとづく推定式の導出を行う。

2. データと推定

利用したデータ・ソースはOECD National Accounts, Volume II (1996)である。1983年から1994年までの期間においてデータが利用可能な国を選択した[154]。具体的には、カナダ、アメリカ、日本、オーストラリア、オーストリア、ベルギー、デンマーク、フィンランド、フランス、(西)ドイツ、ギリシャ、アイスランド、アイルランド、イタリア、ルクセンブルク、オランダ、ノルウェー、ポルトガル、スペイン、スウェーデン、スイス、イギリスの22カ国である。

経済成長率γは実質GDP (Gross Domestic Product) の変化率を計算することで求めた[155]。次に、国民負担率の計測であるが、OECDの資料では対

---

[154] 経済成長率と国民負担率を計測するためのデータが欠落しているためにメキシコ、ニュージーランド、チェコスロバキア、トルコの4カ国は分析対象に採用できなかった。また、1983年から1994年の期間の一部にデータ欠損がある国として、アメリカ(1983年〜1993年)、アイルランド(1986年〜1993年)、ルクセンブルク(1983年〜1986年)、ノルウェー(1983年〜1991年)、ポルトガル(1986年〜1989年)、スペイン(1985年〜1994年)がある。ただし、( )内は計測可能期間である。
[155] ( )内はOECD National Accountsのデータ項目名である。

GDP 比が利用される一方で、財務省などによる日本の統計では対国民所得（NI）比が採用されることが多い。SNA の計算上、純間接税（＝間接税－経常補助金）部分が含まれるのが GDP であり、控除されるのが NI である。したがって、GDP から計算された国民負担率の方が NI から得られた国民負担率よりも低くなる[156]。このように、国民負担率には明確な定義が存在しないが、本章では双方とも検討の対象にする。

国民負担の対 GDP 比 τ_G は、一般政府（General Government）の間接税（Indirect taxes）、直接税（Direct taxes）と社会保障負担（Social security contributions）を合算した国民負担を名目 GDP（Gross Domestic Product）で除算することで求める。一方、国民負担の対 NI 比 τ_N は、国民所得（National Income）で除算することで求めた。

以上のようにして得られた各国の経済成長率と国民負担率の非バランス・パネル・データをすべて図示すると、対 GDP 比が図Ⅱ－2、対 NI 比が図Ⅱ－3のようになる。先に述べた計算上の違いにより、図Ⅱ－2よりも図Ⅱ－3の方が横に散らばりをもつことがわかる。また、これらの図からは直観的に弱い負の相関関係が全体を通して認められる。しかし、やはり統計的手法によって因果関係を確認する必要がある。

まず、経済成長率 γ に対 GDP 比 τ_G と対 NI 比 τ_N を単純に回帰させた推定結果は次の通りである[157]。

・対 GDP 比の場合　　$\gamma_{t,i} = 0.0491 - 0.0628\tau_{Gt,i} + e_{t,i}$　　（Ⅱ－1）

　　　　　　　　　　　(6.505)　(−3.275)　　Adjusted R² = 0.0394

---

[156] GDP には純間接税が含まれるため、直間比率が低い国は国民負担の対 GDP が低く、対 NI 比は高く計測されてしまう。
[157] 内生的成長モデルを利用した推定式の理論的な導出方法は補論を参照。

補章Ⅱ 国民負担は経済成長を阻害するのか？　225

図Ⅱ-2　国民負担対 GDP 比と経済成長率

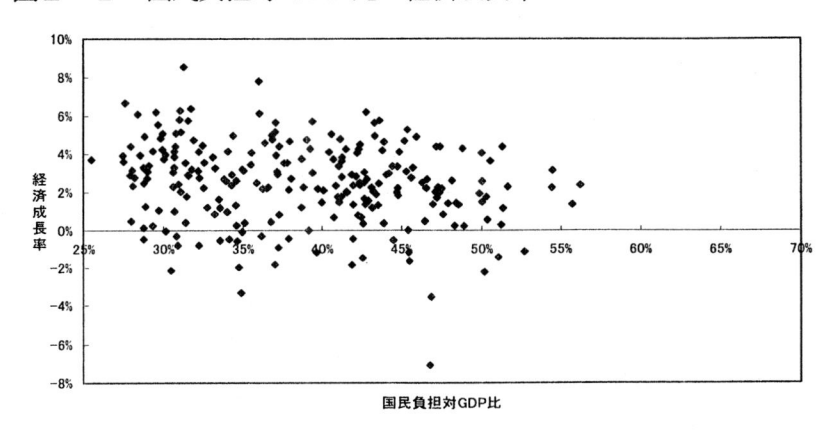

図Ⅱ-3　国民負担対 NI 比と経済成長率

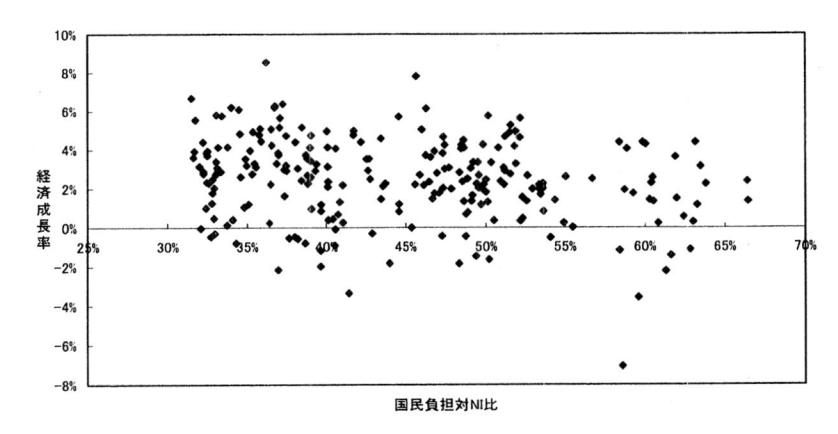

・対 NI 比の場合　$\gamma_{t,i} = 0.0490 - 0.0542\tau_{Nt,i} + u_{t,i}$　（Ⅱ-2）

　　　　　　　(7.159)　(-3.606)　　Adjusted R²＝0.0428

ただし、i は国を示す添字、t は年を示す添字、e と u は誤差項、（　）内は t 値である。双方の国民負担率の係数は負に有意であり、国民負担率の増加

は経済成長率に悪い影響を与えると一応は解釈できる。しかし、図からもわかるように、ばらつきが多いデータ・サンプルのために決定係数は悪い。

次に、クロスセクション・データにおける国の特性を除去できる定数項ダミー変数を用いる場合は以下のようになる。

・対 GDP 比の場合

$$\gamma_{t,i} = 0.1573 + \alpha_i \sum_{j=1}^{22} DUM_j - 0.3715 \tau_{Gt,i} + \varepsilon_{t,i} \quad (\text{II}-3)$$

(5.724)　　　　　　　(−4.779)　Adjusted R²＝0.1366

・対 NI 比の場合

$$\gamma_{t,i} = 0.1848 + \beta_i \sum_{j=1}^{17} DUM_j - 0.3816 \tau_{Nt,i} + \mu_{t,i} \quad (\text{II}-4)$$

(7.209)　　　　　　　(−6.232)　Adjusted R²＝0.1910

DUM は $i=j$ or $j \neq 1$ のとき 1、$i \neq j$ or $j=1$ のとき 0 となる国ダミー、α と β は国ダミーにかかる係数、ε と μ は誤差項である。両者の推定結果に大きな違いはない。国ダミーを用いない場合に比較すると、当然ながら決定係数は大きく改善され、国民負担率の係数の有意性は強くなった。

国ダミーの係数 α と β の推定結果は表Ⅱに示す通りである。また、表には国ダミーを考慮した場合の定数項（切片）を示している。全体的に国ダミーの係数はかなり有意に効いている。したがって、国ダミーを用いた推定結果を採用する方が望ましいといえる[158]。

国民負担率の係数が、国ダミーを用いない場合に比較して大きくなったことは興味深い。先述したように、クロスセクション・データの場合、各国の

---

[158] 年ダミーについても計測を行ったが、分析結果はほとんど変わらなかった。なお、有意な年ダミーは、1991年、1992年、1993年であり、いずれも負の係数であった。

表Ⅱ　国ダミーと定数項の推定結果

国名	対GDP比：(Ⅱ-3)式 ダミー変数の係数 α 推定値	t値	定数項	対NI比：(Ⅱ-4)式 ダミー変数の係数 β 推定値	t値	定数項
カナダ	—	—	0.1573	—	—	0.1848
アメリカ	-0.0219	-2.294	0.1355	-0.0311	-3.275	0.1537
日本	-0.0169	-1.835	0.1405	-0.0236	-2.625	0.1612
オーストラリア	-0.0111	-1.255	0.1463	-0.0088	-1.078	0.1760
オーストリア	0.0249	2.451	0.1823	0.0260	2.815	0.2108
ベルギー	0.0330	2.746	0.1904	0.0308	3.033	0.2156
デンマーク	0.0478	3.392	0.2052	0.0696	4.759	0.2544
フィンランド	0.0192	1.817	0.1765	0.0337	3.106	0.2186
フランス	0.0205	2.004	0.1778	0.0221	2.371	0.2069
（西）ドイツ	0.0208	2.190	0.1782	0.0195	2.258	0.2043
ギリシャ	-0.0138	-1.708	0.1435	-0.0247	-3.070	0.1601
アイスランド	-0.0154	-1.884	0.1419	-0.0161	-2.043	0.1687
アイルランド	0.0207	2.232	0.1780	0.0344	3.610	0.2192
イタリア	-0.0004	-0.045	0.1570	-0.0029	-0.374	0.1819
ルクセンブルク	0.0448	3.396	0.2021	-0.0020	-0.174	0.1828
オランダ	0.0416	3.363	0.1989	0.0426	3.972	0.2274
ノルウェー	0.0340	3.027	0.1913	0.0430	3.951	0.2278
ポルトガル	0.0100	0.845	0.1673	-0.0063	-0.524	0.1785
スペイン	0.0131	1.477	0.1705	-0.0105	-1.251	0.1743
スウェーデン	0.0509	3.195	0.2082	0.0658	4.358	0.2506
スイス	-0.0259	-3.009	0.1314	-0.0415	-4.529	0.1433
イギリス	0.0000	-0.002	0.1573	-0.0055	-0.705	0.1793

特性がデータのばらつきをもたらし、そのままのデータを推定するならば国民負担率の係数に影響を与えてしまう。定数項ダミーの利用は、国の特性を吸収し、国民負担率の係数の推定に影響を与えないようにする。したがって、クロスセクション・データを図示して直観的に無相関を訴える方法は、国の特性を除去しないままにしている点で、大きな問題がある。

3．むすび

　本章の分析方法には大きな二つの特徴があった。第1はこれまで単年や年平均でしか示されなかった経済成長と国民負担率の関係をパネル・データを利用することでとらえたこと、第2は推定において国ダミーを用いることでクロスセクション・データにおける国の特性を除去したことである。

　推定結果からは国民負担率と経済成長率には負の相関が明らかに存在し、これ以上の国民負担の上昇は経済成長をより阻害することがわかった。この結果は、政府部門の効率性が民間部門に比べて低いために経済成長に寄与していない可能性を示唆するものである。

　推定結果をやや強引に解釈すれば、国民負担率の 1%の増加は、経済成長率を約 0.4%弱ほど引き下げていることになる。現時点においては、政府部門への資源移転は経済成長を鈍化させ、経済厚生にも悪影響を与えている。したがって、国民負担率の抑制を政策目標として掲げることはやはり重要だといえる。

　これから超高齢社会を経験する日本は、将来的に国民負担率の上昇は避けられない。高齢社会に向けた税制改革と、年金、医療、介護に伴う社会保障負担を可能な限り抑制することと、行政改革に代表される政府部門の効率化が今後の経済政策として求められているのである。

　最後に本章の分析上の課題について述べることでむすびとしたい。

　第1に、国ダミーを利用しても推定結果の決定係数が依然として低いことは、他の説明変数が存在する可能性を示唆している。経済成長率を説明すると考えられる新たな変数を追加して推定を行うことも必要であろう。ただし、本章のように比率データの被説明変数に比率データの説明変数を回帰させる場合は往々にして決定係数が低くなることは避けられない。

補章Ⅱ　国民負担は経済成長を阻害するのか？　229

　第2は、国ダミーを利用することで国民負担率の係数が各国において共通であると想定している点である。この点に関しては、一国のみの時系列データを利用することで、国民負担率の係数をそれぞれの国において推定すれば解決可能である。したがって、国別の時系列データによる同様の推定を行う必要がある。しかしながら、国別ならばデータ数の制約により、推定結果が安定的ではないことを考慮し、本章ではパネル・データを利用した。

　第3は、本章の国民負担率においては財政赤字を明示的に取り扱っていない点である。財務省などが推定している「潜在的な国民負担率」の概念は国民負担率に単年度の財政赤字を加えたものである。多額の財政赤字が現在時点の国民の負担になると仮定すれば、「潜在的な国民負担率」に類似する概念を採用することも考える必要があるかもしれない。しかしながら、財政赤字が現在世代の負担になるのか、将来世代の負担になるのかは明確ではないことと、本章では通常において使われる国民負担率の概念と経済成長率の関係について明らかにしたかったために、財政赤字については補論におけるモデル化も含めて分析対象外とした。

　第4は、国民負担率が政府の規模を示す適切な指標といえるかどうかである。たとえば、国民負担率は歳入面からみた場合の指標であって歳出面を表現するものではない。本来、政府の規模という場合、歳入と歳出を同時に考慮する必要がある。また、歳出面に関しては、消費的支出、投資的支出、再分配的支出のどの部分が非効率性を生じさせているのかを吟味するべきであろう。

　これらの点については今後の課題としたい。

補論. Barroモデルによる推定式の導出

　ここでは推定式を導出するために内生的成長モデルを利用する。代表的な新古典派成長モデルであるラムゼイ型モデルとは異なり、内生的成長モデルは人口成長や技術革新が存在しなくても持続的な成長を実現できるように構築される。特に、生産関数に公共財が影響を与える場合は、外部性の存在によってパレート最適な経済成長を達成するために、政府の存在の有効性を顕在化させることができる。

　以下では、Barro(1990)を踏襲し、家計、企業、政府の経済主体の行動を考慮した簡単な経済モデルを展開し、経済成長率と国民負担率の関係式を得ることで推定式を提示する。

　第1に、非弾力的に労働を供給する家計は無限期間生存すると仮定される。人口成長がない家計の効用関数 U は時間選好率 ρ として

$$U = \int_0^\infty u(c_t) e^{-\rho} dt$$

のように表現できる。ここで、瞬時効用関数 u は消費 c の関数として以下のような相対的危険回避度一定型に特定化される。ただし、異時点間の代替の弾力性は $\sigma = 1/\theta$ であり、θ は相対的危険回避度係数である。

$$u(c_t) = \frac{c_t^{1-\theta} - 1}{1-\theta}$$

　家計の予算制約は家計一人あたりの純資産 a、労働サービス1単位に支払われる賃金率 w、利子率 r とすれば

$$\dot{a}_t = w_t + r_t a_t - c_t$$

である。ただし、初期純資産 a_0 は所与である。

補章Ⅱ 国民負担は経済成長を阻害するのか？

以上のような家計の効用最大化問題から得られる効用極大化の一階の条件を整理すると、消費のオイラー方程式が次のように得られる。

$$\frac{\dot{c}_t}{c_t} = \frac{1}{\theta}(r_t - \rho) \equiv \gamma$$

ただし、消費の成長率を経済成長率 γ として定義している。内生的成長モデルには移行過程が存在しないため、均衡において消費、資本、生産の成長率が同一となることが示されている[159]。したがって、本章でも γ を経済成長率としてとらえることにする。また、横断性条件は次のようになる。

$$\lim_{t \to \infty} \lambda_t a_t = 0$$

第2に、政府予算均衡式を以下のように定式化する。

$$G_t = \tau Y_t$$

ここで、公共財 G、生産量 Y、国民負担率 τ である。ここでの定式化は財政赤字のない均衡財政を意味している。

第3に、企業は以下のような生産関数をもっている。

$$Y_t = AL^{1-\eta} K_t^{\eta} G_t^{1-\eta}$$

ただし、技術 A、資本 K、資本の分配パラメータ η である。この定式化は、公共財は直接的な生産要素となることで企業の生産性に貢献し、フロー変数であるために社会資本などのストックの形成に向かわないことを意味している[160]。

さて、以上を考慮すれば、利潤関数は以下のように定式化できる。

---

[159] Barro and Sala-i-Martin(1995)を参照。
[160] ただし、フローの政府支出が企業の生産性にのみ寄与すると仮定されている点には問題がある。当然ながら、政府支出は家計の所得移転や経済厚生に直接寄与し、あるいは社会資本を形成することで生産に寄与する部分も存在する。

$$\Pi_t = (1-\tau)AL^{1-\eta}K_t^\eta G_t^{1-\eta} - w_t L - (r_t + \delta)K_t$$
$$= L\{(1-\tau)Ak_t^\eta G_t^{1-\eta} - w_t - (r_t + \delta)k_t\}$$

ただし、労働1単位あたり資本 $k = K/L$、資本減耗率 δ としている。利潤最大化の一階の条件である限界生産力原理は次のように得ることができる。

$$r_t = (1-\tau)\eta A k_t^{-(1-\eta)} G_t^{1-\eta} - \delta$$

このとき、均衡における経済成長率 γ は以下のように変形できる。

$$\gamma = \frac{1}{\theta}\left\{(1-\tau)\tau^{\frac{1-\eta}{\eta}}B - \delta - \rho\right\} = \Phi(\tau)$$

ただし、$B = \eta A^{1/\eta} L^{\frac{1-\eta}{\eta}}$ と約束している。人口成長がないと想定しているため、右辺の国民負担率 τ 以外の変数はすべてパラメータとしてとらえることが可能である。この場合、経済成長率 γ は国民負担率 τ の関数 $\Phi(\tau)$ となる。

さて、以上でモデルはすべて記述された。国民負担率が経済成長率に与える影響をみるために、上式を国民負担率 τ で微分することで関数 $\Phi(\tau)$ の傾き β を調べてみる。

$$\frac{\partial \Phi}{\partial \tau} = \frac{d\gamma}{d\tau} = \frac{(1-\eta-\tau)}{\eta\theta}B\tau^{\frac{1}{\eta}-2} \equiv \beta$$

これより、図Ⅱ-4にあるように傾き β の大小によって経済成長率 γ も増減することがわかる。つまり、$\tau < 1-\eta$ のときは $\beta > 0$、$\tau > 1-\eta$ のときは $\beta < 0$ であり、$\beta = 0$ ならば最大の経済成長率 γ を達成する最適な国民負担率は $\tau^* = 1-\eta$ である。

以上より、Φ 関数を特定化した推定式が以下のように提示される。

図Ⅱ−4　経済成長率 γ と国民負担率 τ の関係

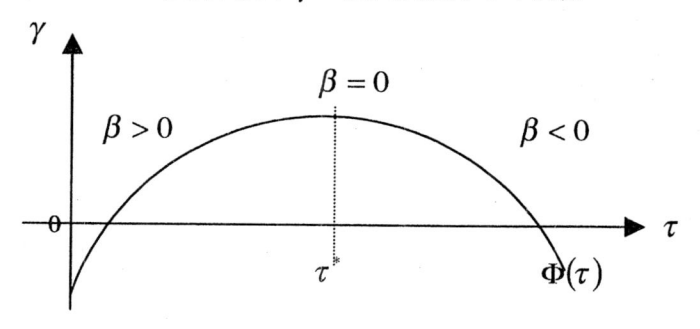

経済成長率 γ ＝定数項＋ β ×国民負担率 τ ＋誤差項

β が有意に正である場合、経済は上図の左側に位置しており、逆に有意に負である場合は右側に位置していると解釈できる。また、有意に β がゼロならば、最適な国民負担率を達成していると考えられる。つまり、β の正負を検定することで政府部門の効率性を検証することができる。

参考文献

外国語文献

Aschauer, D.A.(1985), Fiscal Policy and Aggregate Demand, *American Economic Review* 75, No.1, pp.117－127.

Atoda, N., T. Suruga and T. Tachibanaki(1988), Statistical Inference of Functional Forms for Income Distribution, 『季刊理論経済学』39, pp.14－40.

Atokinson, A. E. and J. E. Stiglitz(1972), The Structure of Indirect Taxation and Economic Efficiency, *Journal of Public Economics* 1, pp.97－119.

Atkinson, A.E. and J.E.Stiglitz (1980), *Lectures on Public Economics*, McGraw-Hill, London.

Atkinson, A.B., N.H. Stern and J. Gomulka (1980), On the Switch from Direct to Indirect Taxation, *Journal of Public Economics* 14, pp.195－224.

Auerbach, A.J.(1985), The Theory of Excess Burden and Optimal Taxation, in: A.J.Auerbach and M.S.Feldstein, ed. *Handbook of Public Economics*, vol.1, North Holland, Amsterdam, chapter 2, pp.61－127.

Auerbach, A.J. and L.J.Kotlikoff(1987), *Dynamic Fiscal Policy*, Cambridge University Press.

Ballard, C.L., D.Fullerton, J.B.Shoven and J.Whalley (1985), *A General Equilibrium Models for Tax Policy Evaluation*, University of Chicago Press.

Barnett, S. A. and P. Sakellaris(1998), Nonlinear Response of Firm Investment to Q: Testing a Model of Convex and Non-convex Adjustment Costs, *Journal of Monetary Economics* 42, pp.261－288.

Barro,R.J.(1974), Are Government Bonds Net Wealth?, *Journal of Political Economy* 86, pp.1095－1117.

Barro, R.J.(1990), Government Spending in a Simple Model of Endogenous Growth, *Journal of Political Economy* 98, No.5, pp.S103－125.

Barro, R.J. and X. Sala-i-Martin(1995), *Economic Growth*, MacGrow-Hill. (大住圭介訳(1997,1998)『内生的経済成長論Ⅰ・Ⅱ』九州大学出版会)

Blundell, R., S. Bond, M. Devereux and F. Schiantarelli (1992), Investment and Tobin's Q : Evidence from Company Panel Data, *Journal of Economics* 51, pp.233－257.

Broer, D.P. and J. Lassila ed.(1997), *Pension Policies and Public Debt in Dynamic CGE Models*, Physica Verlag.

Chirinko, R.S. (1997), Finance Constraints, Liquidity, and Investment Spending : Theoretical Restrictions and International Evidence , *Journal of the Japanese and International Economies* 11, pp.185 – 207

Craig, B. and R.G.Batina(1991), The Effects of Social Security in a Life Cycle Family Labor Supply Simulation Model, *Journal of Public Economics* 46, pp.199－226.

Deaton, A. (1977), Equity, Efficiency, and the Structure of Indirect

Taxation, *Journal of Public Economics* 8, pp.299−312.

Debreu,G.(1951),The Coefficient of Resource Utilization, *Econometrica* 19,pp.273−292.

Diamond,P.A and D.L.McFadden(1974), Some Uses of the Expenditure Function in Public Finance, *Journal of Public Economics* 3,pp.3−21.

Dixit, A. and A. Sandomo (1977), Some Simplified Formulae for Optimal Income Taxation, *Scandinavian Journal of Economics* 79, pp.417−423.

Dodgson,J.S.(1983), On the Accuracy and Appropriateness of Alternative Measures of Excess Burden, *Economic Journal*, Supplement, pp.106−114.

Feldstein, M.S. (1973), On the Optimal Progressivity of the Income Tax, *Journal of Public Economics* 2, pp.357−376.

Feldstein,M.S.(1982), Government Deficits and Aggregate Demand, *Journal of Monetary Economics* 12,pp.1−20.

Fukushima, T. and T. Hatta (1989), Why not Tax Uniformly rather than Optimally?, 『季刊理論経済学』第 40 巻第 3 号、pp.220−238.

Garfinkel, I., K. Moreland and E. Sadka (1986), Budget Size Effects of the Optimal Linear Income Tax, *Southern Economic Journal* 53,pp.187−200.

Gokhale, J., L.J. Kotlikoff, J. Sefton and M. Weale (2001), Simulating the Transmission of Welth Inequality via Bequests, *Journal of Public Economics* 79, pp.93−128.

Hashimoto,K. and T.Uemura(2000),General Equilibrium Analysis of Japan's Tax Reform, *Kansai University Review of Economics*

2, pp.1−23.

Harberger, A.C. (1962), The Incidence of the Corporation Income Tax, *Journal of Political Economy* 70, pp.215−240.

Harberger, A.C. (1974), *Taxation and Welfare*, The University of Chicago Press.

Harris, R. and G. Mackinnon(1979), Computing Optimal Tax Equilibria, *Journal of Public Economics* 61, pp.8−27, 261−278.

Hasset, K.A., and R.G. Hubbard (1996), Tax Policy and Investment, *NBER Working Paper* No.5683.

Hayashi, F. (1982), Tobin's Marginal q and Average q : A Neoclassical Interpretation, *Econometrica* 50, pp.213−224.

Hayashi, F and T. Inoue (1991), The Relation Between Firm Growth and Q with Multiple Capital Goods: Theory and Evidence from Panel Data on Japanese Firms, *Econometrica* 59, pp.731−753.

Heady, C. J. and P. K. Mita (1980), The Computation of Optimal Linear Taxation, *Review of Economic Studies* 47, pp.567−585.

Honda, Y and K. Suzuki (2000), Estimation of the Investment Thresholds of Large Japanese Manufacturers, *Japanese Economic Review* 51, No.4, pp.473−491.

Ihori, T. (1982), Optimal Degree of Progression when the Tax Revenue Requirement is Increased, 『経済と経済学（東京都立大学）』第51巻、pp.25−34.

Ihori, T. (1987), The Optimal Linear Income Tax: A Diagrammatic Analysis, *Journal of Public Economics* 34,pp.379−390.

Ihori,T.(1989),On the Degree of Debt Neutrality: Some Evidence for the

Japanese Economy,『季刊理論経済学』第40号第1号、pp.66-74.

İmrohoroğlu, A., S. İmrohoroğlu and D.H. Joines (1995), A Life Cycle Analysis of Social Secuility, *Economic Theory* 6, pp.83-114.

İmrohoroğlu, A., S. İmrohoroğlu and D.H. Joines (1998), The Effect of Tax-Favored Retirement Accounts on Capital Accumulation, *American Economic Review* 88, No.4, pp.749-768.

Iwamoto, Y., R. Kato and M. Hidaka (1993), Public Pensions and an Aging Population, *Review of Social Policy* 2, pp.1-10.

Jensen, S.E.H., S.B.Nielsen, L.H.Pedersen and P.B.Sørensen(1996), Tax Policy, Housing and the Labor Supply Market: An Intertemporal Simulation Approach, *Economic Modeling* 13, pp.355-382.

Judd, K. L.(1998),*Numerical Method in Economics*, The MIT Press.

Kato, R.(1998), Transition to Aging Japan : Public Pension, Savings and Capital Taxation, *Journal of the Japanese and International Economies* 12, No.3, pp.204-231.

Kay,J.A.(1980),The Deadweight Loss from a Tax System, *Journal of Public Economics* 13,pp.111-119.

Kay,J.A. and M.Keen(1988), Measuring the Inefficiencies of Tax Systems, *Journal of Public Economics* 35,pp.265-287.

Maddala, G.S. (1988), *Intoroduction to Econometrics*, Macmillan.（和合肇訳(1992)『計量経済分析の方法』マグロウヒル）

Mirrlees,J. (1971), An Exploration in the Theory of Optimal Income Taxation, *Review of Economic Studies* 38, pp,175-208.

Modigliani, F. (1961), Long-run Implications of Alternative Fiscal Policies and the Burden of the National Debt, *Economic Journal* 284, pp.730−755.

Okamoto, A. (1997), A General Equilibrium Fiscal Model with Overlapping Generations and Continuous Income Distribution: An Application to an Aging Society, *Discussion Paper* No.Ⅰ−32, Department of Economics, Okayama University.

Okamoto, A. and T. Tachibanaki(1997), Integration of Social Security and Tax Systems, Mimeograph.

Pazner,E.A. and E.Sadka(1980),Excess-burden and Economic Surplus as Consistent Welfare Indications, *Public Finance* 15, pp.439−449.

Piggott, J. and J. Whalley (1985), *UK Tax Policy and Applied General Equilibrium Analysis*, Cambridge University Press.

Rosen,H.S.(1978), The Measurement of Excess Burden with Explicit Utility Functions, *Journal of Political Economy* 86, pp.S121−135.

Scanller, H. (1990), A Re-examination of the Q Theory of Investment Using U.S. Firm Data, *Journal of Applied Economics* 5, pp.309−325.

Scarf, H.E. (1967), On the Computation of Equilibrium Prices, in *Ten Economic Studies in the Tradition of Irving Fisher*, Newyork : Wiley, pp.207−230.

Scarf, H.E. (with the collaboration of T. Hansen) (1973), *The Computation of Economic Equilibria*, Yale University Press.

Scarf, H.E. and J.B. Shoven ed.(1984), *Applied General Equilibrium Analysis*, Cambridge University Press.

Sheshinski E. (1972), The Optimal Linear Income-tax, *Review of Economic Studies* 39, pp.297−302.

Shoven, J.B. and J.Whalley (1992), *Applying General Equilibrium*, Cambridge University Press. (小平裕訳(1993)『応用一般均衡分析：理論と実際』東洋経済新報社)

Slemrod J. and J. Bakija (1996), *Taxing Ourselves*, The MIT Press.

Slemrod J., S. Yitzhaki, J. Mayshar and M. Lundholm (1994), The Optimal Two-bracket Linear Income Tax, *Journal of Public Economics* 53, pp.269−290.

Stern, N.H. (1976), On the Specification of Models of Optimum Income Taxation, *Journal of Public Economics* 6, pp.123−162.

Stern, N.H. (1982), Optimum Taxation with Errors in Administration, *Journal of Public Economics* 17, pp.181−211.

Stone, J.R.N.(1954), Linear Expenditure System and Demand Analysis: an Application to the Pattern of British Demand, *Economic Journal* 64, pp.511−527.

Summers, L.H. (1981), Taxation and Corporate Investment: A q-Theory Approach, *Brooking Papers on Economic Activity*, pp.321−334.

Suruga, T.(1980), Consumption Patterns and Price Indices of Yearly Income Quintile Groups: The Case of Japan 1963−76, 『季刊理論経済学』第31巻第1号、pp.23−32.

Tuomala, M. (1984), On the Optimal Income Taxation : Some Further Numerical Results, *Journal of Public Economics* 23, pp.351−366.

Tuomala, M. (1986), On the Optimal Income Taxation and Educational

Decisions, *Journal of Public Economics* 30, pp.183－198.

Vitaliano,D.F. (1988), Evidence about Debt Equivalence from the Local Public Sector, *Public Finance* 43, No.2, pp.295－309.

Yang, C.C. (1993), Optimal Linear Income Tax with Random Revenue, *Journal of Public Economics* 52, pp.391－401.

邦語文献

青木昌彦(1979)『分配理論』筑摩書房。

赤井伸郎(1996)「地方債の中立命題：住民の合理性の検証－日本の地方交付税制度を考慮した分析－」『フィナンシャル・レビュー』第40号、pp.65－94。

浅子和美・國則守生・井上徹・村瀬英彰(1989)「土地評価とトービンのq：Multiple q の計測」『経済経営研究』日本開発銀行設備投資研究所、Vol.10－3。

浅子和美・國則守生・井上徹・村瀬英彰(1997)「設備投資と土地投資：1977－1994」浅子和美・大瀧雅之編『現代マクロ経済動学』第9章、東京大学出版会、pp.323－349。

麻生良文(1996)「公的年金・税制・人口高齢化と資本蓄積」高山憲之・チャールズ＝ユウジ＝ホリオカ・太田清編著『高齢化社会の貯蓄と遺産・相続』第6章、日本評論社、pp.176－205。

跡田直澄・橘木俊詔(1985)「所得源泉別にみた所得分配の不平等」『季刊社会保障研究』第20巻第4号、pp.330－340。

石弘光(1979)『租税政策の効果：数量的接近』東洋経済新報社。

伊多波良雄(1995)「地方債と地方税の等価性」『経済学論叢（同志社大学）』

第 46 巻第 5 号、pp.141－155。

市岡修(1991)『応用一般均衡分析』有斐閣。

井堀利弘(1986)『日本の財政赤字構造：中長期の実証・規範的分析』東洋経済新報社。

入谷純(1986)『課税の最適理論』東洋経済新報社。

岩田一政(1997)「日本とアメリカの公的年金制度民営化と経済厚生」『季刊社会保障研究』第 33 巻第 2 号、pp.149－156。

岩田一政・鈴木郁夫・吉田あつし(1987)「設備投資の資本コストと税制」『経済分析（経済企画庁）』第107号、pp.1－72。

岩本康志(1989)「日本企業の平均・限界実効税率」『ファイナンス研究』第11号、pp.1－29。

岩本康志(1990)「年金政策と遺産行動」、『季刊社会保障研究』第 25 巻第 4 号、pp.388－401。

岩本康志(1991)「配当軽課制度廃止の経済的効果：89年法人税改革の分析」『経済研究（一橋大学）』第42巻第2号、pp.127－138。

上村敏之(1995)「租税帰着の応用一般均衡分析」『経済学研究（関西学院大学）』第 26 号、pp.75－90。

上村敏之(1996)「間接税負担と所得階級別消費行動」『経済学研究（関西学院大学）』第 27 号、pp.127－145。

上村敏之(1997a)「ライフサイクル消費行動と効用関数の推計：異時点間の代替の弾力性と時間選好率」『産研論集(関西学院大学)』第 24 号、pp.91－115。

上村敏之(1997b)「一般均衡モデルによる最適線型所得税のシミュレーション分析」『経済学論究(関西学院大学)』第51巻第3号、pp.89－118。

上村敏之(1997c)「国および地方の財政赤字に関する中立命題の検証」『経

済学研究（関西学院大学）』第28号、pp.253－278。

上村敏之(1999)「高齢化社会における租税・年金政策：財源調達方法による経済厚生の比較分析」『経済学研究（関西学院大学）』第30号、pp.65－88。

上村敏之(2000)「公的年金の財源調達と世代間の経済厚生：人口構成の高齢化に関する一般均衡シミュレーション分析」『産研論集（関西学院大学）』No.27,pp.29－42。

上村敏之(2001)「公的年金の縮小と国庫負担の経済厚生分析」『日本経済研究』第42号、pp.205－227。

上村敏之・前川聡子(1999)「企業財務データを利用したTax-adjusted Qの計測」『大阪大学経済学』第49巻第2号、pp.22－38。

上村敏之・前川聡子(2000a)「連結納税と設備投資」跡田直澄編『企業税制改革：実証分析と政策提言』第3章、日本評論社、pp.42－76。

上村敏之・前川聡子(2000b)「産業別の投資行動と法人所得税：企業財務データを利用したTax-adjusted Qによる実証分析」『日本経済研究』第41号、pp.45－70。

大竹文雄(1994)「1980年代の所得・資産分布」『季刊理論経済学』第45巻第5号、pp.385－402。

大竹文雄・福重元嗣(1987)「税制改革案の所得再分配効果：『全国消費実態調査』によるシミュレーション分析」『大阪大学経済学』第37巻第3号、pp.23－31。

小塩隆士(1999)「年金民営化の経済厚生分析」『日本経済研究』第38号、pp.1－20。

落合仁司(1982)「個人貯蓄、企業留保および政府赤字」『経済研究（一橋大学）』第33巻第4号、pp.366－369。

金子能宏・田近栄治(1989)「勤労所得税と間接税の厚生コストの計測：勤労者標準世帯の場合」『フィナンシャル・レビュー』12月、pp.94－129。

企業活力研究所(1986)『わが国企業税制の評価と課題』。

北坂真一(1991)「消費行動における視野の有限性と流動性制約：所得階級別データによる公債中立命題の検証」『オイコノミカ』第28巻第5号、pp.29－40。

黒田昌裕(1984)『実証経済学入門』日本評論社。

厚生省年金局(1998)『年金白書』社会保険研究所。

小西砂千夫(1997)『日本の税制改革』有斐閣。

齊藤愼(1989)『政府行動の経済分析』創文社。

柴田章久・日高政浩(1992)「日本における公債中立命題の検証」『経済学雑誌（大阪市立大学）』第93巻第2号、pp.58－69。

島田晴雄・酒井幸雄(1980)「労働力構造と就業行動の分析：個票による家計の就業行動の横断面分析」『経済分析』第79号。

下野恵子(1991)『資産格差の経済分析：ライフサイクル貯蓄と遺産・贈与』名古屋大学出版会。

駿河輝和(1985)『消費の数量経済分析』大阪府立大学経済研究叢書、第61冊。

高林喜久生(1997)「金融活動の地域的偏在と公的金融」『経済学論究（関西学院大学）』第50号第4号、pp.57－83。

高林喜久生(1999)「税収の地域間格差と税源配分」『総合税制研究』No.7、pp.111－132。

高林喜久生(2000)「税収の地域間配分と税源配分：全国都市データによる分析」『総合税制研究』No.8、pp.95－111。

高林喜久生(2001)「固定資産税の地域間格差について」『総合税制研究』No.9、pp.104-118。

高山憲之・麻生良文・宮地俊行・神谷佳孝(1996)「家計資産の蓄積と遺産・相続の実態」、高山憲之・チャールズ＝ユウジ＝ホリオカ・太田清編『高齢化社会の貯蓄と遺産・相続』第5章、日本評論社、pp.134-173。

高山憲之・有田富美子(1996)『貯蓄と資産形成：家計資産のマイクロデータ分析』岩波書店。

田近栄治(1987)「租税と厚生：厚生測定方法の展望」『一橋論叢』第98巻第4号、pp.45-62。

田近栄治・林文夫・油井雄二(1987)「投資：法人税制と資本コスト」浜田宏一・黒田昌弘・堀内昭義編『日本経済のマクロ分析』第8章、東京大学出版会、pp.211-229。

橘木俊詔・跡田直澄(1984)「租税・社会保障政策の再分配効果と水平的平等」『季刊現代経済』第59号、pp.41-54。

橘木俊詔・市岡修・中島栄一(1990)「応用一般均衡モデルと公共政策」『経済分析』第120号。

橘木俊詔・下野恵子(1994)『個人貯蓄とライフサイクル：生涯収支の実証分析』日本経済新聞社。

橘木俊詔・八木匡(1994)「所得分配の現状と最近の推移：帰属家賃と株式のキャピタル・ゲイン」石川経夫編『日本の所得と富の分配』第1章、東京大学出版会、pp.23-58。

辻村江太郎・黒田昌裕(1974)『日本経済の一般均衡分析』筑摩書房。

常木淳(1990)「地域的公共投資計画の諸問題」『経済学部論集（成蹊大学）』第20巻第2号、pp.7-23。

参考文献　247

長峰純一(1985)「フィスカル・ポリシーと超合理性仮説の有効性」『三田学会雑誌（慶應義塾大学）』第78巻第3号、pp.66-81。

長峰純一(1987)「財政赤字と中立命題：公債の貨幣化と地方政府赤字を考慮した実証分析」『創立二十周年記念論集（追門学院大学）』pp.207-223。

縄田和満(1997)『TSPによる計量経済分析入門』朝倉書店。

根岸紳(1994)「応用一般均衡モデルと計量モデル：ORANIと中期多部門」『経済学論究（関西学院大学）』第48巻第3号、pp.125-140。

野口悠紀雄(1982)『公共経済学』日本評論社。

橋本恭之(1998)『税制改革の応用一般均衡分析』関西大学出版会。

橋本恭之・上村敏之(1995)「応用一般均衡分析の解説」『経済論集（関西大学）』第45巻第3号、pp.227-243。

橋本恭之・上村敏之(1997a)「村山税制改革と消費税複数税率化の評価：一般均衡モデルによるシミュレーション」『日本経済研究』第34号、pp.35-60。

橋本恭之・上村敏之(1997b)「税制改革の再分配効果：個票データによる村山税制改革の分析」『経済論集（関西大学）』第47巻第2号、pp.47-61。

橋本恭之・林宏昭・跡田直澄(1991)「人口高齢化と税・年金制度：コーホート・データによる制度改革の影響分析」『経済研究』第42巻第4号、pp.330-340。

橋本紀子(1995)『日本経済の成長と消費構造の変化』関西大学経済・政治研究所研究叢書、第91冊。

八田達夫・小口登良(1999)『年金改革論：積立方式へ移行せよ』日本経済新聞社。

林宏昭(1995)『租税政策の計量分析：家計間・地域間の負担配分』日本評論社。

林宏昭・橋本恭之(1993)「消費項目別の間接税実効税率の推計：1953年から1990年までの推移」『四日市大学論集（四日市大学）』第5巻第2号、pp.1-10。

林宜嗣(1987)『現代財政の再分配構造』、有斐閣。

福島隆司(1991)『漸進的政策勧告の経済学』創文社。

本間正明(1991)『日本財政の経済分析』創文社。

本間正明(1996)「財政赤字の実証分析：中立命題の再検証」『公共債をめぐる諸問題』金融調査研究会、第1章、pp.1-24。

本間正明・赤井伸郎(1996)「最適課税論：現実との接点を求めて」木下和夫編著『租税構造の理論と課題』第4章、税務経理協会、pp.79-130。

本間正明・跡田直澄・井堀利宏・中正之(1987)「最適税制」『経済分析（経済企画庁）』第109号。

本間正明・跡田直澄・岩本康志・大竹文雄(1985)「直間比率の経済分析：効率と公平のジレンマ」『経済研究（一橋大学）』第36巻第2号、pp.97-109。

本間正明・跡田直澄・岩本康志・大竹文雄(1987a)「ライフサイクル成長モデルによるシミュレーション分析：パラメータの推定と感度分析」『大阪大学経済学』第36巻第3-4号、pp.99-109。

本間正明・跡田直澄・岩本康志・大竹文雄(1987b)「年金：高齢化社会と年金制度」浜田宏一・黒田昌裕・堀内昭義編『日本経済のマクロ分析』第7章、東京大学出版会、pp.149-175。

本間正明・跡田直澄・大竹文雄(1988)「高齢化社会の公的年金の財政方式：ライフサイクル成長モデルによるシミュレーション分析」『フィ

ナンシャル・レビュー』第7号、pp.50－64。

本間正明・跡田直澄・高林喜久生・福間潔・長峰純一・植草一秀(1986)「財政赤字と家計消費：コーホート・データによる「中立命題」の検証」『フィナンシャル・レビュー』第3号、pp.54－69。

本間正明・跡田直澄・橋本恭之(1989)「竹下税制改革の厚生分析」『季刊理論経済学』第40巻第4号、pp.336－348。

本間正明・橋本恭之(1985)「最適課税論」大阪大学財政研究会編『現代財政』第6章、創文社、pp.167－218。

本間正明・林文夫・跡田直澄・秦邦昭(1984)『設備投資と企業税制』経済企画庁経済研究所研究シリーズ第41号。

本間正明・武藤恭彦・井堀利弘・阿部暢夫・神取道広・跡田直澄(1987)「公債の中立命題：理論とその実証分析－財源調達と家計の反応－」『経済分析（経済企画庁）』第106号。

宮川努(1997)「設備投資理論の進展と実証分析の多様化」浅子和美・大瀧雅之編『現代マクロ経済動学』第8章、東京大学出版会、pp.283－322。

宮島洋(1992)『高齢化時代の社会経済学』岩波書店。

山田雅俊(1991)『現代の租税理論』創文社。

山本栄一(1975)『租税政策の理論』有斐閣。

山本栄一(1989)『都市の財政負担』有斐閣。

索引

あ行
移行過程　136, 147, 231
遺産　62, 120, 149, 181
一般会計　119, 158
一般均衡分析　6, 48, 115, 148
一般均衡モデル　3, 32, 120, 149
オイラー方程式　186, 231
応用一般均衡分析　6
応用一般均衡モデル　6, 40

か行
外部負債　88, 210
ガウス・ザイデル法　135, 163
価格弾力性　32, 66
家計調査年報　11, 44, 48, 70
課税最低限　4, 34, 49
課税所得　2, 51, 88
課税所得区分　4, 49
間接税　3, 30, 65, 134, 196, 224
間接税実効税率　19, 66
完全平等　45, 54, 135
完全不平等　45, 54, 135
完全予見　183
企業価値　87, 210
企業財務データバンク　95, 206
基礎控除　2, 51
基礎消費　68, 190
基礎年金　150
期待形成　150, 183
逆進性　30, 58, 66, 120, 175
給与所得控除　2, 50
寄与度別分解　48
均衡財政　135, 158, 231
軽減税率　39, 65, 206

経済厚生　1, 29, 119, 148, 228
経済的資本減耗　90, 208
経済統計年報　208
限界税率　2, 31, 49, 127
減価償却　88, 130, 205
厚生損失　82, 144
厚生年金　135, 150
厚生白書　174
厚生分析　1, 40, 66, 150
控除率　2, 88, 205
功利主義　42
合理的期待　149
高齢化定常状態　131
国債　179
国勢調査報告　132
国富調査　212
国民経済計算年報　17, 132, 196
国民年金　129
国民負担　119, 221
国庫負担　129, 147
個別間接税　3, 30, 65
コブ・ダグラス型　11, 32, 67, 157

さ行
最高税率　62, 206
財政赤字　114, 135, 158, 179, 229
財政統計　179
最低控除額　2
最適課税論　23, 29
最適消費税　30
最適所得税　30
最適線形所得税　31
最適非線形所得税　31
再分配効果　36, 47

財務省型実効税率　85
財務諸表　94, 206
財務データ　86, 206
産業税制ハンドブック　212
産業連関表　27, 67, 208
事業税　85, 206
実効課税最低限　5
実効限界税率　5
ジニ係数　36, 53, 135
社会的厚生関数　29, 127
社会保険料控除　12, 51
社会保障負担　119, 221
修正積立方式　147
収入金課税　95
住民基本台帳人口要覧　197
住民税　1, 33, 47
住民税法人税割　88, 206
寿命の不確実性　120, 155
消費者物価指数年報　70
消費税　1, 29, 47, 65, 119, 148
所得控除　2, 35, 50
所得再分配　36, 49
所得税　1, 30, 47, 67, 85, 120, 154, 205
所得税関数　4, 31, 124
所得税住民税　1, 33, 47
所得代替率　124
所得分布　45, 47, 76, 125, 175
所得分配の公正性　29, 48, 66, 120
人的控除　12, 51
人頭補助金　31
垂直的公平　36, 63
水平的公平　36, 63
数量的一般均衡モデル　3
据え付け費用　96
スカーフ法　14
ストーン・ギアリ型　32, 68
静学的期待　89, 150, 215

税収中立　23
税制改革についての答申　47
生存確率　122, 149
政府税制調査会　47
税負担率　1, 39, 49, 66, 120, 221
生命保険料控除　51
税率表　2, 47
セカンド・ベスト　29
世代間の公平性　120, 145
世代重複モデル　120, 149
世代内の公平性　120
線形支出体系　67
線形所得税　4, 31
全国消費実態調査　48
全国生計費調査　50
操作変数法　95
相対的厚生変化　23
双対性　83, 93
租税負担　36, 119, 221
損害保険料控除　51
損金算入　89, 212

た行

対数正規分布　122
タイル尺度　49
地方債　179
地方財政白書　179
地方財政法　180
中立命題　179
超過課税　206
超過需要　14
超過負担　65
超過累進型　3, 30
調整費用　87
帳簿方式　27
貯蓄動向調査報告　15
直間比率　37, 65, 224
直間比率是正論　38

索引　253

賃金構造基本統計調査　15, 134
積立方式　135, 147
定額税　29, 65, 186
定額法　213
定常状態　102, 131, 149
定率減税　3
定率法　212
等価変分　66
投資関数　86, 175, 205
投資税額控除　85, 205
投資率　94, 205
投資理論　86
等税収曲線　35
等税収制約　23, 32
特別減税　3, 49
トレード・オフ　29, 66

な行

内生的成長モデル　224
二重の負担　147
日本の将来推計人口　131, 160
年金会計　119, 158
年金給付額　124, 154
年金給付率　147
年金消費税　119
年金積立金　129, 158
能力分布　120, 149

は行

配偶者控除　2, 50
配偶者特別控除　2, 50
引当金　88, 205
非線形最小二乗法　69, 195
非線形所得税関数　4, 31
標準税率　43, 85, 207
標準報酬年額　124, 154
賦課方式　135, 147

複数税率化　30
物価指数年報　207
物価スライド　154
不動点アルゴリズム　14
負の所得税　36
不平等尺度　45, 48, 136
不平等度　39, 53, 139
部分均衡分析　6, 48, 115
部分均衡モデル　5
扶養控除　2, 51
扶養割増控除　51
フラット化　24, 30, 139
分離課税方式　19, 134
平均税率　34, 127, 162
ベンサム　35, 127
法人所得税　6, 85, 175, 205
法人税　33, 85, 205
法定減価償却表　88
補償変分　83

ま行

民間資本ストックデータ　208
メリル法　14

や行

有効消費　188

ら行

ライフサイクル一般均衡モデル
　120, 173
ライフサイクル・モデル　120, 156
ラスパイレス価格指数　23, 35
ラムゼー・ルール　42
利子所得税　6, 35, 82, 122, 154
流動性制約　126, 150
老年者控除　51
老年配偶者控除　51
老齢基礎年金　150

老齢厚生年金　150
ロールズ　35

わ行
ワルラス法則　14

アルファベット
CES 型　7, 32, 123, 153
National Accounts　223
Q 理論　86, 220
Tax-adjusted Q　86, 205

著者紹介

上村　敏之　（うえむら　としゆき）

1972 年	神戸市に生まれる
1994 年	関西学院大学経済学部卒業
1999 年	関西学院大学大学院経済学研究科博士課程単位取得
2000 年	東洋大学経済学部専任講師　　博士（経済学）取得
2003 年	東洋大学経済学部助教授
2004 年	英国 Warwick 大学客員研究員
現在	東洋大学経済学部准教授
	その他に内閣府経済社会総合研究所客員研究員、会計検査院特別研究官、政府税制調査会専門委員など

URL　　http://www2.toyo.ac.jp/~uemura/

主著　　『はじめて学ぶ　国と地方の財政学』日本評論社、2005 年（単著）
　　　　『「小泉改革」とは何だったのか』日本評論社、2006 年（共編著）

主要論文　「公共事業特別会計の財務評価」『日本経済研究』第 44 号、pp.211－229、2002 年 3 月（共著）。
　　　　「少子高齢化社会における公的年金改革と期待形成の経済厚生分析」『国民経済』第 167 号、pp.1－17、2004 年 3 月（単著）。
　　　　「1973 年から 2004 年までの年金改革が家計の消費貯蓄計画に与えた影響」『生活経済学研究』第 24 巻、pp.15－24、2006 年 9 月（共著）。

この著作は東洋大学の井上円了記念研究助成を受けて出版されました。

財政負担の経済分析
― 税制改革と年金政策の評価 ―

2001 年 8 月 25 日　初版第一刷発行
2007 年 8 月 20 日　オンデマンド版発行

著　者	上村敏之
発行者	山本栄一
発行所	関西学院大学出版会
所在地	〒662-0891　兵庫県西宮市上ケ原 1-1-155
電　話	0798-53-5233
印刷・製本	㈱デジタルパブリッシングサービス
	http://www.d-pub.co.jp

ⓒToshiyuki Uemura
Printed in Japan by Kwansei Gakuin University Press
ISBN：978-4-86283-017-3
乱丁・落丁の時はお取り替えいたします。
http://www.kwansei.ac.jp/press